Gunnar Schmidt

Thermo-Ästhetik

Wärme und Hitze in der installativen Kunst

edition imorde ● instants

Inhalt

Vorwort — 5

Überhitzte Räume — 15

15 Unerträgliches Klima (Edward Kienholz)
25 Ofenhitze (Michael Sailstorfer)

Vom Symbol zur Leiblichkeit — 33

33 Überhelle Räume (Hermann Pitz)

Thermische Romantik — 45

45 Das ästhetische Subjekt
46 Romantische Vormoderne (Johann Wilhelm Ritter)
48 Das Wärme-Motiv
50 Die Experimente
58 Von der Wissenschaft zur Kunst
64 Techno-Romantik (Sam Lewitt)
64 Licht zu Hitze
69 Der brennende Körper
70 Das romantische Kunstlabor
76 Dionysos oder Apoll?

Wiederkehr des Ästhetizismus — 85

85 Ästhetische Symptomatologie
86 Joris-Karl Huysmans' phantasmatische Heterotopie
93 Heizkörper (Michael Asher)
105 Die Farbe der Hitze (Yves Klein)

Wärmetausch — 117

117 Housewarming (Jürgen Mayer H.)
124 Heiße Skulptur (John Goodyear)

Thermotopia — 135

135 Hantieren und Träumen
137 Elektrische Feuerstelle (Bruce Nauman, Otto Piene)
143 Flammengarten (György Kepes, Christopher Sproat, Olafur Eliasson)
154 Vor der Flamme (Jeppe Hein)

Glühen — 163

163 Phänomenologie der Glut
165 Mythos der Glut (Jana Sterbak)
165 Die literarische Referenz
171 Die Künstlerin als Medea-Figur
176 Energielinien (Jan van Munster)
185 Re-Archaisierung des Kunstwerks (Gilberto Zorio)

Anthropomorphe Wärmeausdehnung — 193

193 Zwischen Ding und Organismus (Olafur Eliasson, Carsten Nicolai)

Pathos der Flamme — 207

207 Revolution oder Rückschau (Jannis Kounellis)

An der Grenze der Wahrnehmung — 225

225 Ende des imaginären Museums
225 Raumtemperatur (Erwin Wurm)
229 Kreisläufe (Hans Haacke)
233 Körperwärme (Pierre Huyghe)
237 Unterirdische Wärmewirkung (Joseph Beuys)

Bildnachweise — 245

Vorwort

Spricht man im Bereich der Kunst von Wärme und Kälte, werden im Regelfall zwei sehr unterschiedliche Sachverhalten bezeichnet. Kunsthistoriker werden mit den thermischen Kennzeichnungen repräsentative Motivgegebenheit verbinden – zum Beispiel Adolf Menzels *Das Eisenwalzwerk* (1872–1875) oder Caspar David Friedrichs *Das Eismeer* (1824). Angesichts dieser Gemälde wird es dem Betrachter ermöglicht, persönliche Erfahrungen mit Feuer oder Schneelandschaften auf die Szene zu übertragen und durch die Überlagerung eine affektive Belebung sowohl des äußeren wie des inneren Bildes zu erzeugen. Was einmal ein sinnliches Erlebnis war, wird vor dem Bild zum geistigen Akt des Erinnerns.

Ein ähnlicher Vorgang findet in der metaphorischen Begriffsverwendung statt, allerdings mit einer weitergehenden Entfremdung von sinnlichen Sachverhalten. Das Warme in der Kunst wird in diesem Fall psychologisch umgedeutet, zu einem Ausdruck für Anziehungskraft, emotionale Verbindlichkeit oder gar Sentimentalität (Abb. 1). Es überrascht nicht, dass Theodor W. Adorno *Wärme* als Expressionskategorie in den Bereich des Affirmativen und Reaktionären einsortiert, findet doch durch gefühliges Einfinden ins Kunstwerk eine allzu schnelle Übereinkunft statt, die seiner Ansicht nach die «stichhaltige Kunst»[1] zu verweigern habe. «Wärme auf Kommando»[2] liefert Trost, der in Wahrheit nicht zu haben ist. Wo das «Wärmende» ins Werk genommen wird, nistet sich, wie Walter Benjamin diagnostizieren konnte, Kitsch als giftige Antithese in die Kunst ein.[3]

Heiß und *kalt* als metaphorische Kategorien haben über die Kunst hinaus die Geistes- und Humanwissenschaften inspiriert, explizit in Marshall McLuhans Medien- und Claude Lévi-Straussens Kulturtheorie. In beiden theoretischen Ausprägungen wird mit *Hitze* Beweglichkeit, Reizreichtum, Aufgeregtheit bis hin zur Nervosität bezeichnet. Das sprachliche Mittel stellt den Rezipienten auch in diesem Kontext vor die

1 Theodor W. Adorno: Ästhetische Theorie, Frankfurt am Main 1980, S. 70.

2 Theodor W. Adorno: Die revidierte Psychoanalyse, in: Max Horkheimer, Theodor W. Adorno: Sociologica II. Reden und Vorträge, Frankfurt am Main 1962, S. 119–138, hier: S. 135.

3 Walter Benjamin: Das Passagen-Werk, Bd. 1, Frankfurt am Main 1983, S. 500.

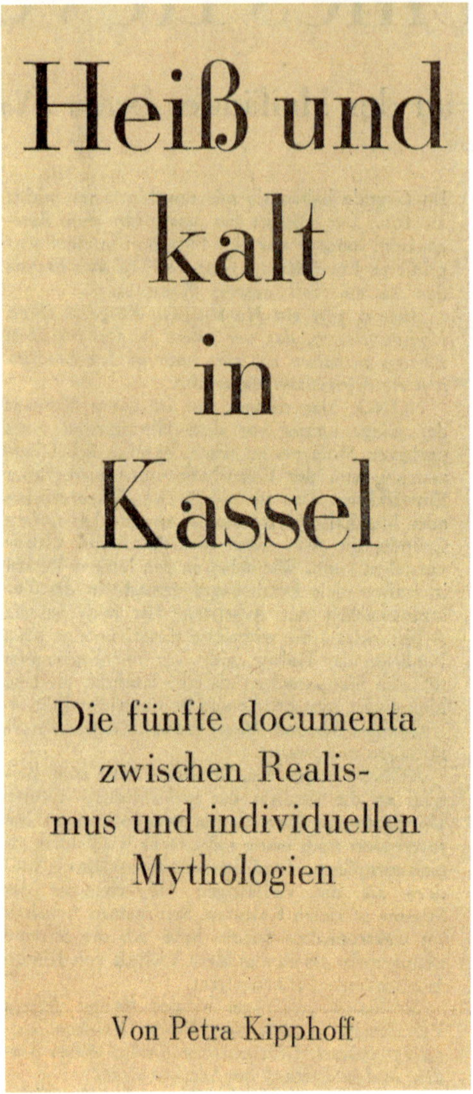

Heiß und kalt in Kassel

Die fünfte documenta zwischen Realismus und individuellen Mythologien

Von Petra Kipphoff

Abb. 1 Die Zeit, 1972

Aufgabe der Übersetzung, denn mit *heiß* und *kalt* wird kein unmittelbar erfahrbares Empfindungsmilieu erzeugt.

Ganz anders sind die Gegenstände der vorliegenden Untersuchung beschaffen. Diese hat sich zur Aufgabe gemacht, eine Randstelle innerhalb der Entwicklung moderner Kunst seit den frühen 1960er-Jahren zu untersuchen: Kunstwerke – skulpturale Objekte und Installationen –, in die Wärme oder Hitze als materiales Element integriert sind. Aufgrund der Seltenheit thermo-ästhetischer Artikulationen ist es nicht verwunderlich, dass bisher weder zusammenfassende Überblicks- noch problemorientierte Studien zu Einzelphänomenen entstanden sind.

Diese Forschungslücke schließend, widersteht die Studie der Verlockung, das unbeachtete Feld mit dem Terminus *Thermokunst* zu belegen. Dieser auszeichnende Neologismus könnte als Genrebegriff missverstanden werden, was dem tatsächlichen Stellenwert nicht gerecht würde. Aus zwei Gründen verbietet sich die Gattungszuweisung: Neben dem Ausnahmecharakter der thermischen Kunstwerke ist anzuführen, dass das Wärme-Element kaum einmal die zentrale Rolle im ästhetischen Gesamtgefüge spielt, wodurch erst die klassifikatorische Aufwertung gegeben wäre. Der Buchtitel *Thermo-Ästhetik*, wenngleich er philosophische Grundsätzlichkeit andeutet, beschreibt daher angemessener das Vorhaben einer Zusammenschau.

Die thermo-ästhetische Betrachtungsweise bezieht ihre Legitimation vorrangig aus einem Bruch, den die Werke mit einem etablierten Paradigma vollziehen und aus dem kunstpoetische Fragestellungen erwachsen. Die relative Absonderlichkeit der aufgeheizten Kunstwerke ist darin begründet, dass sie sich in Teilen dem Modus der Visualität entziehen. Der Okularzentrismus ist das historisch tiefverwurzelte herrschende Wahrnehmungsparadigma innerhalb der Kunstentwicklung. Selbst noch in den unterschiedlichen Ausprägungen der Konzeptkunst ist er aufzufinden; zwar setzt diese auf Entmaterialisierung, generiert aber auch Werktatsachen in Gestalt von Notizen, Diagrammen, Fotografien, Anleitungen etc., die der Anschauung zugänglich sind. Gleichwohl ist festzustellen, dass sich das thermo-ästhetische Element in die generelle Tendenz moderner Kunst fügt, unkünstlerische Materialien, unkonventionelle Bearbeitungsweisen und Ausstellungsmodalitäten, die als kunstfern gelten, sich anzueignen und künstlerisch zu dignifizieren. Mag es auch paradox erscheinen, die Grundregel der künstlerischen Moderne besteht darin, Entregelungen vorzunehmen. Insofern ist der Verstoß gegen das Visualitätsdogma nur einer unter vielen Regelverletzungen, die Kunst anstrebt.

Die letztgenannte Tatsache könnte die Kernfrage der vorliegenden Darlegungen überflüssig erscheinen lassen: Sind thermische Verhältnisse überhaupt kunstfähig, beziehungsweise, wie müssen die Voraussetzungen beschaffen sein, um in ihnen eine künstlerische Artikulation ausmachen zu können? Allein der Umstand, dass Künstler Wärme, Hitze oder Kälte in Skulpturen, Installationen oder Environments integrierten, mag als empirischer Beleg hinreichend sein, um die Kunstadadäquatheit anzuerkennen. Es ist jedoch gerade der marginale Charakter des Thermo-Dispositivs innerhalb der Kunstgeschichte, der zu der Nachfrage verleitet, aus welchen Bedingungen der Sonderstatus erwächst. Als Einleitung in das Thema sollen nur einige Grundüberlegungen angestellt werden, die das kunstphilosophische und kunstpoetische Umfeld charakterisieren.

Zunächst ist es eine wenig überraschende Feststellung, dass eine thermische Situation ästhetisch erlebt werden kann. Auch wenn Immanuel Kant in seiner «Kritik der ästhetischen Urteilskraft» keine Aussagen zur Wärmewahrnehmung macht, ließe sich diese in seinem Sinne auffassen. Wenn etwa eine angenehme Wärme von einer unangenehmen Hitze unterschieden wird, dann basiert die Bewertung des Angenehmen oder Unangenehmen – in der Diktion Kants – auf «Geschmacksurteilen». Diese müssen nicht notwendig allein dem subjektivem «Sinnengeschmack» entspringen, sie können ebenso als Ausdrucks des «Reflexionsgeschmacks» gemeint sein, der einen Anspruch auf «Gemeingültigkeit» beinhaltet.[4] Das sensualistische Paradigma, wonach ästhetische Phänomene nach Erfahrungen der Lust und Unlust gestuft werden, erhält bei Kant im Begriff des Reflexionsgeschmacks eine kulturelle Rahmung. Urteile werden danach weder als rein subjektive Äußerungen noch als unverrückbare Gesetze aufgefasst, sondern als «Ansinnungen», die für eine «Einstimmung» von prinzipiell «jedermann» sorgen sollen.[5]

Mit dieser Festlegung der Ästhetik auf Geschmack, der durch kollektive Urteilsfindung geprägt wird, bringt Kant ein Ideal der beginnenden aufgeklärten bürgerlichen Öffentlichkeit zum Ausdruck. Das (bürgerliche) Individuum mit seinen Idiosynkrasien und die auf Gemeinschaftlichkeit drängende sozi-

4 Immanuel Kant: Kritik der Urteilskraft (1790), Hamburg, 2009, S. 62–64.
5 Ebd., S. 65.

ale Umwelt finden im geselligen Austausch über Erfahrungstatsachen zu einer Übereinstimmung bei gleichzeitiger Wahrung individueller Betrachtungs- und Erlebnisweisen.[6] Die Abkehr von der Normästhetik hin zu einer Geschmacksästhetik impliziert ein wichtiges Merkmal, mit dem eine moderne Problematik vorweggenommen wird. In der geschmacksbasierten Objektkonstitution ist eine tendenzielle Ununterscheidbarkeit von Natur und Kunst angelegt. Das ästhetische Empfinden ist nicht ausschließlich auf künstlerische Gegenstände gerichtet, doch wird durch diese besondere Erfahrungsmodalität der Möglichkeitsbereich der Artifizierung des Nicht-Künstlerischen ausgedehnt. Bei den Philosophen des 18. Jahrhundert ist es die Natur, die als hochrangiges ästhetisches Objekt konzipiert wird. «Die Natur», schreibt Kant, «war schön, wenn sie zugleich als Kunst aussah; und die Kunst kann nur schön genannt werden, wenn wir uns bewußt sind, sie sei Kunst, und sie uns doch als Natur aussieht.»[7] Die Kategorie *Schönheit* muss heute nicht mehr verbindlich sein; was in der Grundhaltung aber weiter besteht, ist eine Rezeption, die entzweckend und entmoralisierend auf die Dinge einwirkt.

In der Kant'schen Formulierung zur wahrnehmenden Gleichschaltung von Kunst und Natur verbirgt sich eine Fragestellung, die von den Rezipienten auf die Produzenten von Kunst überspringt. Was im 18. Jahrhundert noch schlichtweg *Natur* genannt werden konnte, mag heute im Bereich der ästhetischen Äußerung keine Leitkategorie mehr darstellen; der Platz ist allerdings nicht leer geblieben, vielmehr besetzt worden von den Dingen der zweiten Natur, von den Artefakten des gesellschaftlichen Produktionsprozesses. Jeder heutige Künstler, der nicht mehr die klassischen Kunstmedien mit ihren konventionalisierten Materialien (Farbe, Marmor, Holz etc.) nutzt, ist mit der Aufgabe konfrontiert, wie die aus der Welt entnommenen Stoffe, Gegenstände und Prozesse Kunst werden können, während sie weiterhin die Merkmale des Alltäglichen oder Gewöhnlichen tragen. Wo Kant noch eine Idealität postulieren konnte, unter der Kunst und Natur ästhetisch vereinheitlicht erschienen, regiert längst eine Spannung, die das Künstlerische heute ausmacht. Materialästhetische Eigenschaften, semantische Mitbringsel von Vorgefundenem, Kommunikations- oder Expressionsanliegen, Verschlüsselungsstrategien, überraschende Kombinationen oder Vermischungen

6 Ebd., S. 178–180.
7 Ebd., S. 191–192.

von bisher Unzusammenhängendem, Anspielungen, Situativität, Provokationen des guten Geschmacks etc. sind die heterogenen Elemente, die genutzt werden, um einen Ort zwischen Traum und Wirklichkeitsemulation, zwischen Vernunft und Vision, zwischen Aussage und Aussageverweigerung zu finden. Innerhalb dieses Feldes künstlerischer Ausdrucksweisen verfügt das Thermische über eine besondere Eigenschaft, die das traditionelle Kunstverständnis auf die Probe stellt. Während Kunst sich durch Geformtheit auszeichnet, die den Anspruch verfolgt, ein «Ausnahmesensorium»[8] zu adressieren, scheinen klimatische Situationen für den plastischen Zugriff wenig geeignet. Die anti-visuelle Qualität des Thermischen lässt sich nicht fugenlos in das historisch gewachsene Terrain ausdifferenzierter Gestaltungsvorstellungen einfügen, in denen der Leitsinn des Sehens regiert. Wenngleich künstliche Klimata kulturell etabliert sind, so neigen diese zum Unscharf-Sphärischen und zu unmittelbarer Sinnlichkeit. Mögen sie auch ästhetischer Wahrnehmung im Sinne geschmacksorientierter Beurteilung zugänglich sein, so bleiben sie dabei in der Regel einer basalen Befindlichkeit verpflichtet, die keine metaphysische Qualifizierung zulässt.[9] G.W.F. Hegel hat in der Folge Kants, der noch eine Durchlässigkeit zwischen den ästhetischen Zonen der Kunst und der Nicht-Kunst andeutet, das sinnliche Moment dogmatisch geregelt. Für Hegel steht außer Zweifel,

> «daß das Sinnliche im Kunstwerk freilich vorhanden sein müsse, aber nur als Oberfläche und Schein des Sinnlichen erscheinen dürfe. Denn der Geist sucht im Sinnlichen des Kunstwerks weder die konkrete Materiatur, die empirische innere Vollständigkeit und Ausbreitung des Organismus, welche die Begierde verlangt, noch den allgemeinen,

8 Jacques Rancière: Ist Kunst widerständig?, Berlin 2008, S. 78.

9 Trotz sensualistischer Orientierung findet bei Kant keine oder allenfalls zögernde Annäherung an die haptischen, gustativen oder olfaktorischen Gegenstände statt. Nur an zwei Stellen kommt er auf den Duft zu sprechen, einmal im Fall der Blumen, das andere Mal am Beispiel des parfümierten Schnupftuches. Seine Einlassung zu Zunge und Gaumen dient nicht dazu, die Kochkunst zu adeln, sondern allein als Analogie, um den Begriff des Geschmacks als Kategorie des ästhetischen Beurteilungsvermögens zu legitimieren. Ebd., S. 162. Grundsätzlich formuliert Kant Einsprüche gegen diese Unmittelbarkeitsreize und favorisiert die Malerei, weil «sie in die Region der Ideen eindringen und auch das Feld der Anschauung, diesen gemäß, mehr erweitern kann, als den übrigen [bildenden Künsten] verstattet ist.» Ebd., S. 225.

> nur ideellen Gedanken, sondern er will sinnliche Gegenwart, die zwar sinnlich bleiben, aber ebensosehr von dem Gerüste seiner bloßen Materialität befreit werden soll.»

Aus dieser Positionierung folgt die Hierarchisierung der Sinneswahrnehmungen; den Fernsinnen werden theoretische, den Nahsinnen – darunter auch die thermischen Perzepte – nur Unmittelbarkeitsrealisierungen zugeschrieben:

> «Deshalb bezieht sich das Sinnliche der Kunst nur auf die beiden theoretischen Sinne des Gesichts und Gehörs, während Geruch, Geschmack und Gefühl vom Kunstgenuß ausgeschlossen bleiben. Denn Geruch, Geschmack und Gefühl haben es mit dem Materiellen als solchem und den unmittelbar sinnlichen Qualitäten desselben zu tun; Geruch mit der materiellen Verflüchtigung durch die Luft, Geschmack mit der materiellen Auflösung der Gegenstände, und Gefühl mit Wärme, Kälte, Glätte usf.»[10]

Der Hegelianismus hallt noch bei Walter Benjamin in der Bemerkung nach, dass «auf der taktilen Seite keinerlei Gegenstück zu dem [besteht], was auf der optischen die Kontemplation ist.»[11] Die taktile Wahrnehmung ist, Benjamin zufolge, zerstreuter, nicht von angespannter Aufmerksamkeit bestimmt.[12] Dass das Tastgefühl nicht für ästhetische Sensationen taugt, hat vor Benjamin auf ähnliche Weise Georg Simmel begründet; er vermutet, dass die Empfindungen «sehr zugespitzter, momentaner, leicht verlöschender Art sind», sodass es nicht zu «Reihen von Eindruckselementen kommt, die erst eine *Form* ergeben.»[13] Das Bestimmungsmerkmal der Wahrnehmungsbeiläufigkeit gilt entsprechend für die thermische

10 G.W.F. Hegel: Vorlesungen über die Ästhetik, Bd. 1, Werke 13, Frankfurt am Main 1986, S. 60, 61.

11 Walter Benjamin: Das Kunstwerk in Zeitalter seiner technischen Reproduzierbarkeit, in: ders.: Gesammelte Schriften Band I, Teil 2, Suhrkamp, Frankfurt am Main 1980, S. 505.

12 Da Benjamin bestimmte moderne Wahrnehmungsverhältnisse im Blick hat, kann man nicht unbedingt davon ausgehen, dass er eine anthroplogisch-ästhetische Grundtatsache formuliert. Siehe dazu Christian Ferencz-Flatz: Taktile Rezeption und lebensweltliche Umsicht. Film und Stadterfahrung bei Benjamin und Heidegger, in: Meta. Research in Hermeneutics, Phenomenology, and Practical Philosophy, II (1) / 2010, S. 141–154.

13 Georg Simmel: Kant und die moderne Aesthetik (1903), in: ders.: Aufsätze und Abhandlungen 1901–1908, Bd. 1, Frankfurt am Main 1995, S. 255–272, hier: S. 259.

Empfindung, die noch weniger als die haptische Wahrnehmung mit Formgewissheit zu tun hat.

Gegenüber den kategorialen Schemata der Philosophen, die auf eine Ontologisierung der Kunst abzielen, ist als kulturanthropologisches Faktum herauszustellen, dass die einzelnen Sinne, die qua kultureller Evolution nicht mehr als biologische Überlebenssicherungssysteme funktionieren müssen, zu Instanzen vielfältiger und ausdifferenzierter ästhetischer Wahrnehmungen ausgebildet wurden. Für das Sehen wurde die Bildende Kunst entwickelt, für das Hören die Musik, für das Schmecken die Kulinarik, für das Riechen das Parfum und der Blütengarten, für den Tastsinn die materiellen Oberflächen in Architektur, Kleidung und anderen Gebrauchsdesigns. Für den Temperatursinn hingegen ist eine raffinierte Entsprechung in der ästhetischen Produktion nicht zu erkennen, woraus zu folgen scheint, dass die Ausprägung von Wärme und Hitze zu etwas Vermitteltem, woraus erst Kunst entsteht, nicht in gleichem Maße gelingen kann.[14]

Die Kant'sche und Hegel'sche Unterscheidung zwischen Sinnen- und Reflexionsgeschmack ist bis heute wirksam gebliebenen, hat dabei allerdings einen Statuswandel erlebt. Leibwahrnehmung und Gedanklichkeit bilden nicht länger den Bodensatz für die Kunst/Nicht-Kunst-Differenz, sie stehen immer häufiger in einem Konkurrenzverhältnis. Im Laufe der Untersuchung wird wiederkehrend und mit versetzten Akzenten sichtbar werden, dass sich die sinnliche Kunstwahrnehmung nicht mehr in jedem Fall in Reflexion überführen lässt. Im Gegenteil, was bei Kant nicht mehr als die Vorstufe zum eigentlichen Wohlgefallen war, das zur Rede gebracht werden sollte, hat sich zu einem autonomen Grundzug in der Kunst entwickelt. Sinn verweigernde Kunst, mithin eine, die sich (syn-)ästhetizistisch behauptet, ist zur historischen Tatsache geworden, wie wohl sie einhergehend damit die ungnädige Beurteilung des Oberflächlichen, Unpolitischen, Weltfremden oder Sektiererischen erfahren musste. Beide Tatbestände – der Bruch mit dem Visualitätsparadigma und die Hautadressierung – sind dafür verantwortlich zu machen, dass thermische Situationen bisher nur selten künstlerisch traktiert wur-

14 Es ist symptomatisch, dass in der umfänglichen Studie von Madalina Diaconu: Tasten, Riechen, Schmecken. Eine Ästhetik der anästhesierten Sinne, Würzburg 2005, die thermische Wahrnehmung mit nur wenigen, äußerst beiläufigen Bemerkungen erwähnt wird. Dies ist der Studie nicht anzulasten, denn über Phänomene, die es nicht gibt, lässt sich nichts aussagen.

den. Berücksichtigt man die moderne Kunst von Beginn des 20. Jahrhundert, lässt sich sogar feststellen, dass erst mit den 1960er-Jahren die Beschäftigung damit beginnt. Hans Haacke, der am Ende des Buches auch zum Gegenstand der Untersuchung wird, stellt 1967 fest: «And I believe that in the first half of this century, little thought had been spent on set-ups which react on their environment, like involving air currents, temperature and humidity conditions, light, or even the presence of people.»[15] Mit der zweiten Hälfte des 20. Jahrhunderts sollte sich die Situation jedoch ändern.

Vor dem Hintergrund dieses historischen Schnitts ist die Untersuchung darauf ausgerichtet, in den künstlerischen Praktiken unterschiedliche Aneignungsstrategien des Thermischen kenntlich zu machen. Wie die Fallbeispiele zeigen werden, verfügt das Thermische nicht nur über das Potenzial zu funktionsvariabler Verwendung; sein prekärer Status als Material verweist auch auf eine Leerstelle im gängigen Diskurs der Kunstgeschichtsschreibung und Kunstkritik. Aufgrund der dominanten Blicklichkeit ist die Kunstwerkrezeption von leiblicher Distanzierung geprägt. Daraus ergibt sich eine partielle Taubheit, denn alles, was dem formel-, analogie- und anspielungsuchenden Sehen nicht unterstellt werden kann, wird oftmals schlichtweg nicht wahrgenommen oder – in Gegenbewegung – interpretatorisch in eine Über-Sinnlichkeit verwandelt. Mit dieser *theoria*-Orientierung wird eine bestimmte Vorstellung vom wahrnehmenden Subjekt vorausgesetzt, das vor einer auf Sinnlichkeit abgestellten Kunst als inadäquat erscheint. Insofern ist die vorliegende Untersuchung auch eine, die für eine synästhetische Aufgeschlossenheit plädiert.

Die Kapitelanordnung folgt keiner historischen Linearität, die sich von den zaghaften Anfängen über das Experimentierstadium zu den ausgebildeten Erscheinungen erstreckt. Wie in einer Ausstellung werden Themenräume entworfen, in denen kunstpoetische Grundlagen und ästhetische Wirkungsweisen zur Darstellung gebracht werden. Dass die thermo-ästhetischen Experimente nicht voraussetzungslos sind, sondern ihre Vorgeschichte haben, wird in zwei Kapiteln – zur Romantik und zum Ästhetizismus – ausgeführt. Diachrone und synchrone Sichtungen des Materials verbinden die Analyse des thermischen Feldes in der Kunst mit der Beschreibung eines Rezipientensubjekts, das nicht mehr ausschließlich als se-

15 Zit. n. Jack Burnham: Hans Haacke. wind and water sculpture, in: Tri-Quarterly Supplement, No. 1, Spring 1967, S. 16.

hender Geist vor die Werke tritt. Dieser Kunstwahrnehmende, der nur unzureichend als Betrachter charakterisiert ist, geht mittels seiner Leiblichkeit ein Berührungsverhältnis mit der Kunst ein. Welche Auswirkungen diese Einlassung auf das Verständnis von Kunst hat, ist ein weiterer Gegenstand der Untersuchung.

Abschließend ist ein möglicher kritischer Einwurf vorwegzunehmen, der gegen die Anlage dieser Studie erhoben werden könnte: Thermische Sachverhalte als *warm* oder *heiß* zu kennzeichnen, impliziert die semantische Relation zu *kalt*. Insofern läge es nahe, auch Kunstwerke, die Kältephänomenen darstellen, in die Untersuchung aufzunehmen. Diese Artikulationen wurden aber vor allem deshalb nicht berücksichtigt, weil mit dem Thema der Kälte vollständig andere inhaltliche Horizonte aufgespannt werden, die den argumentativen Durchgang eher gestört und unnötig ausgedehnt hätten.

Als letzte Orientierungshilfe ist zu erwähnen, dass die durch die Kapitelüberschriften angedeutete Funktionslogik nicht besagt, dass einzelne Kunstwerke Wärme oder Hitze in jeweils eindeutiger Weise für die ästhetische Formierung nutzen; immer wieder wird sich zeigen, dass es Querverbindungen gibt, die durch Mehrfachfunktionen begründet sind. Die konstruktive Leistung der Studie besteht insofern darin, ein Untersuchungsambiente herzustellen, in dem der Leser die sehr unterschiedlichen Arbeiten als zusammenhängend erfahren kann.

Jedem Kapitel wurde ein Zitat aus Rainer Maria Rilkes Roman *Die Aufzeichnungen des Malte Laurids Brigge* (1910) vorangestellt. Die kurzen Textfragmente fungieren nicht als Mottos, sie stellen Einstimmungen auf einen thematischen Schwerpunkt dar. Darüber hinaus sind sie vor allem als mitlaufendes Quellenmaterial zu lesen, dem ein historisch früher Ausdruck ästhetizistischer Thermozeption zu entnehmen ist. Der Text Rilkes liefert unfreiwillig den proto-konzeptuellen Entwurf für die späteren Kunstwerke.

Überhitzte Räume

... da war ein Glasklirren im Nebenzimmer, ein Brand vor den Fenstern, da war die Sonne.

Unerträgliches Klima (Edward Kienholz)

Die Annäherung an das Thermische als ästhetische Randstelle, an der sich das spannungsvolle Gegen- und Mitspiel von anerkannt Kunstwürdigem und Kunstheterogenem beobachten lässt, soll anhand einer bemerkenswerten Arbeit erfolgen. Mit *Five Car Stud* des amerikanischen Objekt- und Environment-Künstlers Edward Kienholz steht ein Werk zu Debatte, an dem das überraschende Auftauchen eines Hitzeklimas zum Test für die Kategorie Kunst wird. Das Kienholz'sche Beispiel zeigt, wie die Instanz der Kunstproduktion fragwürdig wird, wie traditionelle Kunstphilosophie in Konflikt mit der unmittelbaren Erfahrung am Kunstwerk gerät und wie selbst das künstlerische Produktionssubjekt im Nachgang mit Entscheidungsschwierigkeiten konfrontiert wurde.

Five Car Stud entstand zwischen 1969 und 1972 und war erstmals auf der *Documenta 5* zu sehen und zu erleben. Der rätselhafte Titel enthält ein Wortspiel, das auf ein bedeutsames historisches Ereignis in der amerikanischen Geschichte verweist: *Five Card Stud* ist eine Pokerspielvariante, die zur Zeit des Bürgerkriegs entstand. Anlass für diesen Krieg zwischen den Nord- und Südstaaten war bekanntlich die wirtschaftliche, soziale und politische Spaltung, die die vor allem in der Sklavereifrage ihren Ausdruck fand. Die Kienholz'sche Szene, aufgeschlagen wie das Blatt in der Hand eines Pokerspielers, thematisiert den fortdauernden Rassenhass in den USA, der auch noch in den späten 1960er-Jahren herrschte. [16]

Was im Regelfall für autonome Kunstwerke gilt, dass sie losgelöst von äußeren Bedingungen existieren und ihre Wirksamkeit an unterschiedlichen Orten entfalten können[17], trifft

16 Zum Kontext der Lynch-Justiz in den USA siehe Leigh Raiford: Edward Kienholz: Five Car Stud 1969/2011, in: http://www.lacma.org/sites/default/files/reading_room/compressed10lacma-2011-edward-kienholz.pdf.

17 Selbstverständlich gibt es ortsspezifische Kunstwerke, die hier nicht gemeint sind.

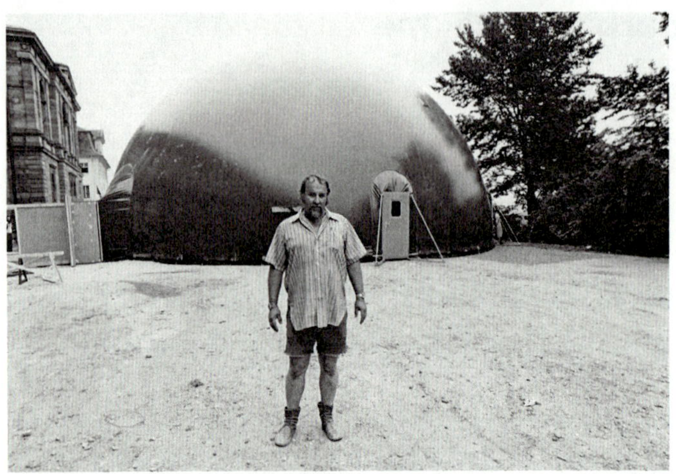

Abb. 2 Edward Kienholz vor dem Tragluftzelt, Documenta 5, 1972

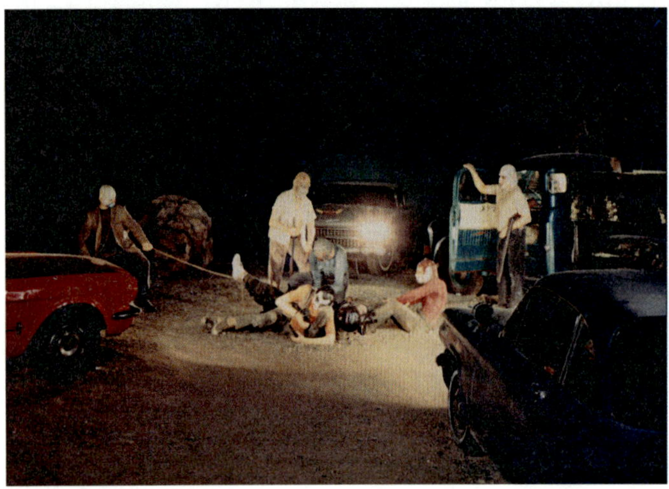

Abb. 3 Edward Kienholz: Five Car Stud, 1972

in besonderem Maße auf *Five Car Stud* nicht zu: Die Ausstellungsarchitektur und die Gegebenheiten des Kasseler Sommers 1972 hatten einen gravierenden Einfluss auf die Ästhetik des Werks, was zur Folge hatte, dass die politisch motivierte Arbeit in einmaliger Eindringlichkeit zur Geltung kam.[18]

Zu den wichtigsten Elementen der Gesamtkonstruktion, die den Rahmen für das thermische Erlebnis bildeten, zählte das Ausstellungsdispositiv in Gestalt eines eigens für das Environment errichteten halbkugelförmigen Tragluftzelts (Abb. 2).[19] Im Innenraum herrschte Dunkelheit, die dramatisch von Spotlights durchbrochen war. Das Licht ging von vier Automobilen aus, deren Scheinwerfer auf eine Gewaltszene gerichtet waren (Abb. 3, 4). Die Besucher näherten sich langsam einem Ensemble aus fünf lebensgroßen Figuren, deren Antlitze unter grauslichen Halloween-Masken verborgen waren. Vier dieser Männer waren damit beschäftigt, einen gefesselten Afro-Amerikaner zu kastrieren. In einem der Autos saß die Figur einer jungen weißen Frau, die sich vor Entsetzen übergibt; sie ist, so die gängige Deutung, die von den Ku-Klux-Klan-Rassisten nicht geduldete Freundin des Opfers.

Alle Figuren sind äußerst realistisch gestaltet, allein der Oberkörper des Gepeinigten besteht aus einem Becken mit Wasser, in dem Buchstaben schwimmen, die das Wort *Nigger* ergeben (Abb. 5). Den Besuchern war es gestattet, dicht an die Szene heranzutreten und somit die Rolle des Voyeurs oder gar des Mitakteurs im grausamen rassistischen Plot einzunehmen (Abb. 6).

Neben der Ausstellungsarchitektur und der Besucherinvolviertheit stellte vor allem die thermische Situation in dem Zelt eine Besonderheit dar, die in dieser Form im Kunstkontext äußerst ungewöhnlich war. Die beständig arbeitenden Druckluftaggregate, die dafür sorgten, dass das Rundzelt aufgebläht blieb, drückten heiße Luft in den Raum. Mit dieser Maßnahme wurde die grauenhafte Szene, die für sich bereits äußerst ausdrucksstark war, auch physisch-taktil unerträglich gemacht. Teilweise herrschten im Zeltinneren Temperaturen um 40° Celsius. Normalerweise würde eine Überhitzung dieser Art jedwede Bereitschaft zur Kunstrezeption und -kontemplation

18 Die folgende Beschreibung beruht auch auf der persönlichen Erinnerung des Autors.

19 Eine Video-Dokumentation von 2016 der Prada Foundation, die seit 2012 Besitzer der Arbeit ist, unter: https://vimeo.com/167771191. Im Documenta-Archiv befindet sich eine kurze Video-Dokumentation aus dem Jahr 1972.

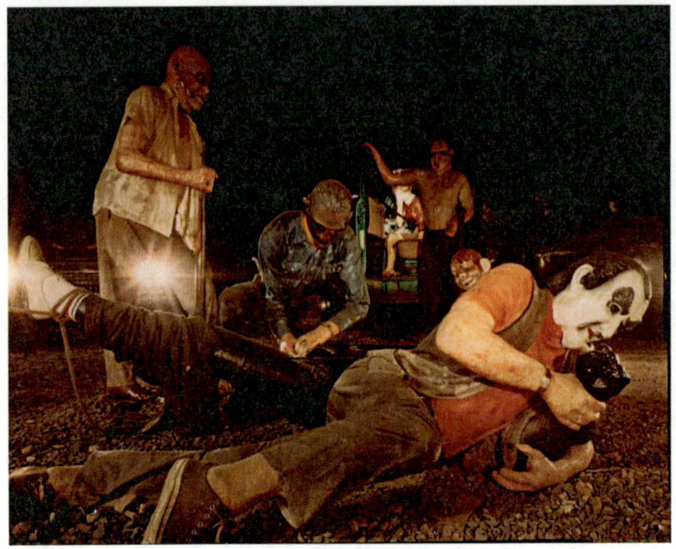

Abb. 4 Edward Kienholz: Five Car Stud, 1972

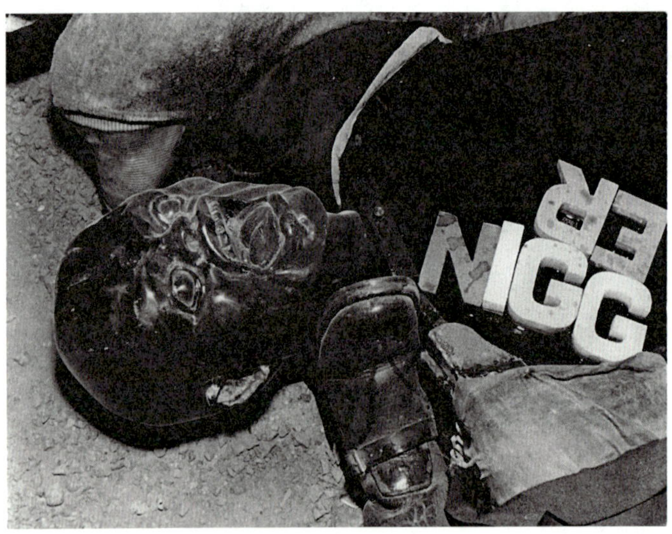

Abb. 5 Edward Kienholz: Five Car Stud, 1972

unmöglich machen. Für das Environment jedoch stellte die klimatische Extremsituation einen semantischen und erlebnishaften Zugewinn dar. Die atemstockende und bedrückende Stimmung des dargestellten Geschehens korrespondierte mit der körperlichen Reaktion des Besuchers auf die Hitze. Die thermischen Bedingungen erzeugten eine Atmosphäre in der doppelten Wortbedeutung – klimatisch und emotional. Da die hohe Raumtemperatur ein physischer Angriff auf die Besuchter war und auf diese Weise die Werkaussage unterstützte, lässt sich in der Diktion Kants sagen, dass «Sinnengeschmack» und «Reflexionsgeschmack» ununterscheidbar geworden waren. Die psychische wie die physische Reaktion war geprägt von dem Gefühl unmittelbarer Bedrängung und des Unwohlseins.[20] Da die Hitze gesundheitsgefährdend war und es niemand lange, wie in einem Zeitungsartikel zu lesen war, «in dem Treibhaus» auszuhalten vermochte, mussten die Aufsichten alle zehn Minuten ausgewechselt werden.

Aus der Beschreibung geht unzweifelhaft hervor, dass die Temperatur entscheidend die ästhetische Wertigkeit des Kunstwerks erhöhte. Beim Besuch in Kassel entstand der Eindruck, dass es eine ingeniöse Idee von Kienholz war, auch das Raumklima als künstlerisches Material zu behandeln. Was sich jedoch erst 45 Jahre später nach Recherchen herausstellte: Verantwortlich für den Hitzestau im Zelt war nicht der Künstler, sondern der äußerst heiße Sommer im Jahr 1972 und eine fehlende Klimaanlage. Die künstlerische Einordnung des Thermischen entwertet sich damit allerdings nicht, denn schon damals wurden die ästhetischen Effekte wahrgenommen. Die *Hessische Allgemeine* berichtete am 19. Juli über die Hitzewelle und die Auswirkungen auf die Ausstellung unter der Headline «Bei Kienholz war es am heißesten» (Abb. 7). In dem Artikel wird der Pressesprecher der *Documenta* zitiert, der die illustrative Kraft der klimatischen Extrembedingung künstlerisch einzuordnen wusste: «Die Tropenhitze erhöht noch den Realismus. Das ergibt eine perfekte Südstaaten-Atmosphäre.»[21]

Das Urteil des Pressesprechers war mehr als eine subjektive Meinungsäußerung oder die durchschaubare Legitimation für eine fehlende Klimaanlage. Wer die Atmosphäre im Zelt er-

20 Die erinnerungsprägende Kraft der Arbeit, allerdings ohne Hinweis auf die Raumtemperatur, schildert auch die Kuratorin Stephanie Barron: Edward Kienholz's «Five Car Stud«: A Memory from 1972, https://lacma.wordpress.com/2011/09/01/edward-kienholz's-«five-car-stud«-a-memory-from-1972/.

21 Hessische Allgemeine, 19. Juli 1972, Documenta-Archiv, PID 79060.

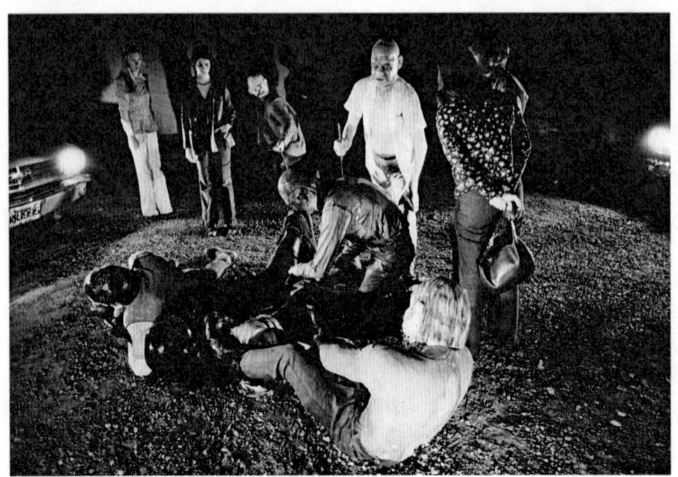

Abb. 6 Edward Kienholz: Five Car Stud, 1972

lebte, konnte in der Hitze etwas wahrnehmen, das über die reine Illustration der sozial-geografischen Situierung hinausging. Die thermische Sondersituation verfügte über eine ausgepägte *affektive Funktion*.[22]

Argumentierend auf der Basis der Kant'schen und Hegel'schen Position ließe sich nun Einspruch gegen diese interpretative Vereinnahmung erheben – sowohl aus Sicht der Produktion (*poiesis*) als auch aus der der Rezeption (*aisthesis*). Vom kunstpoetischen Standpunkt ist zu kritisieren, dass die Raumwärme jedwede transzendente Qualität oder Vergeistigungsqualität vermissen lässt, die ausschließlich vom Künstler zu erbringen ist. Vom Kunstwerk erwartet man ein Durchgearbeitetsein, das sich dem verstehenden Nachvollzug anbietet. Es hat nach idealistischer Auffassung mehr zu sein als ein sensuelles Angebot. Die aggressive Zumutung, die man als Werkintention von *Five Car Stud* annehmen kann, würde demnach lediglich durch das unbeabsichtigte sinnliche Moment ergänzt, das allerdings kein Mehr an Geistigkeit hervorbringt. Wie aber – diese erkenntnistheoretische Frage drängt sich auf – ist Durcharbeitung identifizierbar? Der uninformierten Erstbegegnung lag ja die Vermutung eines intendierten Klimadesigns zugrunde. Ändert sich mit dem Wissenszutrag oder -entzug der ontologische Status des Kunstwerks?[23]

Die Zwiespältigkeit in der *Documenta*-Präsentation offenbart sich auch in einer nachträglichen Bewertung. Auf die Nachfrage bei Nancy Reddin Kienhholz, die ab 1972 gemeinsam mit Edward Kienholz arbeitete und an *Five Car Stud* beteiligt war, wie sie die klimatischen Bedingungen 1972 künstlerisch einordnet, erhielt ich die Antwort: «It might be better for the atmosphere being hot and sticky like in the South, but it sure isn't better for the art. [Air conditioning] was not a big item in 1972 Germany.»[24]

Die konservatorischen Belange, die wichtig für den Erhalt der verwendeten Kunstharze sind, überstimmen demnach künstlerische Erwägungen. Diese Einstellung ist nachvollziehbar, wiewohl einzuwenden ist, dass zuweilen Rezeptionsgeschichten an der Figuration von Werken teilhaben können,

22 Was hier «affektive Funktion» genannt wird, bezieht sich auf die Reaktion des Empfängers und steht damit im Gegensatz zu Roman Jakobsons «emotiver Funktion», mit der die innere Verfassung des Senders bezeichnet wird.

23 Zum Thema der Vergeistigung siehe: Theodor W. Adorno: Ästhetische Theorie, Frankfurt am Main 1980, S. 139–146.

24 Email vom 17. März 2017.

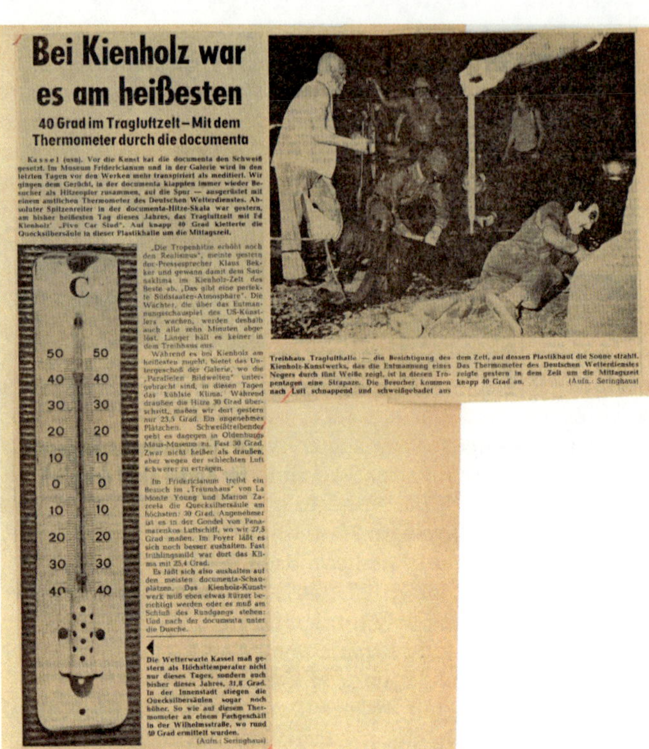

Bei Kienholz war es am heißesten

40 Grad im Tragluftzelt – Mit dem Thermometer durch die documenta

Kassel (usn). Vor die Kunst hat die documenta den Schweiß gesetzt. Im Museum Fridericianum und in der Galerie wird in den letzten Tagen vor den Werken mehr transpiriert als meditiert. Wir gingen dem Gerücht, in der documenta klappten immer wieder Besucher als Hitzeopfer zusammen, auf die Spur — ausgerüstet mit einem amtlichen Thermometer des Deutschen Wetterdienstes. Absoluter Spitzenreiter in der documenta-Hitze-Skala war gestern, am bisher heißesten Tag dieses Jahres, das Tragluftzelt mit Ed Kienholz' „Five Car Stud". Auf knapp 40 Grad kletterte die Quecksilbersäule in dieser Plastikhalle um die Mittagszeit.

„Die Tropenhitze erhöht noch den Realismus", meinte gestern doc-Pressesprecher Klaus Bekker und gewann damit dem Saunaklima im Kienholz-Zelt das Beste ab. „Das gibt eine perfekte Südstaaten-Atmosphäre". Die Wächter, die über das Entmannungsschauspiel des US-Künstlers wachen, werden deshalb auch alle zehn Minuten abgelöst. Länger hält es keiner in dem Treibhaus aus.

Während es bei Kienholz am heißesten zugeht, bietet das Untergeschoß der Galerie, wo die „Parallelen Bildwelten" untergebracht sind, in diesen Tagen das kühlste Klima. Während draußen die Hitze 30 Grad überschritt, maßen wir dort gestern nur 23,5 Grad. Ein angenehmes Plätzchen. Schweißtreibender geht es dagegen in Oldenburgs Maus-Museum zu. Fast 30 Grad. Zwar nicht heißer als draußen, aber wegen der schlechten Luft schwerer zu ertragen.

Im Fridericianum treibt ein Besuch im „Traumhaus" von La Monte Young und Marion Zazeela die Quecksilbersäule am höchsten: 30 Grad. Angenehmer ist es in der Gondel von Panamarenkos Luftschiff, wo wir 27,5 Grad maßen. Im Foyer läßt es sich noch besser aushalten. Fast frühlingsmild war dort das Klima mit 25,4 Grad.

Es läßt sich also aushalten auf den meisten documenta-Schauplätzen. Das Kienholz-Kunstwerk muß eben etwas kürzer besichtigt werden oder es muß am Schluß des Rundgangs stehen: Und nach der documenta unter die Dusche.

Die Wetterwarte Kassel maß gestern als Höchsttemperatur nicht nur dieses Tages, sondern auch bisher dieses Jahres, 31,8 Grad. In der Innenstadt stiegen die Quecksilbersäulen sogar noch höher. So wie auf diesem Thermometer an einem Fachgeschäft in der Wilhelmsstraße, wo rund 40 Grad ermittelt wurden.
(Aufn.: Seringhaus)

Treibhaus Traglufthalle — die Besichtigung des Kienholz-Kunstwerks, das die Entmannung eines Negers durch fünf Weiße zeigt, ist in diesen Tropentagen eine Strapaze. Die Besucher kommen nach Luft schnappend und schweißgebadet aus dem Zelt, auf dessen Plastikhaut die Sonne strahlt. Das Thermometer des Deutschen Wetterdienstes zeigte gestern in dem Zelt um die Mittagszeit knapp 40 Grad an. (Aufn.: Seringhaus)

Abb. 7 Hessische Allgemeine, 1972

mehr noch, dass Kunst erst im Rezeptionsakt entsteht. Im Fall von *Five Car Stud* konnte die Kassler Sommerversion keine weitere Wirkung entfalten, weil es in der Folge keine Ausstellungen gab, die einen Vergleich ermöglicht hätten. Nach der *Documenta* wurde die Arbeit für fast 40 Jahr nicht ausgestellt, sie verschwand im Depot eines japanischen Sammlers. Erst ab 2011 wurde *Five Car Stud* in den USA, Dänemark und Italien gezeigt, jedoch unter ganz anderen Ausstellungsbedingungen – ohne Rundzelt und Hitzezutrag.[25]

Vergessen ist die klaustrophobische Situation von damals, die heute, in materialgerecht temperierten Räumen, kaum mehr gegeben ist. «It is important to keep a consistent and reasonable temperature», wie eine Galerievertreterin des Künstlerpaares Kienholz mitteilte.[26] Die Entschiedenheit, mir der das Temperaturmittelmaß von Seiten der Künstlerin und den Ausstellungsverantwortlichen favorisiert wird, signalisiert die Zweitrangigkeit und Kontigenzhaftigkeit des thermischen Elements.

Parallel zur produktionsästhetischen Festlegung auf die Vernachlässigung des Hitzefomativs kann die rezeptionsästhetische Orientierung auf Immersion und Unmittelbarkeitserfahrung in der thermischen Hülle als kunstinadäquat angesehen werden. Nach gängiger Vorstellung ist eine Voraussetzung für die Reflexion eines Kunstwerks die Distanz; das Werk muss dem Betrachter äußerlich bleiben, ihm gegenüberstehen. Erst die Alterität, die Abstand haltende Qualität des Kunstwerks zwingt zur Meditation. Zwei Hinweise sollen hinreichen, um dieses Dogma zu illustrieren.

Bekannt ist Aby Warburgs Begriff des «Denkraums». Dieser stellt sich her durch die Objektivierung innerer affektiver Andrängungen im künstlerischen Produkt. Die Formgebung erzeugt nach Warburg eine symbolische Außenwelt und damit Betrachtbarkeit von ansonsten chaotischer, leidenschaftlicher, phobischer oder mystischer Verschwommenheit.

> «Bewußtes Distanzschaffen zwischen sich und der Außenwelt darf man wohl als Grundakt menschlicher Zivilisation bezeichnen; wird dieser Zwischenraum das Substrat künstlicher Gestaltung, so sind die Vorbedingungen erfüllt, daß

25 Zur Entstehungs- und Ausstellungshistorie der Arbeit siehe Michael Juul Holm (Hg.): Kienholz / Five Car Stud, Ausstellungskatalog, Louisisana Museum of Modern Art, 2011.

26 Email vom 17. März 2017. Siehe auch das Video mit Kommentar von Nancy Kienholz unter: http://www.lalouver.com/exhibition.cfm?tExhibition_id=669.

dieses Distanzbewußtsein zu einer solchen Dauerfunktion werden kann [...].» [27]

Diese kulturpsychologische Perspektive entwirft Kunst als Kühlsystem, das die Kulturbewohner zur Beherrschung überhitzter Triebhaftigkeit befähigt. Warburg zufolge schwächt Kunst die sensuelle Eindrücklichkeit, also genau das, was der *Documenta*-Pressesprecher als Qualität der Hitze in *Five Car Stud* hervorgehoben hatte. Realismus bedeutete: Verringerung der symbolischen Distanz zugunsten einer Überwältigung durch Emulation von Wirklichkeit.

In der gleichen hegelianisch geprägten Denktradition argumentiert auch Theodor W. Adorno gegen das Unvermittelte in seinen Vorlesungen zur ästhetischen Theorie, in der er seine Hörerschaft wissen lässt, dass der Geruch von Äpfeln auf der Theaterbühne nicht weniger als die «Negation des Kunstwerks»[28] bedeutet. Kunst habe andere Aufgaben, sie «legt Schnitte durchs Lebendige» und «verstümmelt es».[29] Wer hingegen «nur die sinnliche Seite des Kunstwerks wahrzunehmen vermag, [...] der befindet sich im Grunde in einem vorästhetischen oder [...] kulinarischen Zustand.»[30]

Ist aus diesem Abwehrverhalten Warburgs und Adornos gegen die sinnliche Attraktion zu schlussfolgern, dass die Hitzehülle in Kassel, welche die Besucher zum Schwitzen brachte und Fluchtimpulse auslöste, eine anti-ästhetische, anti-künstlerische Tatsache darstellte? Ist ein Kunstwerk, das Leibnähe sucht, nicht mehr als ein «Genussmittel»[31], wie Adorno konstatiert?

Blickt man auf die Kunstentwicklung vor allem seit den 1960er-Jahren, ist ein Wandel in den Materialstrategien festzustellen. Mehr und mehr erscheint Kunst entsublimiert; indem sie den Körper in seiner Empfindungsfähigkeit adressiert, werden nicht nur physiologische Reaktionen abgerufen, in gleichem Maße können affektive und kognitive Inhalte aktiviert werden. An einer Reihe von beispielhaften Werken, in denen das Wärmeparadigma eine zentrale Rolle spielt, werden im Fol-

27 Aby M. Warburg: Einleitung zum Mnemosyne Atlas [1929], in: Ilsebill Barta-Fliedl, Christoph Geissmar-Brandi, Naoki Sato (Hg.): Rhetorik der Leidenschaft. Zur Bildsprache der Kunst im Abendland, Hamburg, München 1999, S. 225–228, hier: S. 225.

28 Adorno: Ästhetik, S. 81.

29 Adorno: Ästhetische Theorie, S. 217.

30 Adorno: Ästhetik, S. 166.

31 Adorno: Ästhetische Theorie, S. 28.

genden die künstlerischen Ausdrucksmittel und Umgebungen untersucht, wobei die Frage nach dem Verhältnis von Reiz und Sinn, Leibhaftigkeit und Repräsentation stets leitend mitläuft. Dabei bleibt die Tatsache zu berücksichtigen, dass die Temperaturwahrnehmung auf einem anderen Register der Näheempfindung spielt als die Wahrnehmung eines Tons durch das Ohr, einer Form oder eines Materials durch das Auge, die stets die körperliche Distanz zur Voraussetzung hat.

Das sommerliche Szenario auf der *Documenta* 1972 stellt vor diesem Hintergrund eine Krisis dar, die nicht zuletzt auf einen Grundzug institutioneller Kunstpräsentation und -rezeption aufmerksam macht. Die konservatorisch begründete Temperierung der Kunsträume korreliert mit der Ausschaltung der Taktilitätsfähigkeit des Besuchers. Dieser hat sich gleichsam als körperlos zu empfinden, als schauende Seele, die durch die Ausstellung schwebt. Wo ihm Sinnlichkeit begegnet, ist es ihm aufgegeben, diese in Reflexion oder Fantasietätigkeit aufzuheben. Dass dieser Imperativ nicht mehr durchgängig Gültigkeit beanspruchen kann, wird sich noch an einer Reihe von Werken erweisen. Vorerst ist in Gegenüberstellung zu *Five Car Stud* eine Installation aus dem Jahr 2017 anzuführen, die exemplarisch den Ästhetikwandel vom temperaturlosen Werk zur thermischen Werkaugmentation veranschaulicht.

> *Aber ich würde mir, wenn ich nicht arm wäre, vor allem einen guten Ofen kaufen, und ich würde das reine, starke Holz heizen, welches aus dem Gebirge kommt, und nicht diese trostlosen têtes-de-moineau, deren Dunst das Atmen so bang macht und den Kopf so wirr.*

Ofenhitze (Michael Sailstorfer)

Als Michael Sailstorfer 2017 seine Arbeit *Brenner* erstmals zeigte, ebenfalls eine große Rauminstallation mit Autos und Hitzeatmosphäre, stand nicht mehr die Frage von 1972 im Raum, ob die Besucher den Möglichkeitsvorrat an zufälligen orts- und zeitspezifischen Gegebenheiten erlebnishaft ins Werk einbringen. Indem *Brenner*, der Titel deutet es an, Wärme als bewusst eingearbeitetes Element nutzte, wurde die herkömmliche Idee der Skulptur und damit ihre Erfahrbarkeit ausgeweitet.

Die Erstpräsentation bestand aus sechs schwarzen Fahrgestellen aus dem Markensortiment von Volkswagen (Abb. 8).

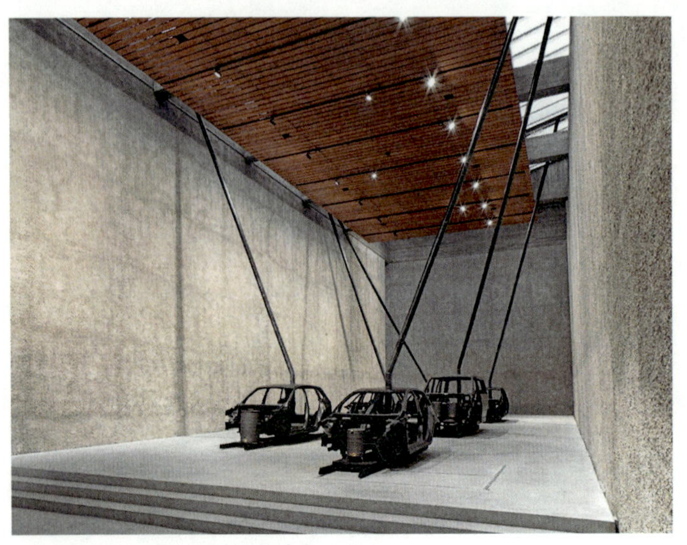

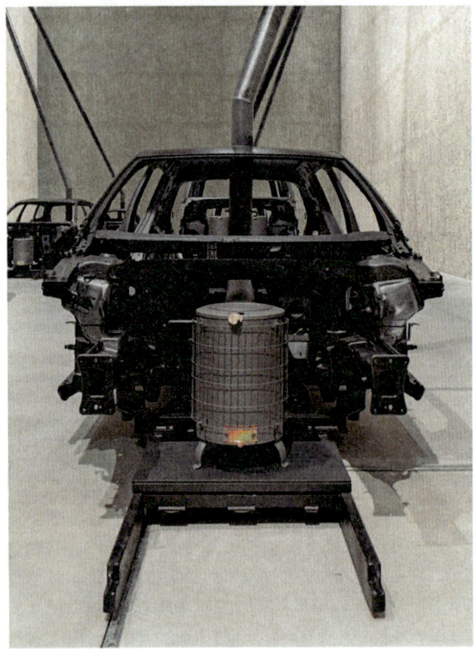

Abb. 8/9 Michael Seilstorfer: Brenner, 2017

Diese rudimentären Autoformen waren bestückt mit einfachen Zimmeröfen (Abb. 9). Während der Ausstellung wurden diese mit Brennholz befeuert und der entstehende Rauch über lange Rohre durch das Dach der Ausstellungshalle hinausgeführt.

In den Kommentaren zu dieser Arbeit, auch vom Künstler selbst, wird vor allem auf die semantischen Implikationen des Sichtbaren eingegangen.[32] Die Kunstverständigen interpretieren die witzige Kombination aus Fahrzeug und Heizkörper als Anspielung auf die gegenwärtige Krise des Automobils und der Automobilindustrie. Aufgrund der kargen brutalistischen Ausstellungsarchitektur und der strengen Reihung der Fahrgestelle, die radlos auf Schienen ruhen, wird nicht nur die Vorstellung von industrieller Fließbandfertigung, sondern auch das Bild vom Verkehrsstau aufgerufen, die Nemesis der Ideologie der mobilen Gesellschaft. In dem Maße, wie sich Entstehungs- und Verwendungsorte des Autos als Vorstellungsbilder aufdrängen, kann man in dem Ensemble auch einen Friedhof für abgelebte Fahrzeuge erkennen. In den schwarzen Skeletten brennt zwar noch ein Feuer, aber es setzt die Maschine nicht mehr in Gang, es scheint den Korpus zu verzehren. Krematorium und Kremiertes werden eins.

Das Thema des Brennens und Verbrennens hat im Werk Sailstorfers eine Vorgeschichte, in der auch die destruktiven Aspekte deutlich hervortreten. *Ofen* (2015) besteht aus einem Motorroller, ebenfalls schwarz eingefärbt und mit einem Ofenrohr versehen, in dem es brennt (Abb. 10). Der Titel ist nicht nur deskriptiv, er enthält ein ironisches Wortspiel, denn im Deutschen werden umgangssprachlich bemerkenswerte und kraftstrotzende Motorräder als «heiße Öfen» bezeichnet, was im Fall von *Ofen* zwar wörtlich zutrifft, aber eben nicht in der übertragenen Bedeutung. Bereits 2002 entstand gemeinsam mit Jürgen Heinert *3ster mit Ausblick*.[33] Diese Zeitraffer-Videoarbeit visualisiert zwar nur Hitzewirkungen, ist aber in Verbindung mit *Brenner* zu erwähnen. Eine kleine Holzhütte auf einer Wiese wird wie von unsichtbarer Hand nach und nach abgerissen, wobei alle Teile in dem Ofen, der sich im Inneren der Behausung befindet, verbrannt werden. Im Schlussbild ist allein der glühende Ofen in kaltblauer Nacht zu sehen (Abb. 11). Das Brennen und Verbrennen beinhalten nicht nur

32 http://www.gallerytalk.net/zwischen-antrieb-und-stillstand/; https://www.jupiterartland.org/exhibitions/brenner; http://www.koeniggalerie.com/exhibitions/6841/hitzefrei/.

33 http://sailstorfer.de/works/3-ster-mit-ausblick-2002.

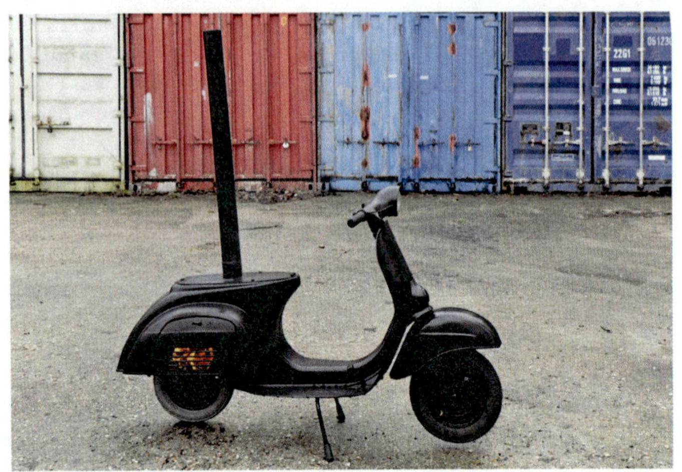

Abb. 10 Michael Sailstorfer: Ofen, 2015

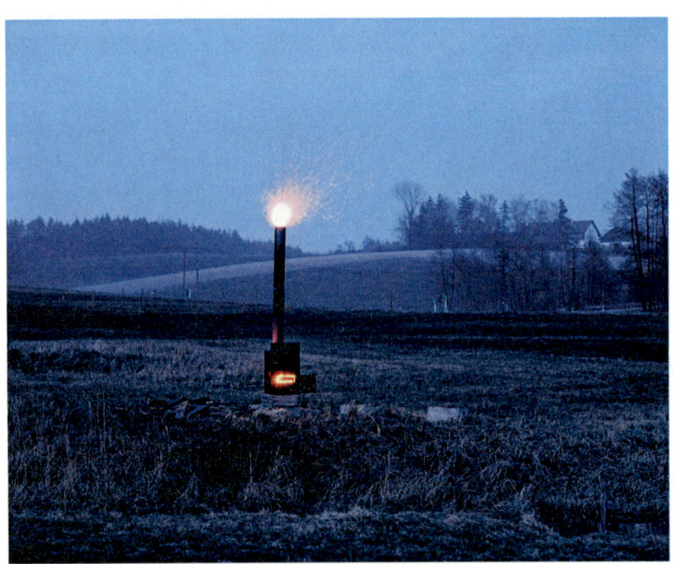

Abb. 11 Michael Sailstorfer, Jürgen Heinert: 3ster mit Ausblick, 2002

Kulturallusionen, die auch über den gegenwärtigen Industrialismus hinausgehen können. Als Metaphern der Selbstreferentialität verweisen diese Vorgänge auf den Akt der Kunstezeugung. Der Künstler selbst brennt für etwas, muss aber auch zerstören, um die Gestaltfindung voranzutreiben, die zuweilen in der totalen Formvernichtung endet. Das Feuer – in mythischer Überhöhung – ist der Doppelheld der Kulturstiftung und Kulturauslöschung.

Sailstorfers Hitze-Poetik unterscheidet sich gravierend von der in *Five Car Stud*: Während die zufällige Hitze bei Kienholz die manifeste Werkbedeutung und emotionale Aura vertiefte, also illustrativ-affektive Funktion erhielt, lädt *Brenner* zu einer Reihe von heterogenen semantischen Verknüpfungen ein, mit denen die Arbeit symbolisch angeeignet wird.[34] In Abgrenzung von der *illustrativen Funktion* kann für diesen Vorgang die Kategorie der *assoziationstreibenden Funktion* eingesetzt werden. Die Hitze, die die Öfen abstrahlen, wird nicht in erster Linie erlebt, sie wird gedanklich mit unterschiedlichen Phänomenen des thermodynamischen Zeitalters in Verbindung gesetzt.

An den begleitenden Diskursen der Kunstsachverständigen ist auffällig, dass auf die Symbolik der Öfen sowie auf den sensoriellen Hitze-Aspekt wenig oder gar nicht eingegangen wird. Die Gründe für diese Auslassung liegen wahrscheinlich in der Unsichtbarkeit des thermischen Stoffes, zu dem der visuell orientierte Kunstdiskurs nur schwer Zugang findet. Im synästhetischen Erleben spielt die Raumtemperatur der Installation jedoch mehr als eine beiläufige Rolle, sie bildet einen zentralen Werkaspekt, der die *assoziative Funktion* unterstützt und gleichzeitig irritiert.

Wie lässt sich dieses Verhältnis von Zusammenhang und Aufsprengung beschreiben? Man kann es als eine pataphysische Idee Sailstorfers ansehen, dass er an die Stelle des entwickelten Verbrennungsmotors einen einfachen Holzofen installiert. Die Verbrennungsmaschine, die eine Kerntechnologie des Industriezeitalters ist, wird durch Vereinfachung humoresk verharmlost und im selben Zuge in ihrer verschwenderischen und umweltbeeinflussenden Wirkung offengelegt. Der Brennvorgang verwandelt sich im Kunstraum in eine

34 In einem Gespräch berichtete eine Galeriemitarbeiterin, dass sie nicht anders könne, als bei *Brenner* an die Verbrennungsöfen in den Vernichtungslagern der Nazis zu denken. Sie entschuldigte sich für diese Assoziation, wohl aus dem Gefühl einer Unangemessenheit heraus.

selbstgenügsame Prozedur ohne Nutzen, denn die immobilen Autofragmente transportieren nichts, bewegen sich nicht und erreichen nicht den Status fertiger Objekte, die für gewöhnlich vom Industriesystem ausgestoßen werden. Energie wird schlicht vergeudet, regrediert auf den Zustand eines archaischen Lagerfeuers und purer Ereignishaftigkeit. In dieser Zone zwischen Kreation und Tod ist alles in märchenhaften Schlaf und Starre gefallen – ein fundamentaler Widerspruch zum Geist der Industrie, auch in der engen Wortbedeutung des lateinischen Worts *industria* (Betriebsamkeit, Fleiß). *Brenner* ist wie *Ofen* ein deskriptiver Titel, er dementiert aber in gleicher Weise Konzepte, die in der Moderne mit Verbrennung verbunden werden: Fortschritt, Produktivität, Naturbeherrschung. Das industrielle Objekt und der industrielle Prozess werden vielmehr in ein sarkastisches *Memento mori* verwandelt. Der Umstand, dass das Galeriegebäude vormals die katholische St.-Agnes-Kirche beherbergte, verleiht der bedeutsamen Verfremdung des Alltagsobjekts Auto eine weitere Nuance. Die Ofenrohre streben nicht nur zum Dach, sie scheinen wie spirituelle Energieleitungen zum Himmel zu gehen. Rauch ist nicht nur Industrieabfall im Verbrennungsprozess, er hat in vielen Religionen eine übersinnliche Semantik, unter anderem als Transportmittel für Gebete in der katholischen Kirche. Sailstorfer exponiert das Automobil als quasi-religiöses Verehrungsobjekt und gibt es in seiner Hilf- und Funktionslosigkeit der Lächerlichkeit preis. Diese Beladenheit mit Sinnanmutungen, ein gängiges Kennzeichen des Spiels der Kunst, überdeckt die materiale Besonderheit der Skulptur. Denn trotz des Stroms an Konnotationen wird die Rezeption von *Brenner* von sinnlichen Erfahrungen begleitet. Nicht nur der Geruch von Brennholz, vor allem die ausströmende Wärme der versammelten Öfen eröffnet eine Abstufung von ästhetischen Valeurs. Von draußen kommend, einem kalten Februartag in Berlin, näherte man sich der Autogruppe in einer wohlig-wärmenden Temperatur. Die Besucher konnten sich als Schutzsuchende wähnen, die am Feuer Zuflucht suchten. Je näher man aber den Feuerstätten kam, um so mehr wirkte die Hitzestrahlung und wurde als beißend erlebt. Die Todesbilder waren mit einem Mal mit rücksichtsloser Feindseligkeit animiert. Es gehört zur Werkbeschaffenheit mehrerer Sailstorfer'scher Skulpturen, dass sie eine transvisuelle Ausdehnung aufweisen – im Medium des Klangs, des Geruchs oder, wie im Fall von *Brenner*, der Wärme. Die thermische Augmentation ist nicht imaginationsfrei, sie löst psychische Reaktionen aus. Die Effekte haben ihren Grund nicht ausschließlich in der künstlerischen Einbettung. Generell zeichnen sich klimatische Impressionen oder Atmosphären durch Gefühlsqualitäten aus, werden, wie die Phänomenologie angemessen darlegt, «extradimensional, holistisch und synästhetisch wahrgenommen».[35] Daher finden sich in der lyrischen Tradition eine Vielzahl an Schilderungen von Wetterphänomenen, die als Spiegel innerer oder existenzieller Verfassungen fungieren («Der Sommer folgt. Es wachsen Tag und Hitze, / und von den Auen dränget uns die Glut»[36]). Im Kontext der Sailstorfer'schen Installation vermögen die abgestuften Wärmesensationen einen Mehrsinn zu erzeugen, der sich in das Gesamtbild und der inneren Konzeption, die der Betrachter erstellt, einfügt. Die gegensätzlichen Erfahrungen von Wärme-Schutzhülle und angreifender Hitze-Bedrohlichkeit und sogar von Gefängnishaftigkeit, wenn man sich zwischen den Fahrgestellen befand, lassen sich nicht unmittelbar auf die sachlich-technoide Ästhetik der Installation und der Betonarchitektur beziehen. *Brenner* scheint dennoch auf den ersten Blick die allgemeine Feststellung Adornos zu bestätigen, dass «Kunst [...] das drastische Argument, gegen die erkenntnistheoretische Trennung von Sinnlichkeit und Verstand [ist].»[37] Denn sowohl die angenehmen wie in gleichem Maße die unangenehmen Aspekte des Feuers lassen sich mit den reflektierten Inhalten über industrielle Thermokultur verbinden. Und doch spielt die verstandesmäßige Gedanklichkeit auf einem anderen psychischen Register als die kutan-sensorischen Empfindungen. Die Hitze in ihrer Unmittelbarkeit hält den Rezipienten in der Situation, wohingegen die Reflexion den Geist über das Kunstwerk hinaustreibt. Wer über die semantischen Gehalte nachdenkt, ist nicht mehr in der Sache. Wo der Körper allerdings von der Raumtemperatur umfangen wird, dort werden auch vorsymbolische Reaktionen aktiviert, Stimmungen, die weder vollständig in der Reflexion aufgehoben oder versachlicht, noch mit deutlich benennbaren Affektbildern erfasst werden können. Da in *Brenner* ein manifester Gehalt dominiert, der zu kulturkritischer Meditation einlädt, gerät das Kunstwerk in die Gefahr eines bloßen Kommentars auf eine zeitgenössische Diskurslage in der Gesellschaft. Demgegenüber fügt das thermische Moment die-

35 Tonino Griffero: Atmospheres. Aesthetics of emotional Spaces, New York 2016, S. 55.

36 Johann Wolfgang von Goethe: Sommer (1810).

37 Adorno: Ästhetische Theorie, S. 260.

sem allegorisierbaren Gebilde die Qualität des Eindringlichen hinzu. So sehr es auf das Formgebilde bezogen ist und ohne dieses nicht auskommt, so sehr übersteigt es auch dessen Rahmung. Bezeichnungen wie sanfte Wärme, beißende oder beengende Hitze sind Vagheitsausdrücke, in gewisser Weise sogar Fehlbezeichnungen, mit denen die Leiblichkeitserfahrungen nur schematisch bezeichnet werden. Gerade die von sengender Hitze heimgesuchten Stellen gaben der Installation eine dunkle Qualität, eine Ungemütlichkeit, die dem Humor an der Oberfläche zuwiderlief. Weil eine klare Affektklassifizierung kaum möglich ist, soll zur Kennzeichnung der Begriff der *atmosphärischen Funktion* verwendet werden. Diese Funktion verweist auf die Tatsache, dass das sinnliche Wahrnehmen der Kunst nicht gleichzeitig ein Denken sein kann.[38] Der gefühlte Wärmeraum wird zwar vom Besucher mit dem sichtbaren Werk abgeglichen, die Reflexion vermag aber letztlich nicht, die wechselnde Gestimmtheit mit der intellektuell erbrachten Interpretation in Einklang zu bringen. Das Kunstwerk lässt das Denken spüren, dass es an eine Grenze stößt. Insofern zeichnet es sich durch eine Inkommensurabilität aus, die eines der generalisierbaren Merkmale der Kunst in der Moderne ist. Etwas hat sie an sich, das nicht als Inhalt verfügbar ist.

Was 2017 als Dialektik von Werk und Raumtemperatur in ortsspezifischer Ausprägung erfahrbar war, wird in dieser Konstellation vermutlich nie wieder erlebt werden können. Die einzelnen Fahrgestelle wurden inzwischen auf dem Kunstmarkt verkauft, werden jeweils eigene Orte der Aufstellung gefunden haben. Was immer die Objekte von ihrer ursprünglichen Gemeinschaftsdarstellung mitnehmen konnten, es drängt sich eine Fantasie auf: Dass die vereinzelten Fahrzeug-immobile zu Heizvorrichtungen in Haushalten von reichen Kunstsammlern degradiert werden. Kunst wird zum Interior Design. Übrig bleibt eine exzentrische Geste in Gestalt eines Fetischobjekts, an dem man sich wärmt.[39]

38 Die Gegenthese vertritt Daniel Martin Feige: Design. Eine philosophische Analyse, Berlin 2018, S. 106.

39 Eine Analyse zu dieser Tendenz im Kunstsektor liefert Wolfgang Ullrich: Siegerkunst. Neuer Adel, teure Kunst, Berlin 2016.

Vom Symbol zur Leiblichkeit

Aber auf einmal (war es die Hitze in den Zimmern oder das viele nahe Licht) überfiel mich zum erstenmal in meinem Leben etwas wie Gespensterfurcht.

Überhelle Räume (Hermann Pitz)

Die Gegenüberstellung der beiden Werke von Kienholz und Sailstorfer aus den Jahren 1972 und 2017 deutet einen historische Durchsetzungsprozess an: Wärme, die bei Kienholz noch intentionslos war, aber schon sinnhaft rezipiert wurde, erhielt Jahrzehnte später die Bestimmung bewussten künstlerischen Ausdrucks. Die implizite These, dass es eine nachvollziehbare Materialentwicklung gibt, bedürfte einer systematischen und an historischen Stufenfolgen orientierten Darstellung. Wie sich das leibsinnliche Paradigma in der Kunst als eigenständiger Wert etablieren konnte, wäre allerdings ein eigenes Forschungsgroßprojekt, das den vorliegenden Zusammenhang sprengen würde. Dennoch soll im Folgenden über zwei Stufen eine Aisthesis skizziert werden, die den Sprung vom repräsentativen Symbol zur sensoriellen Intensitätssteigerung veranschaulicht. Ausgehend von einer Installation aus dem späten 20. Jahrhundert wird zunächst der Regimewechsel exemplarisch veranschaulicht. Im Anschlusskapitel zur «thermischen Romantik» wird in historischer Rückschau eine Archäologie der ästhetischen Subjektivität skizziert. Die Analyse eines markanten Theorieentwurfs, der um 1800 erarbeitet wurde, wird zeigen, welche ideengeschichtlichen Wandlungen ein neues Rezeptionssubjekt hervorgebracht haben, das wiederum die Voraussetzung für ein verändertes Kunstverständnis bildete.

Zwischen 1982 und 1984 entstand die Installation *Wedding Therese* von Hermann Pitz, die ursprünglich nicht im White Cube gezeigt, sondern als Intervention an Orten der Nicht-Kunst aufgestellt wurde. Pitz kombinierte vorgefundene Artefakte aus Abbruchhäusern zu einem neuen Ensemble, womit der verlassene und funktionslos gewordene Raum noch einmal für kurze Zeit belebt wurde. Aus diesen Einbrüchen ins Wirk-

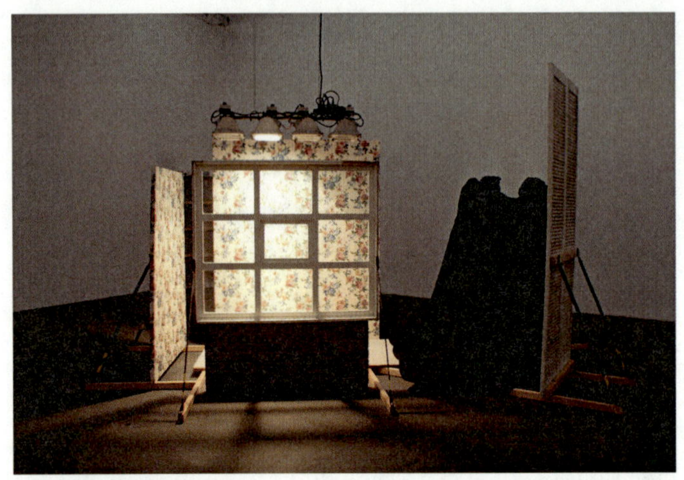

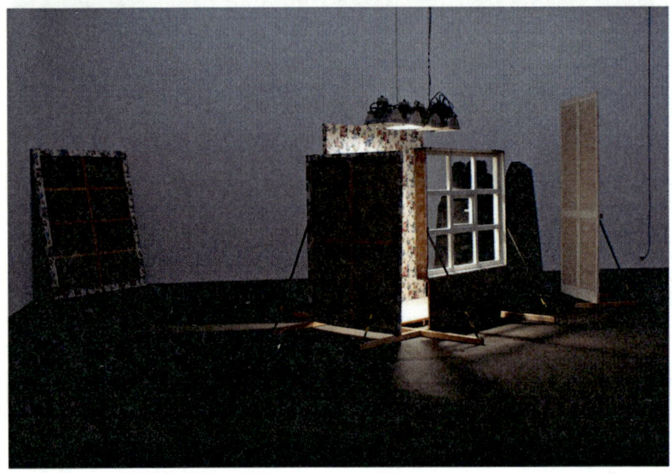

Abb. 12/13 Hermann Pitz: Wedding Therese, 2012

liche entwickelte sich eine inzwischen museal gewordene Arbeit, die an eine Kulisse erinnert. Fensterrahmen, Mauerstück, tapezierte Wände, Stoffdraperie und Sichtschutzvorrichtung vermitteln den Eindruck einer flüchtig hingestellten Räumlichkeit, eine Mischung aus Wohnung, Baustelle und Bühnenvorrichtung (Abb. 12/13). Die Szenografie ist an keiner Stelle darauf ausgerichtet, eine Illusion zu erzeugen, im Gegenteil, das Gemachte bespielt den Vordergrund. Alles ist Fragment, die Wände bestehen aus Spannrahmen, wie sie die Maler benutzen, das Mauerwerk ist optisch verblendetes Holz. Bei der ersten Begegnung ahnt man, dass die Arbeit nicht nur eine Reflexion auf den Ausstellungsort im Berliner Stadtteil Wedding darstellt, der traditionell durch das Arbeitermilieu geprägt ist, sondern auch als Prüfsituation künstlerischer Medien funktioniert. Die Analogien zum Tafelbild, ironisiert durch die Blumentapete auf den Spannrahmen, sowie zum Bilderrahmen sind gleichsam greifbar. Das Fenster als Vorbild für den Bilderrahmen und der Rahmen wiederum als optisches Hilfsgerät für die perspektivische Weltauffassung in der Renaissance leiten über zu einem filmischen Sehen, das Pitz in seiner Installation ausmacht:

> «Ich beobachte, daß die durch ein Fenster hindurch wahrgenommenen Gegenstände auch gleichzeitig wie ein Bild (...) erscheinen. Das liegt daran, daß die Dekoration hinter dem Glas auch als Projektion auf das Fensterglas erfahren werden kann. Es ist der umgekehrte Effekt der Filmprojektion, die uns das Gefühl gibt, mit dem Blick auf die Filmleinwand auch in einen ‹illusorischen› Raum zu blicken. Das Fensterglas ist also die Bildebene.»[40]

Gleichfalls in den Zusammenhang der kunstmedialen Anspielung gehört der schwarze fließende Stoff mit seinen Faltenwürfen, eine Reminiszenz an die Barockmalerei mit ihren üppigen Textilrepräsentationen der höfischen Gesellschaft. Was dort augentäuschende Bildkunst war, erscheint bei Pitz als materielle Realie.

Das durchgängige Prinzip der Installation, die Medialität des künstlerischen Materials zu thematisieren, betrifft auch die Verwendung des Lichts und der Raumtemperatur. Mit diesen Werkteilen wird zur Dispostition gestellt, was als Sym-

40 Zit. n. Gabriele Knapstein: Hermann Pitz. Therese Wedding, 1984, in: https://www.freunde-der-nationalgalerie.de/de/projekte/ankaeufe/2000/hermann-pitz.html.

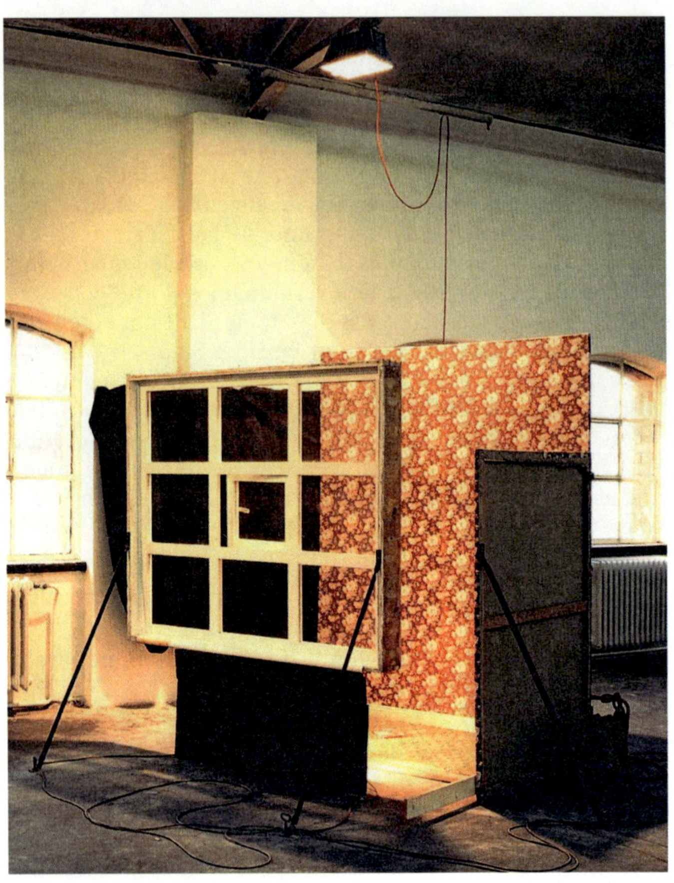

Abb. 14 Hermann Pitz: Wedding Therese, 1989

bol, was als Index zu verstehen ist; was fiktional ergänzt sein will, was als präsentisch wirkendes Material aufgefasst werden soll.

Integriert in das Setting sind vier große, lichtstarke Leuchtkörper, die in Kontrast zur Kleinheit der Zimmersimulation stehen. Ursprünglich gedacht als Lichtquellen für Baustellen oder Hallen, haben sie nichts mit der angedeuteten Gemütlichkeit eines kleinbürgerlichen Wohnzimmers zu tun. Pitz lässt den Ausstellungsmachern die Freiheit, alle vier oder nur einzelne Leuchten erstrahlen zu lassen.[41] In den Berliner Präsentationen von 2012 und 2017 brannte jeweils lediglich eine der Lampen. Trotz dieser Reduktion konnten Museumsbesucher unmittelbar nach Betreten des Ausstellungsraums eine deutlich erhöhte Temperatur wahrnehmen. Diese entwickelte sich zu einer scharfen Hitze, sobald man näher an das Fenster herantrat. Von dieser Position aus konnte man die Vorstellung haben, wie es wäre, alle vier Hitzequellen in vollem Betrieb zu erleben. Die Licht-Mächtigkeit würde das Zimmer in einen unbetretbaren Glutofen verwandeln.

Diese energetische Aufladung des angedeuteten Zimmers war nicht von Beginn an vorgesehen. Eine Fotografie der Arbeit aus den 1980er-Jahren zeigt lediglich einen Strahler in großem Abstand über der Konstruktion (Abb. 14). Das Licht scheint zu diesem Zeitpunkt noch nicht zum Werk selbst zu gehören, es fungiert eher als Bühnenlicht, das die visuelle Dramatik erhöht. Der spätere Einbau von vier Leuchtkörpern, die nun wie ein Deckenabschluss in den Raum eingelassen sind, unterstützt die Verfremdung des Wohnzimmers, das nun als Objekt eines brutalen Eindringens erscheint. Hermann Pitz hat einer Umrüstung auf kalte LED-Lampen, was aus konservatorischer und sicherheitstechnischer Sicht sinnvoll wäre, bisher nicht zugestimmt. Der Künstler würdigt damit den thermischen Aspekt als ästhetische Qualität.

Damit ist allerdings noch nicht viel gesagt, denn unklar bleibt, in welchem Verhältnis Strahlungswärme und Gesamtensemble zueinanderstehen. Rätselhaft fremd und damit nicht unmittelbar auf die Arbeit beziehbar, erscheint auch der Werktitel. So wie der Raum als Leerstelle im wörtlichen Sinn entworfen wird – er ist weder möbliert noch belebt –, stellen Titel und Hitze semantische «Leerstellen» (Wolfgang Iser) dar, die vom Rezipienten imaginativ gefüllt werden können.

41 Persönliche Mitteilung von Hermann Pitz, Email v. 21.08.2017

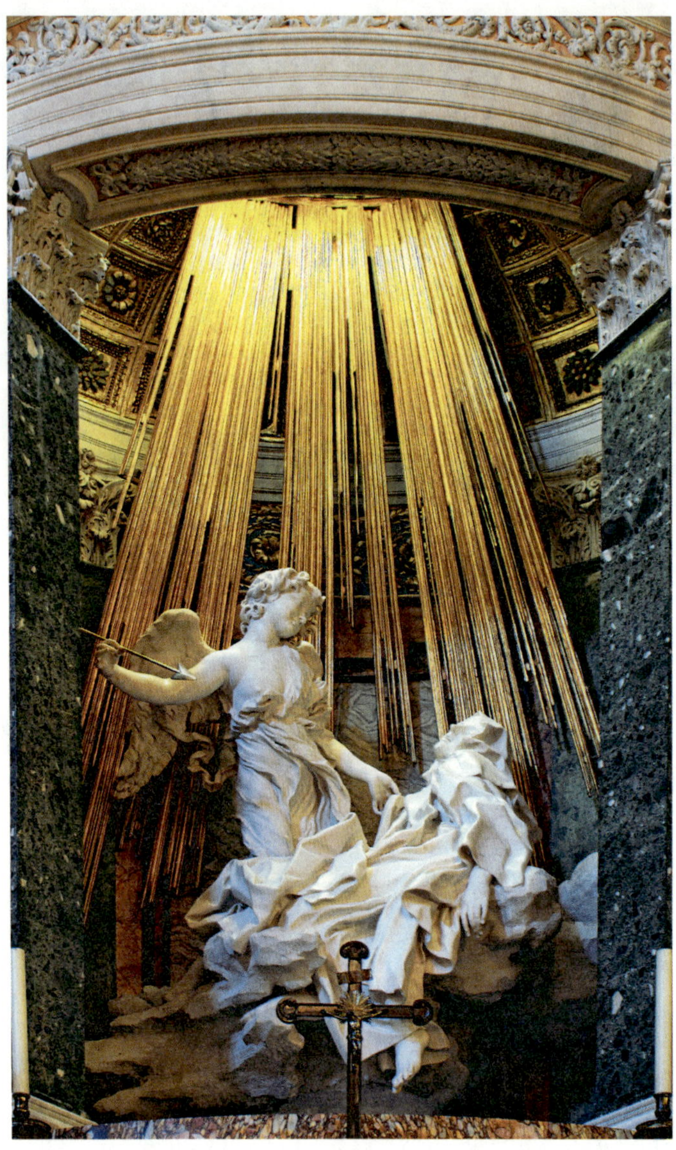

Abb. 15 Gian Lorenzo Bernini: Verzückung der Heiligen Theresa, 1647–1652

Gemäß dieser Ergänzungslogik wird der Betrachter im Werktext darüber informiert, dass der Name *Therese* auf eine ehemalige Bewohnerin des Raums verweisen könnte, die durch Abriss- und Bauarbeiten vertrieben wurde.[42] Für Interpreten mit biographischer Neugier ist aufschlussreich zu erfahren, dass Hermann Pitz mit dem Titel einen Privatsinn verbindet, der ebenfalls mit einer Trennung oder mit verhindertem Zusammenkommen in einer Wohnung in Beziehung steht. In der englischen Bedeutung des Titels wird aus Therese, die im Wedding wohnt, Therese, die geheiratet wird. Pitz gibt an, dass es 1984 eine von ihm verehrte Therese gab, die er allerdings nie heiratete.[43] Das hitzestarke Licht bekäme vor diesem Interpretationshorizont die Negativqualität der unfreundlichen Seinsverarmung.

Man mag solche anheimelnden Sinnzuweisungen für kunstfern erachten, wie auch die angedeutete kunstmediale Betrachtungsweise als akademische Methodenübung im Bereich der Kunstinterpretation abtun. Es lässt sich jedoch zeigen, dass diese Umgangsweisen mit dem Kunstwerk auf den Status von Kunst in einer ästhetisch entregelten Moderne zurückzuführen sind. *Wedding Therese* liefert für die veränderten Anschauungsverhältnisse ein einprägsames Exempel, denn die Arbeit ist auf eines der Meisterwerke der Barock-Skulptur beziehbar – und zwar im Modus der Absetzung und der Neufigurierung der beteiligten Elemente. Auch das barocke Kunstwerk, Gian Lorenzo Berninis *Verzückung der Heiligen Theresa* (1647–1652), operiert mit den Themen Licht, Hitze und Hochzeit.

Licht wird bei Bernini als ein goldenes Strahlen dargestellt, das direkt aus dem Himmel auf die hingebungsvolle Mystikerin Theresa und den Engel mit dem Pfeil niederzugehen und nur für die beiden bestimmt zu sein scheint (Abb. 15). Dieses Licht verweist nicht auf das profane Gelb der Sonne, der Besucher der Kapelle begegnet vielmehr der künstlerischen Vision des *lux divina*, in dem sich der unsichtbare Gott mitteilt. Licht ist das Transmissionsmedium der Visionen, die die Seherin empfängt. Was für das ikono-religiöse Licht gilt, kann auch das üppige Gewand der ekstatischen Theresa beanspruchen – Ausdruck des erregten Geistes und Körpers der Mystikerin, pures

42 In diesem Sinne Anne Marie Freybourg: Hermann Pitz, Wedding Therese, 1984, Nationalgalerie Berlin (ed.), das xx. jahrhundert. ein jahrhundert kunst in deutschland. Berlin 1999, S. 596–597.

43 Persönliche Mitteilung von Hermann Pitz, Email v. 21.08.2017.

Pathos: Leiden und Leidenschaft. Es ist ein bekanntes Faktum, dass sich Bernini von Schilderungen der Gottesbegegnungen hat inspirieren lassen, die Teresa von Avila in ihrer Autobiografie *Das Buch meines Lebens* niederschrieb. Der Text ist zu zitieren, denn es fällt auf, dass die Autorin für die Schilderung ihrer inneren Erfahrungen mit dem Engel Metaphern des Feuers, Brennens und Leuchtens verwendet:

> «In dieser Vision nun wollte der Herr, daß ich ihn [den Engel] wie folgt sah: Er war nicht groß, eher klein, sehr schön, mit einem so *leuchtenden Antlitz*, daß er allem Anschein nach zu den ganz erhabenen Engeln gehörte, die so aussehen, als stünden sie ganz in *Flammen*. Ich sah in seinen Händen einen langen goldenen Pfeil, und an der Spitze dieses Eisens schien ein wenig *Feuer zu züngel*n. Mir war, als stieße er es mir einige Male ins Herz, und als würde es mir bis in die Eingeweide vordringen. Als er es herauszog, war mir, als würde er sie mit herausreißen und mich ganz und gar *brennen*d vor starker Gottesliebe zurücklassen.»[44] [Kursivierungen G.S.]

Sowohl die Skulptur als auch der Text operieren mit den künstlerischen Möglichkeiten der Vermittlung von etwas Übernatürlichem, das sich in sinnlichen und sexuell konnotierten Formen darbietet, einmal als plastische Erfindungen, das andere Mal als Metapher. So eindringlich Licht und Feuer geschildert und dargestellt werden, dem Rezipienten sind sie ausschließlich als vorzustellende Qualitäten zugänglich.

Der Gegensatz zu *Wedding Therese* ist offenkundig: Bei Pitz bilden Licht und Wärme ebenfalls eine Einheit, nun jedoch in Form profaner elektrischer Beleuchtungskörper. An die Stelle symbolischer Intensität ist die weltliche Wahrnehmung getreten. Wärme und Hitze haben den Charakter materieller Unmittelbarkeit bekommen, vermögen allenfalls Indexfunktion für das ebenso entsakralisierte Licht auszuüben. Der Vergleich mit Berninis Skulptur soll nicht das Fortwirken von künstlerischen Formen oder gar Pathosformeln sowie den damit verbundenen weltanschaulichen oder ästhetischen Konzepten insinuieren; die Beziehung zur Barock-Skulptur ist im Gegenteil die eines gravierenden Bruchs.[45] In Abkehr von ei-

44 Teresa von Avila: Das Buch meines Lebens [1565], Gesammelte Werke Bd. 1, Freiburg, Basel, Wien 2001, S. 426–427.

45 Auf meine Frage, ob Berninis Skulptur einen Einfluss auf die Konzeption von *Wedding Therese* hatte, antwortete Hermann Pitz: «Es ist richtig, dass die

ner Herrlichkeitsästhetik mit den Beigaben der sinnbildlichen Erleuchtung und des ebenso sinnbildlichen inneren Feuers setzt Pitz Zeichen der Alltäglichkeit und Gewöhnlichkeit. Mit dem Form- und Materialwandel sowie mit der Hinwendung zu einem Realismus, der sich durch eigene Motive und Themen gegenüber der religiösen Kunst auszeichnet entfaltet sich ein vollständig anderes ästhetisches Regime. Die Licht/Hitze-Qualität liefert dabei den entscheidenden Differenzmarker. Bei Bernini und in der Autobiografie besetzt die Heilige Theresa den Platz einer Erfahrung. Im Ambiente der Pitz'schen Installation fehlt die Repräsentationsfigur. Der frei gewordene Platz ist allerdings nur scheinbar leer, denn nun hat der Rezipient den Ort der Erfahrung übernommen. Betrete er den Licht/Hitze-Raum, er würde ebenfalls brennen, allerdings in ganz unspiritueller Manier.

Die Tatsache, dass Licht/Wärme nicht mehr ausschließlich symbolisch figuriert ist, sondern einer sachlichen Manipulierbarkeit unterliegt und eine unmittelbare leibsinnliche Wirkung ausübt, stellt den Besucher in vollständig andere Entscheidungs- und Reaktionskontexte. Er wird sich fragen, ob er bereit ist, die Hitze auszuhalten, und welche inneren Impulse dabei aktiviert oder lahmgelegt werden. Auch wenn das Ambiente sinnbildliche Aneignungsweisen erlaubt – zum Beispiel als Ausdruck einer Fremdbestimmung, von Gewalt oder Unwirtlichkeit[46] –, so erfolgt ästhetische Erfahrung dennoch in erster Linie affektiv-sensorisch.

Unter dem Gesichtspunkt eingeübter Kunstwahrnehmung stellt die Wärmeerfahrung eine Pathologie im System Kunst dar. Dies erklärt, warum sowohl in der Rezeption von *Wedding Therese* als auch von anderen Thermo-Kunstwerken die Temperatur fast nie Erwähnung findet. Die Konditionierung auf die gedanklich-visuelle Aneignung ist derart ausgeprägt, dass die Aufmerksamkeit für das thermische Moment kaum mehr aufgebracht wird. Im Augenblick des Eingehülltseins in kutan

Santa Teresa von Berninis Hand mir vertraut ist seit ca. 1968, als ich aufgrund eines beruflichen Engagements meines Vaters in Rom lebte. Ich war damals 12 Jahre alt. Sie gehört zu meinen prägenden Kunsterlebnissen. Insofern ist Ihre Assoziation mit der Teresa für mich zwar verblüffend, aber sie könnte zutreffen – zumal Berninis Skulptur ja auch in Hinsicht auf Licht/ Beleuchtung (mit Tageslicht) ja äußerst raffiniert ist.» Email v. 21.08.2017.

46 Dass Illumination in vormoderner Zeit etwas anderes als in der technisch aufgerüsteten Modern bedeutet, darauf macht Hans Blumenberg aufmerksam: Licht als Metapher der Wahrheit, in: ders.: Ästhetische und metaphorologische Schriften, Frankfurt am Main 2001, S. 139–171, hier: S. 171.

gespürte Wärme verliert nämlich das Subjekt-Objekt-Gefüge, mithin die Herrschaft des Subjekts über das Objekt an Bedeutung. Diese Hingabe als versachlichte Form theresianischer Ekstase hat Mario Perniola als Kernmerkmal der Installationskunst überhaupt beschrieben:

> «Die Installationen sollen nicht als Urteilsobjekte des Besuchers verstanden werden; das Verhältnis zu letzterem ist gegenüber dem traditionellen Besuch der Museen und der Galerien vollkommen auf den Kopf gestellt. Es ist die Installation, die den Besucher wahrnimmt, ihn empfängt, ihn spürt, ihn betastet, sich nach ihm streckt, ihn in sich eintreten läßt, ihn durchdringt, ihn besitzt, ihn überströmt.»[47]

Wenn auch nicht mit Blick auf den Spezialfall *Installationskunst*, so doch mit Skepsis für ein Erkenntnisparadigma hat Peter Sloterdijk eine ähnliche Sichtweise entwickelt. In seinem sphärologischen Großprojekt, das sich als «mediale Poetik der Existenz»[48] versteht, wendet er sich gegen den abendländischen Subjektzentralismus. Auf dieser Position imaginiert sich das Subjekt als eines, das «alles beobachtet, benennt, besitzt, ohne sich von etwas enthalten, ernennen, besitzen zu lassen».[49] Die von Sloterdijk vorgebrachte Kritik am «panoptischen Egoismus»[50], dem alles zum objekthaften Außen wird, wie auch die Gegenperspektive auf ein Subjekt, das sich in intimen Mikrosphären findet und erfindet, lässt sich für die Betrachtung von Phänomenen in den neueren Künsten fruchtbar machen. Festzustellen ist eine Tendenz, das Betrachtersubjekt seiner Außenposition zu berauben, um es immersiv einzufangen, es zu einem Enthaltenen umzubilden.

Was Traditionalisten als Verlustgeschäft bewerten mögen – Verlust an Tiefsinn –, erzeugt auf der anderen Seite eine reiche Welt des Experiments mit den Möglichkeiten der Selbstwahrnehmung und des Involviertseins in das Kunstwerk. Die Wärmehülle bewirkt eine leibliche Ergriffenheit oder Unausweichlichkeit, zu der man nicht durch Vergeistigung in Distanz treten kann. Die niedergehende Hitze in *Wedding Therese* mögen Besucher unterschiedlich erleben – etwa als Brennen auf der Haut, als Druck auf die Lunge oder auf das Gehirn,

47 Mario Perniola: Der Sex-Appeal des Anorganischen, Wien 1999, S. 141.
48 Peter Sloterdijk: Sphären I. Blasen, Frankfurt am Main 1998, S. 81.
49 Ebd., S. 85.
50 Ebd., S. 86.

als ermüdend, was wiederum diverse Gefühlsvaleurs nach sich ziehen kann.[51]

Selbstverständlich wird ein Rezipient weiterhin die Bedeutungsfrage stellen. Aber ohne die Bereitschaft, in der Thermosphäre die entsprechende Sensorik ins Spiel zu bringen, würde eine entscheidende Dimension ausgeblendet.[52] Dass sich mit dieser Neuaufstellung die Aspekte von Sinn und Sinnlichkeit nicht mehr in jedem Fall harmonisch ineinander vermitteln lassen, wird sich an einigen Beispielen erweisen.

51 Untersucht werden solche Verhältnisse von der Phänomenologie. Siehe zum Wärme-Aspekt: Hermann Schmitz: Der Gefühlsraum, Bonn 1969, S. 159.

52 Die entgegengesetzte Tendenz, die Überbetonung des multipel Sensorischen, findet sich in Richard Shustermans Konzept der Soma-Ästhetik. In dieser Perspektive wird Kunst allerdings auf die Reizfunktion für den Rezipienten verengt; das Formgebungs- und Expressionspotenzial wird dabei aus den Augen verloren.

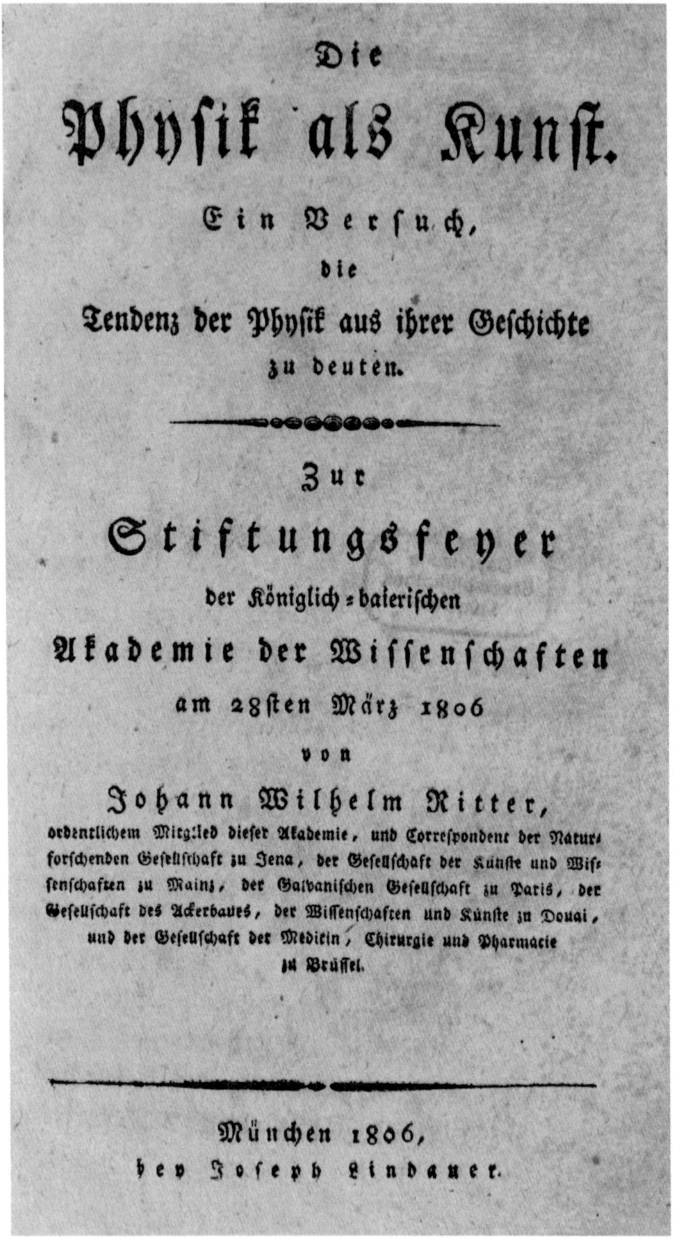

Die

Physik als Kunst.

Ein Versuch,

die

Tendenz der Physik aus ihrer Geschichte

zu deuten.

Zur

Stiftungsfeyer

der Königlich-baierischen

Akademie der Wissenschaften

am 28sten März 1806

von

Johann Wilhelm Ritter,

ordentlichem Mitglied dieser Akademie, und Correspondent der Naturforschenden Gesellschaft zu Jena, der Gesellschaft der Künste und Wissenschaften zu Mainz, der Galvanischen Gesellschaft zu Paris, der Gesellschaft des Ackerbaues, der Wissenschaften und Künste zu Douai, und der Gesellschaft der Medicin, Chirurgie und Pharmacie zu Brüssel.

München 1806,

bey Joseph Lindauer.

Abb. 16 Johann Wilhelm Ritter: Physik als Kunst, 1806

Thermische Romantik

Das ästhetische Subjekt

Es gehört zu den kaum befragten Selbstverständlichkeiten, dass die symbolische Form *Kunst* nachdrücklich und verändernd auf ihre Rezipienten einzuwirken vermag. Der die Kunst legitimierende Diskurs unterstellt bestimmten Werken, dass diese nicht nur das Denken in Gang setzen, vielmehr ganze Wahrnehmungskonventionen umprogrammieren, neue Sichtweisen auf die Wirklichkeit ermöglichen und Konzepte (etwa von Geschlecht, Wissen, Kunst, Subjektivität etc.) in Frage stellen würden. Vor allem auf dem Feld der Gefühle und Empfindungen soll Kunst eine kardinale Rolle spielen, soll diese erzeugen, irritieren, sublimieren oder im Gegenteil enthemmen, soll Katharsis betreiben, verdrängte Emotionen zugänglich machen oder Gefühlsmangel kompensieren.

Die bis zu diesem Punkt vorgestellten installativen Kunstwerke von Kienholz, Sailstorfer und Pitz könnten vor dem Hintergrund des Wirksamkeitspostulats als materiell-agentiale Apparate oder als «performative und experienzielle Produktion» theoretisiert werden, die eine empfindungssensible Subjektivität hervorbringen.[53] Die Unmittelbarkeitseindrücke und die damit verbundenen erkenntnishaften Selbstwahrnehmungen wären ausschließlich Wirkungen der Sensorialitätsadressierung durch die thermischen Kunstwerke.

So wenig zu bezweifeln ist, dass im Beziehungsgefüge von Kunstwerk und Kunstrezipient Beeinflussungen stattfinden, so sehr ist die Vorstellung eines agentenhaften Materialismus historisch produziert. Es waren bekanntermaßen die diversen Avantgardebewegungen, die ihre Kunst aus dem gemütlichen Kontext der Weltanschauungen und der Mimesis herausreißen wollten, um über revolutionäre Formgebungen und mit neuen Umgangsweisen einen direkten Einfluss auf das Kunstpublikum und damit auf den Gang der Geschichte nehmen zu können. Kunst sollte Existenzdesign werden. Die Tatsa-

53 Dies wäre die Perspektive des New Materialism. Siehe beispielhaft: Estelle Barrett: Materiality, affect, and the aesthetic image, in: Barbara Bolt, Estelle Barrett (Hg.): Carnal Knowledge: Towards a New Materialism Through the Arts, London, S. 63–72. Karen Barad: Agentieller Realismus, Berlin 2012.

che, dass die Träume der Avantgarde nicht realisiert wurden, heißt nicht, dass die Träume vergessen wurden. Sie leben als Wunsch fort und treiben die Alteritätsanstrengungen einiger Künstler bis heute an. Entgegen der Materialismushypothese ist anzuführen, dass als Voraussetzung für eine Kunst der Existenzerweiterung eine Subjektivität anzunehmen ist, die mit der Bereitschaft für entgrenzende Wahrnehmung, selbstreflexive Betrachtung und exzentrische Positionierung ausgestattet ist. Diese Subjektivität kann in ihrer historischen Entstehung in vorliegendem Diskussionszusammenhang nicht beschrieben werden, doch soll am Fall des romantischen Physikers Johann Wilhelm Ritter (1776–1810) etwas über die grundlegende Konstitution des modernen, ästhetisch motivierten Subjekts ausgesagt werden. Sowohl die thematischen Forschungsinteressen Ritters als auch die Experimentierpraxis und die dazugehörige Diskursproduktion bilden ein poetisches Handlungsfeld, das als eine frühe Stufe in der Entwicklung moderner Kunstproduktion und ästhetischer Subjektivität erachtet werden kann. In diese Betrachtung der gedanklichen und habituellen Voraussetzungen für das thermische Kunstwerk dirigiert sogar das Thema noch hinein – und zwar als Metapher für die Relation zwischen Werk und Rezipient: Die Kunstakteure müssen mit den veränderten Sachgegebenheiten in den Künsten gleichsam warm werden. Ritter hat Ähnliches gesagt, dafür aber eine Formulierung gefunden, die in seinem Fall, wie noch zu zeigen ist, esoterisch konnotiert ist: «Wenn Körper schmelzen, so kommen sie erst zur Vernunft. Jetzt erst können sie einander begreifen. So auch ists mit uns. Je ‹wärmer› wir sind, desto mehr können wir verstehen, begreifen, wir tauen auf.»[54]

Geliebtsein heißt aufbrennen. Lieben ist: Leuchten mit unerschschöpflichem Öle.

Romantische Vormoderne (Johann Wilhelm Ritter)

Das Zitat deutet an, dass Großes auf dem Spiel steht. Dies wird bestätigt, wenn man den ersten Eintrag der naturphilosophischen Spätschrift *Fragmente aus dem Nachlasse eines jungen Physikers* (1810) als programmatischen Auftakt hinzunimmt:

54 Johann Wilhelm Ritter: Fragmente aus dem Nachlasse eine jungen Physikers (1810), Leipzig, Weimar 1984, S. 77.

> «Möchten wohl alle Körper ohne Wärme, möchte alle Materie ohne Wärme, vielleicht gar keine Verwandtschaft mehr untereinander haben? – Aber ohne Wärme möchte auch wohl gar keine verschiedene Materie, und keine überhaupt mehr stattfinden!»[55]

In diesem kurzen Text blitzen zentrale Themen dieser schillernden Forscherpersönlichkeit auf: das Verhältnis von Materie (Körper) und Immateriellem (Wärme), die Beziehung der Weltdinge – organisch wie anorganisch – untereinander (Verwandtschaft) und das Prozesshafte, aus dem überhaupt erst Existenz und Existenzerfahrungen hervorgehen. Wenn Ritter nämlich vom *Körper* spricht, dann ist in seinem Fall die Doppelbedeutung des Wortes zu berücksichtigen: als physikalischer Begriff, mit dem eine raumeinnehmende Masse bezeichnet wird, und als biologischer Begriff für ein lebendes Leibwesen.

Was sich in den Zitaten keimhaft andeutet, entstammt dem Milieu der deutschen Romantik. Ritter, der in einer kurzen Phase um 1800 tätig war, ist aufgrund seiner ideengeschichtlichen Stellung zwischen alchemistischer und theosophischer Weltanschauung einerseits und moderner Naturwissenschaft andererseits zu einem facettenreichen Objekt der Wissenschafts- und Ideengeschichte geworden. Das Interesse ist verständlich, denn dieser Wissenschaftler und Schwärmer gibt Rätsel auf und ist in seiner Unkonventionalität gleichzeitig ein Epochentypus. Ritter rezipierte begierig die Wissenschaft seiner Zeit, konnte aber als Wissenschaftsamateur keine entscheidende Position in der sich institutionalisierenden Wissenschaft erlangen; er wirkte ideenreich auf wichtige Repräsentanten der romantischen Bewegung ein, blieb aber gleichzeitig ein Sonderling mit pathologischen Zügen; er machte handfeste Entdeckungen und neigte im selben Zuge zur weltanschaulichen Verstiegenheit. Seine oft dunklen Aussagen, die nicht immer decodiert werden können[56] und die er raunend zu Überwahrheiten stilisierte, lassen Ritter wie einen Avantgardisten *avant la lettre* erscheinen. Die Sicherheit der symbolischen Gedankenvermittlung attackiert er zugunsten einer *jouissance*, die im Experiment realisiert wurde. In der biografischen Vorrede zu den *Fragmenten* spricht er diesen Sachver-

55 Ebd., S. 64.
56 Benjamin Specht: Physik als Kunst. Die Poetisierung der Elektrizität um 1800, Berlin, New York 2010, S. 145.

halt aus: Manche Stücke «wird man nicht verstehen [...]. Nicht, als ob Zusammenhang darin fehlt, sondern um des Gegenstandes, und der Höhe und Art seiner Ansicht wegen. [...] Mehrere werden sicher nur, wenn man verliebt ist, andere, wenn man liebt, verstanden.»[57] Und von einer Freundschaft berichtend, schreibt Ritter: «Hier wurden Dinge gesprochen und versprochen, die wohl von Wenigen bei solchen Gelegenheiten so besprochen wurden; wer zugehört hätte, hätte unsere Freunde zuweilen für wahnsinnig gehalten, denn wenig würde er verstanden haben.»[58]

Der Kult der Exklusivität, das Gefühlspathos sowie das Kokettieren mit dem Wahn- und Unsinn sind Motive, die man mit der Romantik in Verbindung bringen wird. In gleichem Maße sind sie als wichtige Anzeichen der zwisthaften Rollenverteilung zwischen Wissenschaft und Kunst zu deuten, die zu einem Merkmal der Moderne wird.

Das Wärme-Motiv

Der größte Teil der Forschungen Ritters betraf Untersuchungen zu galvanischen Phänomenen. Arbeiteten die ersten Galvanisierer vorwiegend mit toten Tier- und Menschenkörpern, wählte Ritter seinen Körper zum hauptsächlichen Objekt der Reizeinwirkungsforschung. Beobachter und Beobachtetes waren also in seinem Laborsetting identisch. Diese Forschungen gelten als Frühformen der Elektro- und Wahrnehmungsphysiologie, die erst im Laufe des 19. Jahrhunderts im Sinne materialistischer Wissenschaft zu eigenständigen Disziplinen wurden. Innerhalb des Ritter'schen Forschungsansatzes, in dem die Arbeitsweisen des Sinnesapparates erkundet wurden, spielte auch die Wahrnehmung von Wärme und Kälte eine wichtige Rolle. Mit Blick auf die Experimentierpraxis scheint sich die herausragende Bedeutung des thermischen Aspekts zunächst nicht zu bestätigen, dort stehen eher visuelle, Geschmacks- und Schmerzempfindungen im Zentrum. Aber immer wieder wird Wärme als Teil der Versuchsanordnungen er-

57 Ritter: Fragmente, S. 45–46. Schon die Zeitgenossen Schiller und Goethe bemerkten die dunkle, schwer verständliche Ausdrucksweise Ritters. Siehe Walter D. Wetzels: Johann Wilhelm Ritter: Physik im Wirkungsfeld der deutschen Romantik, Berlin, New York 1973, S. 19.

58 Ritter: Fragmente, S. 37. Es wird vermutet, dass mit diesem Freund Novalis gemeint ist. Siehe Jutta Müller-Tamm: Der Wolf in der Fabel. Experimentelle Selbstfiktionalisierung bei Johann Wilhelm Ritter, in: Michael Gamper et. al. (Hg.): «Wir sind Experimente: wollen es auch sein!». Experiment und Literatur II 1790–1890, Göttingen 2010, S. 159–177, hier: S. 166.

wähnt, etwa wenn mit verschiedenen Temperaturen der Leitmedien experimentiert wird. Diskursiv bedeutsamer werden thermische Sachverhalte allerdings in Ritters naturphilosophisch-spekulativen Ausführungen. Die Aufwertung in diesem Bereich wird vor dem Hintergrund des grundlegenden Erkenntnisinteresses verständlich: Ritter ging es in seinen diversen Versuchsanordnungen darum, ein verbindendes Prinzip in der Natur zu entdecken. In diesem *ideologischen* Zusammenhang wird Wärme zur Fundamentalkategorie aufgewertet. Kompakt anschaulich wird diese Tatsache in der *Fragmenten*-Schrift. Darin werden weit mehr als 300 Mal Begriffe aus dem Wortfeld Wärme, Hitze, Verbrennung, Funke, Brand, Glut, Temperatur benutzt. Allein dieser empirische Tatbestand, unabhängig von den jeweiligen Kontexten, belegt die Aufmerksamkeit für diesen Bereich, der Physik, Physiologie und Ästhetik umfasst.

Das Interesse an Wärmephänomenen war in der Epoche um 1800 nicht erstaunlich. Bereits in der ersten Hälfte des 18. Jahrhunderts wurden Elektrisiermaschinen mit Funkenentladungen konstruiert; Forschungen zur Verbrennung gibt es seit den 1770er-Jahren wie auch die Erfindung der Dampfmaschine mit den bekannten wirklichkeitsumwälzenden Effekten in diese Epoche fällt. Bemerkenswert jedoch ist, dass diese Wirklichkeitszuträge in den Schriften Ritters kaum eine Rolle spielen. Aufgrund des Experimentaldesigns des Selbstversuchs kommt es zu einer subjektivistische Verengung. Der Forscher registriert ausschließlich sich selbst und seine Empfindungsfähigkeit. Wenngleich der Selbstversuch im Wissenschaftsmilieu um 1800 zur gängigen Forschungspraxis gehörte, so war Ritters Konzentration auf diese Form und die Bereitschaft, auch extreme Reizzufuhren auf sich zu nehmen, singulär.[59] Die heute seltsam anmutende Tatsache, dass die Ritter'sche Berufung auf die Autorität als Empfindungsvirtuose mit einer übergroßen Naturphilosophie einhergeht, kann als Kennelement seiner Wissenschaftsauffassung gelten. Darin übernimmt die Wärme als Feuer, Brennen und Licht die zentrale Verbindungskategorie zwischen Subjekt und Natur.

59 Siehe Gerhard Wiesenfeld: Eigenrezeption und Fremdrezeption: Die galvanischen Selbstexperimente Johann Wilhelm Ritters (1776–1810), in: Jahrbuch für europäische Wissenschaftskultur, 1 (2005), S. 207–232.

Die Experimente

Wie aber führte Ritter seine Experimente durch? Unter Zuhilfenahme diverser Metalle und Leitmedien konstruierte er sogenannte galvanische Ketten mit einem Positiv- und einem Negativpol. Er schloss diese Ketten, indem er ausgewählte Organe mit den Polen in Kontakt brachte, was zu einem Fließen des elektrischen Stromes führte. Die empfundenen Sensationen wurden im Anschluss akribisch notiert. Bald jedoch traten selbstgebaute Batterien hinzu, die weitaus größere Ladungen erlaubten und die zu Ritters zweifelhaftem Ruhm beitrugen, denn die «‹Extremisierung› der Empfindung»[60] wurde nicht nur als heroische Selbtsaufopferung erachtet, sondern auch als ethische Überschreitung, der kein entprechender Erkenntniswert gegenüberstand.

Es mag selbstverständlich erscheinen, dass sich die Rede von den Körperwahrnehmungen vor allem auf die Sinnesorgane bezieht – Auge, Ohren, Mund, Hand, Nase. Ritter geht mit seinen «Empfindungserzeugungen»[61] aber darüber hinaus, wenn er Ströme auch an hohle Zähne, an Wundhöhlen frisch gezogener Zähne sowie an Anus und Urethra anlegt. Wilhelm Ostwald spricht noch 1894 davon, dass Ritter «Körperteile galvanisch mißhandelt [habe], die man sonst nicht zu Experimenten in Anspruch nimmt.»[62] Ritter ging es offenbar darum, den Körper dort anzugreifen, wo er am empfindlichsten ist, wo er sich öffnet und der Übergang zur Welt merklich stattfindet. Die Protokolle der Versuche geben ausführliche Erfahrungsberichte über die künstlich erzeugten Sinneseindrücke wieder: Farbspiele im Bereich des Sehens, Geschmackssensationen im Mund, Düfte, Töne, Schläge, Empfindungen von Expansion und Kontraktion.

Spielen sich diese Experimente an einzelnen Sinnesstellen ab, gilt dies nicht für die Wahrnehmung im Bereich der Temperaturempfindung. 1802 macht Ritter folgende Mitteilung:

60 Jürgen Daiber: Die Suche nach der Urformel: Zur Verbindung von romantischer Naturforschung und Dichtung, in: Aurora, 60 (2000), S. 75–103, online: www.goethezeitportal.de/fileadmin/PDF/db/wiss/epoche/daiber_urformel.pdf, S. 9.

61 Johann Wilhelm Ritter: Wirkungen des Galvanismus der Voltaischen Batterie auf menschliche Sinneswerkzeuge (1801), in: ders.: Entdeckungen zur Elektrochemie, Bioelektronik und Photochemie, Leipzig 1986, S. 88–93, hier: S. 92.

62 Wilhelm Ostwald: Johann Wilhelm Ritter. Rede, gehalten auf der ersten Jahresversammlung der Deutschen Elektrochemischen Gesellschaft, am 5. Oktober 1894 in Berlin, in: Johann Wilhelm Ritter: Fragmente aus dem Nachlasse eines jungen Physikers, Leipzig, Weimar 1984, S. 321–343, hier: S. 328.

«Insofern der Körper endlich das Vermögen hat, Temperatur zu bemerken, Wärme und Kälte zu unterscheiden, hat man am positiven Pol das Gefühl der ersten, am negativen das der letzten. Bei der Trennung geht die fortempfundene Kälte in Wärme, die Wärme aber in Kälte über. Da übrigens der Sinn für die Einflüsse in diesem und dem vorigen § nicht eben auf ein bestimmtes Organ beschränkt ist, sondern, nachdem er in einigen Teilen des Körpers bloß in vorzüglichem Grade angehäuft scheint, sich mehr oder weniger über den ganzen Körper verbreitet [...].»[63]

Es gehört zu den Entdeckungen Ritters, dass es bei quantitativen Steigerungen der Ladungen zu einem qualitativen Umschlag bei den Sinneseindrücken kommt. Ist bei geringen Strömen die Wärme am positiven, die Kälte am negativen Pol zu spüren, so passiert es, dass «bey stärkerer Wirkung, man nichts von Wärme und Kälte unterscheidet, bey noch stärkerer aber am positiven Pole statt der Wärme Kälte, am negativen Pole statt Kälte Wärme, empfindet.»[64] Ritter weist bei diesem Versuch auf eine Diskrepanz hin, die ihn zu einer Schlussfolgerung führt: Da der Stromschlag selbst empfindungsmäßig keine Veränderung erfährt, während das Temperaturempfinden sich aber ändert, sei dies ein Beweis, «daß man den Sinn für Temperaturen [...] wesentlich vom Gemeingefühl unterschieden, und als einen besonderen Sinn betrachten müsse.»[65]

Diese Beobachtungen sind relevant für die Ritter'sche Systembildung, da sie die Ausbreitungskapazität oder die Verknüpfungsleistung der investierten Energie belegen. Die naturphilosophische These, dass der Organismus aus einem System galvanischer Ketten besteht, wird vor allem in den synästhetischen Ergebnissen für Ritter zum plausiblen Befund. Visuelle und Geruchswahrnehmung sowie Temperaturempfindung sind nur unterschiedliche Ausprägungen einer einzigen Gesetzmäßigkeit. In einer Versuchsanordnung bringt Ritter ein Stück Graphit (Reißblei) in eines der Nasenlöcher ein, ein ähnliches Stück aus Zink in das andere. Danach schließt er die Kette und macht folgende Selbstbeobachtung:

63 Johann Wilhelm Ritter: Beiträge zur näheren Kenntnis des Galvanismus (1802), in: ders.: Entdeckungen zur Elektrochemie, Bioelektronik und Photochemie, Leipzig 1986, S. 94–96, hier: S. 95.

64 Johann Wilhelm Ritter: Physisch-chemische Abhandlungen in chronologischer Folge, Bd. 3, Leipzig 1806, S. 354.

65 Ebd., S. 355.

«In diesem Augenblick sieht man einen mäßigen Lichtwechsel vor beiden Augen [...], aber zugleich empfindet man einen heftigen Schlag durch die Scheidewand an den Endpunkten beider Excitatoren [...] und man glaubt eine Zuckung in dem Inneren der Nase zu bemerken, von der ich äußerlich nie etwas sehen konnte. Bey einiger Aufmerksamkeit schien ich zu bemerken, daß dieser Schlag von der Zinkseite her komme, und zwar hier mehr druckartig ausgehe, aber wo das Reißblei anliegt, verwandelte er sich in ein sehr empfindliches Stechen, weßhalb man in den ersten Augenblicken auch auf das letzte aufmerksam wird. Dieses brennende Stechen dauert nun ebenfalls so lange fort, als die Kette geschlossen ist [...] und man empfindet meistens ein Drücken durch den Kopf, was ich nach öfterer wiederholtem Experiment einigemal in förmliches längere Zeit nach dem Versuch fortdauerndes, Kopfweh übergehen sah.»[66]

Die Sensation des Brennens wird in einer Reihe von Versuchen an unterschiedlichen Körperstellen bemerkt. Auffällig an den Beschreibungen ist das Bemühen, die Abstufungen und Verteilungen sprachlich genau zu fassen. Nicht die Thesenbildung über die unsichtbaren physiologischen Vorgänge steht im Zentrum des Interesses, Ritter bleibt vorwiegend dem ästhetischen Notat verpflichtet.

Sind also die Nachbarschaften der einzelnen Sensationen Ausdruck einer Naturkraft, werden in gleichem Maße unterschiedliche Reizanlässe ebenfalls dem Einheitsgedanken unterworfen. Es mutet zunächst als wissenschaftliche Inkohärenz an, wenn Ritter in seinen *Physisch-Chemischen Abhandlungen* unvermittelt von der Schilderung galvanischer Versuche zu einem wahrnehmungsphysiologischen Augenexperiment mit Sonnenlicht übergeht.

«Ich sah, indem das Auge durch äußere Hülfsmittel offen gehalten wurde, geradezu in die Sonne selbst, und fuhr damit, aller Empfindung ungeachtet, die nach und nach im Grunde des Auges, als brenne der Fokus einer Linse darauf, entstand, 10, 15, ja bis 20 Minuten fort.»[67]

66 Johann Wilhelm Ritter: Beweis, daß ein beständiger Galvanismus den Lebensproceß im Thierreich begleite, Weimar 1798, S. 97.

67 Ritter: Physisch-chemische Abhandlungen, Bd. 3, S. 356.

Die Bezeichnung des Einstrahlvorgangs als *Aufbrennen* kann sowohl metaphorisch wie wörtlich gelesen werden. Die Sonne ist nicht nur kosmische Lichtgeberin, sondern ebenfalls Feuer- und Wärmespenderin. Für Ritter bilden Licht und Wärme eine Einheit, die lediglich unterschiedlich wahrgenommen wird.

> «[...] man lasse die Sonne darauf [auf die Netzhaut des Auges] scheinen, (man sehe in die Sonne,) und in der nun Licht verschluckenden Netzhaut entsteht – Wärme, und das Sonnenbild auf der Netzhaut, das Lichtbild, ist die Form des Entstehens der Wärme [...]. Kann die Identität des Lichts, des wirklich gesehenen Lichts, und der Wärme, genauer bewiesen werden, hierdurch?»[68]

Das eingangs gesetzte programmatische Zitat über die umfassende Funktion der Wärme ist demnach zu ergänzen:

> «Es ist übrigens, wie es ist, wahr, daß da, wo Wärme ist, auch Licht sey, (denn beydes ist eines, nur different angesehen,) so erscheint, da wohl nirgends ein absolut wärmeleerer Raum ist, das Universum als ein Lichtmeer – ein Feuermeer.»[69]

Ob das Licht sich im sichtbaren oder im unsichtbaren Bereich befindet, gemäß Ritter muss man sich die Welt wie ein expressionistisches Strahlen vorstellen. Dazu gehört, dass die Verhältnisse im Makrokosmos die gleichen sind wie im Mikrokosmos. Rhetorisch fragend kann er daher feststellen: «Sind wir nicht selbst ein glühender Funken des Lebens?»[70]

Während klassische Physik die Gesetze der unbelebten Natur untersucht, wird sie von Ritter pathetisiert, wird zur «Lebenswissenschaft», die identisch mit einer «Feuerwissenschaft» ist.[71] Das Wort *Feuer* übernimmt bei Ritter eine hybride Funktion: Feuer ist vorrangig die fluid-energetische Substanz. Darüber hinaus ist das Wort mytho-metaphorisch konnotiert[72], denn es verweist als Elementarstoff sowohl auf die Unübersehbarkeit der Natur wie auf eine bedeutsame Erzählung

68 Johann Wilhelm Ritter: Physisch-chemische Abhandlungen in chronologischer Folge, Bd. 2, Leipzig 1806, S. 55.

69 Johann Wilhelm Ritter: Physisch-chemische Abhandlungen in chronologischer Folge, Bd. 1, Leipzig 1806, S. 57.

70 Ritter: Fragmente, S. 136.

71 Johann Wilhelm Ritter: Physik als Kunst, München 1806, S. 27.

72 Zum Verhältnis von Mythos und Metapher verweise ich auf Hans Blumenberg: Paradigmen zu einer Metaphorologie, Frankfurt am Main 1998, S. 112.

aus der fiktiven Menschheitsgeschichte, die mit dem Namen Prometheus verbunden ist.[73] Trotz dieser semantischen Großräumigkeit ist Feuer stets konkret, leiblich.

Das Identitätsdenken, das in diesem Zuviel des Aussagens zum Ausdruck kommt, motiviert ganze Vorstellungsreihen des Konnexhaften. Wiederkehrend operiert Ritter mit Begriffen wie Wahlverwandtschaft, Wiedervereinigung, Durchdringung, Assimilation, Vereinigung, Bindung, Ziehkraft, Kohäsion, Adhäsion, Einung. Das Sonnenexperiment demonstriert am Sonderfall, was alle Ritter'schen Versuche darzulegen versuchen. Er möchte zeigen, dass ein kosmisches Wahrnehmen existiert, das weit über das sehende Erkennen hinausgeht. Insofern hat sich Ritter von der Logik der Naturgeschichte des klassischen Zeitalters verabschiedet. Innerhalb dieser Episteme hieß beobachten: «systematisch wenige Dinge zu sehen. Zu sehen, was im etwas konfusen Reichtum der Repräsentationen sich analysieren läßt, von allen erkannt werden und so einen Namen erhalten kann, den jeder verstehen wird.»[74] Dem «exklusiven Privileg der Sehkraft»[75], die den Sinn der Evidenz vermittelt, steht die Ritter'sche Innenschau gegenüber, die den schalen Positivismus übersteigen will. Es geht nicht mehr um das Sehen als Erkenntnisfunktion, das Sehen ist nur ein Aspekt im umfänglichen Empfindungskosmos. Was sich mit seiner Methode fand, «war, daß das Feuer, was früher schon sich mehr als einem Sinn dem Leben gleich gezeigt, jetzt, bey getroffener Prüfungsmöglichkeit, durch Alle Sinne ohne Ausschluß sich als Solches darthat.»[76]

Ritter wäre nicht Romantiker, würde ihm nicht die Übersetzung dieser Perspektive ins Metaphysische gelingen: «Hierher auch alle Kunstanschauung, das Mehr-Sehen, als man sieht. Alles Konstruktion der Liebe, der Schönheit. Das Licht ist die reinste Liebe.»[77]

Was heute kitschig-sektenhaft klingt und auch von den kühler gestimmten Zeitgenossen als Transzendenz und Poesie kritisiert wurde, weist den Weg in Richtung einer umfassenden ästhetisierenden Wahrnehmungsjustierung. Das gefährliche Einbrennen des Lichts in das Auge bringt Ritter dazu, seitenlang Notate von nachbildlichen Farbvisionen niederzu-

73 Die Anspielung auf Prometheus findet sich bei Ritter: Physik als Kunst, S. 30.
74 Michel Foucault: Die Ordnung der Dinge, Frankfurt am Main 1974, S. 175.
75 Ebd., S. 174.
76 Ritter: Physik als Kunst, S. 37.
77 Ritter: Fragmente, S. 145.

schreiben, die sich sogar noch zwei Wochen nach den Exerzitien zeigen. Die «künstliche Verstimmung der Augen»[78], wie Ritter sein Vorgehen nennt, ist eine Maßnahme nicht nur der Sinnenausreizung, einhergehend damit wird eine Verfremdung betrieben, die sich in Teilen wie eine künstlerische Strategie der Entgegenständlichung der Welt ausnimmt. Der Forscher gerät dabei in ästhetische Schwärmerei:

> «Es bildete sich in der Mitte des Blaues eine helle Stelle, die nach und nach in Goldgelb, überging, und endlich in der Mitte wie eine kleine glänzende Flamme erschien. Dies auf dem schönen blauen Grunde gesehen, und zwar auf seinem rothen Siegellack, war ein herrliches Phänomen. [...] In den ersten Tagen aber war es so stark [die allmähliche Entwicklung von Bildern], daß ich, mit anderen Dingen beschäftigt, verschiedene Male erschrocken bin, wenn ich die Flamme am Licht, das Feuer auf dem Heerde oder im Ofen, und gleich beym ersten zufällig darauf geworfenen Blicke, in Entfernungen von mehreren Schritten, im schönsten Blau des brennenden Schwefels erblickte, und wirklich an solchen dachte.»[79]

Über die künstliche Manipulation der Sinneseindrücke werden beinahe wirklichkeitsentrückende Erfahrungsqualitäten wirksam, in denen mehr der Körper und weniger der Geist involviert ist. In den *Fragmenten* macht Ritter eine Bemerkung, die als Kommentar auf den experimentellen Brennvorgang am Auge aufgefasst werden darf. Die Einkopplung in eine energetische Kette wird als Vorgriff auf eine Heterosphäre halluziniert, wobei das dort geahnte Mehr so unspezifisch ist, dass man es nur als Negation bestehender Beengung begreifen kann. Die theologische Allusion ist gleichwohl deutlich genug, um ein Erlösungsmoment annehmen zu können: «Das Licht bei Verbrennungsprozessen etc., ist gleichsam ein Loch in eine andere Welt. Als öffneten die Himmel sich, so ist die Flamme. Man sieht hier mehr, als man begreift.»[80]

Die Frage ist unvermeidlich, was es bedeutet, mehr zu sehen. Weiter sehen, mehr als sehen?

Die Experimente mit dem Sehsinn fügen sich in eine paradigmatische Wende, in der das Erkennen nicht mehr ausschließlich am Sehen orientiert ist. Wie Jonathan Crary ma-

78 Ritter: Physisch-chemische Abhandlungen, Bd. 3, S. 361.
79 Ebd., S. 357, 360.
80 Ritter: Fragmente, S. 138.

terialreich dargelegt hat, übernehmen die Forschungen zum Phänomen der Nachbilder nach 1800 eine Leitfunktion, die das optische Erkenntnisparadigma als prekär erscheinen lassen, aber im selben Zuge sich als produktiv für die Künste erweisen, die einerseits auf die Erfindung des Films, andererseits auf die Kunst des Impressionismus und der Abstraktion zulaufen.[81] Ritter ist ein früher Akteur in diesem Feld, doch ist gerade der esoterische Ansatz bei ihm fruchtbar im Hinblick auf die Ausdehnung des Wahrnehmungskomplexes über das visuelle Geschehen hinaus.[82] Während Hören, Geschmack und Geruch in der Klassik erkenntnistheoretisch ausgeschlossen und auch der Tastsinn nur eingeschränkt zulässig waren[83], gewinnen diese Sinne bei Ritter die Dignität von Erkenntniszugängen, die auf mehr als die Klassifikation von Außenweltphänomenen gerichtet sind. Die teilweise exzessiven, die Schmerz- und Belastbarkeitsgrenzen austestenden Experimente ebenso wie die auf subtile Wahrnehmungen ausgelegten Szenarien sind Hinweise auf eine neue Weise der Subjektivierung. Mögen sich auch die stets variierten Versuchsreihen und Wiederholungen als Naturerkenntnis legitimieren, sichtbar wird eine Erfahrungsbegierigkeit, der es um eine Neuplatzierung geht. Indem die sensorischen Möglichkeiten von Überlebens- und Orientierungsfunktionen abgekoppelt werden und als eigenwertige Qualitäten erscheinen, indem Wahrnehmung temporalisiert und nicht mehr als Realzeit-Abbildung von Objektbeständen konzipiert wird und schließlich die Erregbarkeitsverläufe des Körpers registriert werden, die unabhängig von Außenreizen sich ereignen können, wird eine ästhetische Sphäre geradezu heraufbeschworen, wo diese Sinnlichkeiten ohne Anspruch auf Verwertbarkeit gelebt werden können.

> «Bedenkt man dann übrigens, daß Licht und Wärme nur für den, und durch den, Licht und Wärme sind, der sie sieht und fühlt, daß aber dieses Sehen und Fühlen ein bestimmtes Wissen, und alles Wissen nur ein Wissen seiner selbst, Selbstbewußtseyn, Bewußtseyn eines bestimmten Zustandes seiner selbst, ist, kurz, daß Licht (in der reinsten Bedeu-

81 Jonathan Crary: Techniques of the Observer. On Vision and Modernity in the Nineteenth Century, Cambridge (Massachusetts), London 1992.

82 Gaston Bachelard hat diese transvisuelle Orientierung für Novalis beschrieben. Auch bei Novalis dominiert die Wärme über das Licht, das Fühlen über das Sehen. Gaston Bachelard: Psychoanalyse des Feuers, München 1985, S. 55–57.

83 Foucault: Die Ordnung, S. 174.

> tung) und Bewußtseyn identisch ist, (und umgekehrt) dann überrascht den Geist eine feyerliche Ahnung seiner unendlichen Größe, eine Ahnung der großen Wahrheit, daß die Natur sein System, und er die Natur sey, und ‹dieser absoluten Identität des Geistes in uns und der Natur außer uns›, strahlt uns die erfreuliche untäuschbare Hoffnung entgegen, das große Problem aller Naturerscheinungen wirklich lösen können.»[84]

Allerdings stößt Ritter damit auf eine kaum lösbare Problemlage. Die mystischen Rechtfertigungen stehen in einem nicht mehr vermittelbaren Verhältnis zu den Unmittelbarkeitstatsachen seiner Experimente. Alles, was über die beschreibbaren sinnlichen Erfahrungen hinausgeht, lässt sich nur spekulativ im Hinblick auf einen Universalismus theoretisieren – bleibt «Ahnung». Daraus folgt einerseits die eingangs thematisierte Unverständlichkeit der Diskurse. Andererseits scheint Ritter die damit einhergehende Zumutung registriert zu haben. Er reagierte darauf mit einer von ihm selbst inkriminierten Bedeutungslosigkeit oder Kontingenz seiner Aussageproduktion. Er rettet sich aus dem Dilemma, indem er das erkennende Subjekt als die eigentliche, nicht hintergehbare Instanz aufwertet. Das Experiment verwandelt sich in eine Form der Existenzerhöhung.

> «Verkündigung des zu Findenden ist wahrlich nicht der erste Zweck, den man sich bey einem ernsten Experimentiren setzen kann. Das ist Nebensache. Man will die Wahrheit; aber der todte Buchstabe, der mein Experiment beschreibt, das ist sie nicht. Das Einzelne, was er mittheilt, kann dem Andern höchstens eine curiöse Neuigkeit seyn, und zu diesem Zwecke könnte es eben so gut auch ganz etwas anders, als dies, selbst eine Lüge, seyn. Aber der ganze Geist, der auf ihm ruht, ist und bleibt immer das unantastbare Eigenthum dessen, der es fand.»[85]

Die Skepsis dem Buchstaben gegenüber muss bei einem Autor sonderbar anmuten, der in seiner kurzen produktiven Le-

84 Ritter: Physisch-chemische Abhandlungen, Bd. 1, S. 58. Das nicht mit einem Autor referenzierte Zitat stammt von F. W. J. Schelling: Ideen zu einer Philosophie der Natur, Leipzig 1797, S. LXIV. Es ist erwähnenswert, dass das erste Kapitel des Werks «Vom Verbrennen der Körper» handelt.

85 Ritter: Physisch-chemische Abhandlungen, Bd. 2, S. 110.

bensphase mehrere Tausend Druckseiten veröffentlichte.[86] Die Zweiteilung seiner Schriften in Beschreibungen und Spekulationen sind aber ein Symptom für die Aufsprengung von Erkenntnis und Erfahrung. Letztere basiert auf Einlassung, Durchdringung, Distanzlosigkeit – und so kann Ritter schreiben: «Oft kam es ihm auch gar nicht auf das Resultat, sondern auf die bloße Übung in der Methode, es zu erhalten, an, denn nur letztere bereichere wahrhaft, vollends den Physiker.»[87]

Nicht das Wissen wird bereichert, der Physiker wird bereichert. Sichtbar wird eine Lebenspraxis, gar eine Ethik. Ritters exzentrischer Lebensvollzug mit allen daran gehefteten Schwierigkeiten – Geldmangel, Alkoholsucht, exzessives Arbeiten, Abgeschiedenheit – deuten den Typus des freigesetzten Bohemiens an, der eine soziale und geistige Gegenwelt zu der des nüchternen Bürgers errichtet. In seinem Vortrag *Physik als Kunst* (1806) konzipiert Ritter den Menschen als ein Wesen, das des «Seligkeitsgenußes» und der «Schöpfungswonne» fähig ist.[88] Zweifelsohne charakterisiert er vor allem sich selbst damit, er, der sich im galvanischen Versuch wieder und wieder in seinem Sein zu bestätigen scheint. Noch im Schmerz, den Ritter nicht scheute, «erkennt und pflegt er nur den Keim der Freude».[89] An die Stelle des Descartes'schen *cogito* ist das *sentio* getreten, das als Seinsbestätigung einsteht. Es fällt schwer, in solchen Konzepten noch den Wissenschaftler auszumachen. Sie erhellen vor allem, dass auch die sogenannten forschungspraktischen Aktionen im Labor, das Aufgehen im energetischen Feld der Ströme, Empfindungen und Visionen etwas anderes darstellt als die Suche nach Wissen. Die «künstliche Verstimmung» wird zu einer Praxis und einem Begriff, die eine neue Kunst erahnen lässt.

Von der Wissenschaft zur Kunst

Die Ritter'sche Grundannahme, wonach «alle Sinne nichts als Feuersinne» und «alle Vernehmung durch sie nur Feuervernehmungen»[90] seien, schließt eine Doppelperspektivierung ein: Die Identität von Natur- und Selbstbeobachtung, die im galvanischen Experimentierfeld hergestellt wird, reichert das

86 Siehe Klaus Richter: Das Leben des Physikers Johann Wilhelm Richter, Weimar 2003, S. XIII.
87 Ritter: Fragmente, S. 47.
88 Ritter: Physik als Kunst, S. 1, 2.
89 Ebd., S. 7.
90 Ebd., S. 38.

naturphilosophische Denken entscheidend an, denn die Ineinanderspiegelung ist nicht weniger als die Voraussetzung für die «Wiedervereinigung» mit der Natur und Zurückgewinnung einer «Harmonie», in der «die Vollkommenheit des Lebens und seines Genießers entstehen».[91] Die unterstellte Verlusterfahrung in einer sich versachlichten, entzweienden Welt wird dabei genauso wenig reflektiert, wie Ritter es auch unterlässt, Andeutungen davon zu geben, was man sich unter einem Wiedervereinigungsverhältnis mit der Natur konkret vorzustellen habe. Was er allerdings daraus ableitet, ist ein Kunstbegriff, der einen revolutionären Bruch mit der Tradition darstellt. Die Idee der Schöpfung, die einst theologisch konnotiert war und säkularisiert auf den Künstler überging, wo sie in der Schrumpfform der Kunstwerke ihre Anschauung gewinnen sollte, wird von Ritter auf monströse Weise wieder ausgedehnt. Wissenschaft als praktische Erkenntnis und Übung im materiellen Kontext erhebt sich zu einer Kunst, der es nicht um die Hervorbringung gegenständlicher Werke geht, die vielmehr Lebenswerke realisieren will.

> «In diesem Zustand aber wird sein [des Menschen] Leben und seine That ohnfehlbar die höchste Wahrheit und Schönheit selbst darstellen müssen. Er Selbst in seinem Leben wird das Kunstwerk seyn, deß Künstler mit demselben Eins und Gleich ist, statt daß in aller früheren Kunst, die ebenfalls nie etwas Anderes, als auch den Menschen nur, zu ihrem Ideal gehabt hat, sie immer noch, und sehr, getrennt, gewesen sind. [...] die Physik in ihrer Gesammtheit aber nie etwas Anderes bezweckt, als die Realisirung jenes höchsten Lebens und Thuns: so wage ich es ohne Anstand, Ihr Selbst den Namen einer Kunst zu geben, und einer höheren, als Alle Uebrige.»[92]

Der in diesem Statement zu Ausdruck gebrachte Bruch mit der etablierten Physik und der damit gesuchte Anschluss an romantische Kunstkonzepte ist von der Ritter-Forschung weiträumig behandelt worden.[93] Aus heutiger Sicht besticht die

91 Ebd., S. 56.
92 Ebd., S. 56–57.
93 Siehe dazu umfassend Specht: Physik als Kunst. Die Konsequenzen des elektro-thermischen Wissenskomplexes für die anthropologische Fiktion ist ablesbar an Mary Shelleys Roman *Frankenstein* (1818); siehe dazu Gunnar Schmidt: Ent-Zündung, in: ders.: Anamorphotische Körper, Köln, Weimar, Berlin, S. 137–192. Die Literaturwissenschaft vermutet einen Einfluss der Schrif-

Aussage vor allem durch ihre Beziehbarkeit auf spätere Avantgarde-Bewegungen, die ebenfalls auf unterschiedliche Weise die zugewiesenen Plätze für Künstler, Kunstwerk und Rezipient aufzulösen bestrebt waren. In der Performance wird der Körper zum Werkzeug und Werk, oftmals unter Einschluss des Publikums; in der Installation wird der Besucher zum Akteur, der seine Stellung darin selbst definiert und Teil davon wird. Was bei Ritter als *Natur* gedacht und im künstlichen Milieu des Experiments konstruiert wird, verwandelt sich in der modernen Kunst zur Material-Installation oder zum Multimedia-Environment. Im Ritter'schen Labor wie in der Kunst findet eine Verschmelzung von Situationen und sinnlichen Zuspielern im Modus der künstlichen Verstimmung statt. Der Aspekt der Wärmesensibilität bietet sich dabei auf spezifische Weise für eine Projektion auf die Thermo-Kunst des 20. und 21. Jahrhunderts an.

Das sinnliche Regime, das Ritter so anschaulich beschreibt, steht in deutlichem Kontrast zum reflexiven, kommunikativen und abstrahierenden Arbeiten in den modernen Wissenschaften, die ab Mitte des 19. Jahrhunderts zum dominanten Modell werden sollten. Die besondere epistemische Kippsituation um 1800 war demnach günstig für eine Durchlässigkeit zwischen den Kulturen, die sich bald scharf voneinander trennen sollten. Da sich Natur noch nicht im Zustand der mathematischen Aufhebung und im umfassenden Zugriff der Messinstrumente befand, blieb der Zugang durch die Sinnesorgane die *via regia* zur Erkenntnis. Auf die Rolle der «sinnlichen Evidenz»[94] und der romantischen «Erlebnis- und Darstellungsart», in der «sinnliche Erfahrungen und ihre künstlerische Vergegenwärtigung»[95] konvergieren, hat die wissenschaftsgeschichtliche Forschung als zeittypisches Charakteristikum hingewiesen.[96] Es mag daher ungerecht erscheinen, wenn Carl Schmitt mit verächtlichem Unterton schreibt: «Der Umgang mit der Natur ist in der Tat bei dem Romantiker Um-

ten Ritters auf die Schriftstellerin, die Kenntnis davon über ihren Ehemann, Percy Bysshe Shelley, erhalten haben könnte.

94 Specht: Physik als Kunst, S. 131.

95 Walter D. Wetzels: Johann Wilhelm Ritter: Physik im Wirkungsfeld der deutschen Romantik, Berlin, New York 1973, S. 105.

96 Lothar Müller: Die ‹Feuerwissenschaft›. Romantische Naturwissenschaft und Anthropologie bei Johann Wilhelm Ritter, in: Hans-Jürgen Schings (Hg.): Der ganze Mensch. Anthropologie und Literatur im 18. Jahrhundert, Stuttgart 1994, S. 260–283.

gang mit sich selbst [...]» – und ihnen den «gröbsten Sensualismus» diagnostiziert.[97]

Ohne die wertenden Untertöne ist der Hinweis auf den Sensualismus allerdings bedeutsam. Mit ihm erfolgte nicht nur die empiristische Grundlegung der Wissenschaften, er war zudem folgenreich für die Herausbildung der modernen Kunst. Im Wirkungsbereich der philosophischen Ästhetik bewirkt der Sensualismus im Laufe der Aufklärung, dass die Normpoetiken an Geltung verlieren und die rezeptiven Orientierungen auf Geschmack, Genuss und Affektgenerierung die Oberhand gewinnen. Mit dieser Abkehr war allerdings keine regellose Freigabe für alle möglichen Sensationen und exzitativen Apparaturen verbunden. Die Debatte konzentrierte sich auf wenige zentrale Begriffe – das Schöne, Erhabene, Anmutige, Hässliche –, mit denen anschauliche Naturphänomene wie auch Werke der Bildenden Kunst und Literatur beurteilt wurden. Aus dem Wechsel zum sensualistischen Paradigma folgte eine gegenläufige Theoretisierung im Feld des Kunstdiskurses, die bis heute Wirkung zeigt. Während auf der einen Seite das sinnliche Moment und die Kategorie des Genusses gewürdigt wurden, wurde auf der anderen Seite eine asketisierende Intellektualisierung gepriesen.[98] Carl Schmitts Vorwurf des «gröbsten Sensualismus» gegen die Romantiker, der auch Johann Wilhelm Ritter trifft, wiewohl er nicht von Schmitt genannt wird, kann auf die Tatsache bezogen werden, dass die Sublimierung entfällt, die von der philosophischen Ästhetik immer mitgedacht wird. Exemplarisch für die Dialektik aus Sinnenreiz und geistiger Verfeinerung ist nochmals Kant anzuführen: «Hat sie [die Kunst] aber das Gefühl der Lust zur unmittelbaren Absicht, so heißt sie ästhetische Kunst.»[99] Für sich genommen, könnte man daraus eine Kunst ableiten, die sich unbehindert dem sinnlichen Zugriff ausliefert. Allerdings wird durch die weitere Erläuterung unmissverständlich geklärt, dass Lust im Kontext der Künste nicht auf leibliche Aktion zielt, sie ist immer eine bedachte, vermittelte Angelegenheit:

> «Die allgemeine Mitteilbarkeit einer Lust führt es schon in ihrem Begriffe mit sich, daß diese nicht eine Lust des Genusses, aus bloßer Empfindung, sondern der Reflexion sein

97 Carl Schmitt: Politische Romantik, München, Leipzig 1919, S. 71.

98 Zur Kritik am bürgerlichen Begriff des Kunstgenusses siehe Theodor W. Adorno: Ästhetische Theorie, Frankfurt am Main 1980, S. 27–29.

99 Kant: Kritik der Urteilskraft, S. 190.

müsse; und so ist ästhetische Kunst, als schöne Kunst, eine solche, die die reflektierende Urteilskraft und nicht die Sinnenempfindung zum Richtmaße hat.»[100]

Ritter, der die Schriften Kants studiert hatte und schätzte, verstößt ganz offensichtlich gegen die Aufhebung der Lust im *Gefühl*. Was aus der Sicht der Königsberger Philosophie kritikwürdig ist, erfährt im Laufe der Geschichte eine Radikalisierung durch die Ausdehnung und Intensivierung von Sensualitätsanlässen. An die Stelle der Betrachtung von Kunst/Natur tritt ein aktives Inbeziehungtreten mit der Materie. Es ist auffällig, dass die Kategorien der Lust und des Genusses bei Ritter kaum eine Rolle spielen. Der Grund für die Auslassung wird darin zu finden sein, dass seine Überhöhungspraxis der Selbstvollendung des Menschen nicht in der Begrenzung auf die angenehmen Empfindungen aufgeht. Während bei Kant die «schöne Kunst [...] die Kultur der Gemütskräfte zur geselligen Mitteilung befördert»[101], stellen die Kunstexperimente der Physik Unmittelbarkeitserfahrungen dar, die die gemütliche Salonkonversation hinter sich lassen.

«So ist mir schon seit 1801 bekannt, daß im gesunden Zustande die Armirungsart, nach welcher der Zink- oder der + = Pol der Batterie mit der obern Gegend des Rückgrate nahe am Kopfe, der Silber- oder — = Pol hingegen mit der untern, oder auch geradezu mit der Endigung der Füße, in Verbindung kommt, diejenige ist, deren Erfolg ein durchgängiges Uebelwerden, (drückendes Kopfweh, Neigung zum Erbrechen, Widerlichkeit durch alle Glieder, mindere Beweglichkeit der selben u.s.w.) zu nennen ist, während die entgegengesetzte Armirungsart, (nach welcher der — = Pol oben, u.s.w.,) den gleichfalls entgegengesetzten Erfolg hat; wie am deutlichsten zu bemerken, wenn man sie unmittelbar nach der Aufhebung der einige Zeit angehaltenen vorigen anwendet, [...] sogleich zusehends aufgehoben, und in allgemeine Behaglichkeit, (das Kopfweh in ein Heiterseyn, die Uebelkeit in angenehmen Reiz zum Schlingen, die mindere Beweglichkeit in eine höhere, und in eine allgemeine Lust derselben bewegt werden,) verwandelt wird.»[102]

100 Ebd., S. 191.
101 Ebd.
102 Ritter: Physisch-chemische Abhandlungen, Bd. 3, S. 102–102.

Der *furor aestheticus* des Romantikers greift auf ganz andere Weise auf die Empfindungsfähigkeit zu, als es sich die zeitgenössische Kunstphilosophie vorzustellen vermochte. Es ist aber genau diese Überschreitung, die in der Kunst der Moderne vollzogen wird. Die Beispiele aus dem Bereich der Thermo-Kunst liefern Anschauungsmaterial, wie Hitzezumutungen ein Unwohlsein vermitteln, Wärmehüllen hingegen wohliges Schutzgefühl hervorrufen können. Solche Empfindungen an sich sind kein hinreichendes Kunstmerkmal; wo jedoch die Einbettung in deutlich markierte Situationen ästhetischer Andersheit stattfindet, in denen Formen veränderter Selbstwahrnehmung erprobt werden können, dort wird die Sinnlichkeit zum Gegenspieler der simplen Geschmackskunst und der erbaulichen Nachdenklichkeit. Es gehört zu diesem Vorgang – und Ritter demonstriert diese Tatsache auf eindrückliche Weise –, dass mit der ästhetischen Revolution eben nicht eine platte Reizkultur installiert (dies werden die kulturindustriellen Unterhaltungsangebote übernehmen), sondern eine Dunkelheit in die Kunst gebracht wird, eine Undeutlichkeit der Codierung. In ihr bildet sich eine abgründige Affektivität ab und sorgt für «die Abschaffung eines geordneten Ganzen von Beziehungen zwischen dem Sichtbaren und dem Sagbaren, Wissen und Handeln, Aktivität und Passivität».[103] Die Folge davon ist die permanente Verschiebung der Grenzen der Kunst. Sowohl die Euphorie der frühen Avantgarde, die sich die Aufgabe gestellt hatte, mit einer neuen Kunst einen neuen Menschen hervorzubringen, als auch die Tendenz zu Esoterik und Okkultismus[104] sind Aspekte, die bei Johann Wilhelm Ritter vorgebildet sind. Gerade die mystisierende Diskursprägung, die sich nicht mehr unmittelbar aus der ästhetischen Unmittelbarkeit ableiten lässt, findet sich noch bei den späteren Thermo-Künstlern, unter anderem bei Joseph Beuys, Yves Klein, Gilberto Zorio und Jannis Kounellis.

Wenn heutige Besucher ein thermo-ästhetisch konstruiertes Kunstwerk aufsuchen, so ist von ihnen zu erwarten, dass sie eine Spur romantischer Aufgeschlossenheit mitbringen. Sowohl die Bereitschaft für Exaltation und Exzentrik als auch für Kontext- und Selbstwahrnehmung sind die Voraussetzungen für eine angemessene Einlassung.

103 Jacques Rancière: Das ästhetische Unbewusste, Zürich, Berlin 2006, S. 19.

104 Umfassend dargestellt in: Okkultismus und Avantgarde. Von Munch bis Mondrian 1900–1915, Ausstellungskatalog, Frankfurt Schirn Kunsthalle, 1995.

Ach, ob das Klima sich gar nicht verändert hat? Ob es nicht milder geworden ist um Ulsgaard herum von all unserer Wärme?

Techno-Romantik (Sam Lewitt)

Die Behauptung, dass mit dem (gröbsten) Sensualismus eine Umstrukturierung der Kunstrezipientensensibilität eingeleitet und einhergehend damit eine künstlerische Mittelausweitung ermöglicht wurde, soll keine soziologische Großthese bleiben, sondern an einer Installation nachvollzogen werden, die gut 200 Jahre nach Johann Wilhelm Ritter entstand. Sam Lewitts *More Heat than Light* (2015/16) kann als Beispiel für ein zeitgemäßes Kunstwerk gelten, das in der Verbindung von intellektueller Konzeption, künstlerischer Selbstreflexion im Medium des White Cube und ungewöhnlichen Materialien die Auseinandersetzung mit zentralen Topoi des 21. Jahrhunderts sucht. Zum Gesamtkomplex dieser Installation gehört der Umstand, dass kunstpoetische Intention und reflektierender Diskurs aus dem Bereich der Kunstkritik und Kunstwissenschaft eine bemerkenswerte Homogenität aufweisen. Diese Ausgangssituation soll Gegenstand der Analyse sein, aus der eine These entwickelt wird: Trotz der phänotypischen Erscheinung der Arbeit, die vollständig im Jetzt situiert ist, lässt sich genotypisch eine romantische Prägung ausmachen, die erstaunliche Ähnlichkeit mit der Ritter'schen Kunstphilosophie aufweist

Licht zu Hitze

More Heat than Light besteht zentral aus zwei Teilen – wobei sich im Laufe der Darstellung noch erweisen wird, dass zwei beiwerkhafte Bildelemente, die bisher nicht beachtet wurden, als weitere Werkaspekte angesehen werden müssen. Hauptstück der Gesamtkonstruktion ist das installative Ambiente im Ausstellungsraum. Dort sind mehrere Folien ausgelegt oder hängen an den Wänden, in die Heizkreisläufe integriert sind. Dabei handelt es sich um eine Technologie, die normalerweise in hitzesensiblen Geräten verbaut wird, um Wärmeverhältnisse zu regulieren und Funktionen aufrecht zu erhalten – zum Beispiel in Smartphones. Für *More Heat than Light* wurden eigens großformatige Versionen dieser Bauelemente angefertigt. Diese Systeme verbindet Lewitt mit der Lichtanlage im Ausstellungsraum, um aus der Stromleistung Energie abzuzweigen und diese in Wärme umzuwandeln. Auf einer ersten Bedeutungsebene wird mit dieser

Transformation eine Störung des Visualitätsdispositivs angestrebt, das zentral für die herkömmliche Kunstausstellung ist. Die merkliche Absenkung der Lichtmenge ist eine Maßnahme, den Kunstraum als Visionsmaschine kenntlich zu machen und fraglich erscheinen zu lassen. Die Disruption des Visuellen wird unterstützt durch eine Ästhetik des Kargen, Technoiden und des Indizierens, die nicht so sehr am Zeigen interessiert ist, vielmehr auf einen ideellen Unterbau hindeuten will, der vom Rezipienten erschlossen werden muss. Neben den Wärmeregulatoren hat Lewitt als weitere Hinweiselemente Volkswagen-Motorblöcke ausgelegt, die ebenfalls mit den Thermofolien bedeckt waren (Abb. 17). Der technisch informierte Betrachter wird unweigerlich zu der Idee geführt, dass die Energie (Hitze, Bewegung) der Motoren absorbiert, weitergeleitet oder umgewandelt werden soll. Der Verbrennungsmotor, der bei Sailstorfer noch in ironischer Absicht fühlbare Hitze abstrahlte, fungiert bei Lewitt ausschließlich als symbolisches Pars pro Toto, als Index auf die Kultur der Verbrennung. Durch die Montage einer alten mit einer neuen Technik ruft Lewitt einen großen techno-historischen Zusammenhang vom Ende des 19. Jahrhunderts bis in die Jetztzeit auf. Was damit ausgesagt werden soll, bleibt an diesem Punkt noch dunkel. Es zeichnet sich aber ab, dass die ästhetische Zurückgenommenheit auf paradoxe Weise mit einer thematischen Großanlage korrespondiert.

Dass trotz historischer Allusion der Brennpunkt auf der Gegenwart liegt, wird durch ein sprachliches Element forciert: Der Besucher kann auf den Folien Phrasen entdecken, die dem Buzz-word-Repertoire der neuen digitalen Vernetzungsrhetorik entnommen sind: *belong anywhere, get connected, custom profiling* und *flexible control* (Abb. 18). Dem Künstler scheint daran gelegen zu sein, den Besucher zu einer gedanklichen Assoziationsleistung zu verführen, die den Kunstraum mit den Räumen (oder Nicht-Räumen) der neuen techno-sozialen Verhältnisse in Beziehung setzt.

Der Nötigung zur Vergedanklichung steht die körperliche Adressiertheit gegenüber, die vor allem durch das Wärmedispositiv erreicht wird. Diese konnte sehr unterschiedlich in den Versionen von 2015 (San Francisco) und 2016 (Basel) ausfallen. Die Wärmesteuerung hing nämlich nicht nur vom Energiezulauf aus dem Stromnetz ab, das System reagierte ebenso auf Umwelteinflüsse wie Sonneneinstrahlung, Luftbewegungen oder Körpertemperatur der Besucher. Die teilweise sehr feinen Änderungen in der Thermosphäre konnten an Sensoren

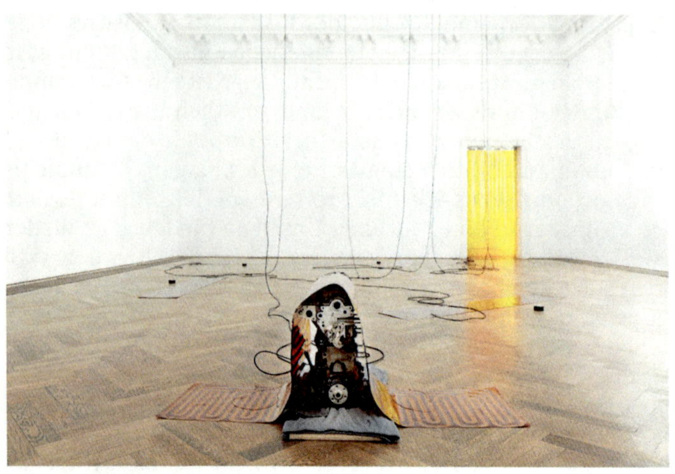

Abb. 17 Sam Lewitt: More Heat than Light, 2016 (Basel)

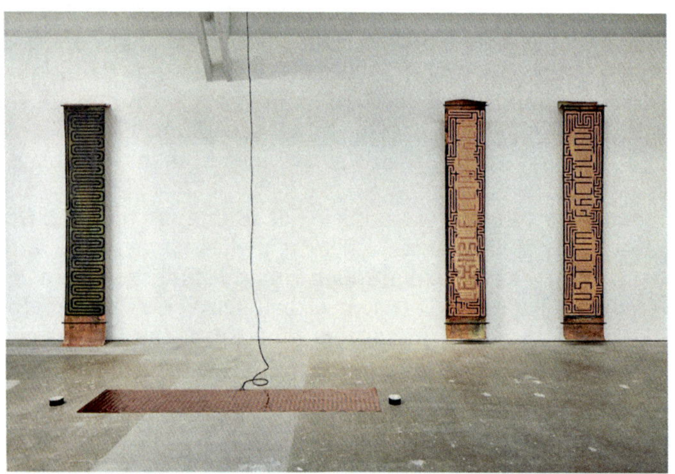

Abb. 18 Sam Lewitt: More Heat than Light, 2015 (San Francisco)

abgelesen werden, wobei der eingestellte Richtwert der Folien 71°C betrug (Abb. 19). Sam Lewitt sagt dazu: «The numbers [on the detectors] really dance [...]. They go up and down, and register your presence in the space as a sort of environmental disturbance.»[105] Der technischen Feinregistratur steht die Empfindungserfahrung zur Seite; zur Baseler Ausstellung erfuhr man Folgendes:

> «To enter the back spaces is to feel the thermal energy more pronouncedly than in the main gallery, where heat diffuses quickly in the cavernous space. Either way, the heaters are not meant to create a radiant blast of heat, nor to hold onto it; they create only as much heat as the institution's lighting ‹feed› them.»[106]

In San Francisco hatte sich der Ausstellungsraum am Tag der Eröffnung durch Sonneneinstrahlung deutlich aufgeheizt und eine vollständig andere Rezeptionssituation kreiert:

> «As dusk fell over the conventionally vibrant visual field of the gallery, a relatively uncommon degree of physical caution was required to avoid stepping on the sculptures on the floor. The digital sensors taking their temperature – ranging from 130°F (54°C) to 190°F (88°C) as the heating circuits struggled to maintain the entire gallery as one corresponding to the description ‹160°F› (71°C) – provided the only distinct visual evidence of their location. Meanwhile slightly sweaty faces and underarms registered the moist thickening of the epidermal encounter between the skin and the too-warm air.»[107]

In beiden Situationen wird ein ästhetisierter Raum erzeugt, in dem nicht mehr nur die Dinge betrachtet und gedeutet, in dem vielmehr Prozesse registriert werden müssen. Im abgedimmten Licht und erwärmten Milieu bewegt sich *Homo interior*, um neben den semantischen Andeutungen die Atmosphäre aufzunehmen. Er kann seine gespürten Wärmeempfindungen mit den schwankenden Temperaturangaben ab-

105 Zit. n. Alex Greenberger. Short Circuit. Sam Lewitt turns up the Heat at the Swiss Institute (2016), in: http://www.artnews.com/2016/06/09/short-circuit-sam-lewitt-turns-up-the-heat-at-the-swiss-institute/.

106 o.A.: Sam Lewitt (2016), in: https://www.kunsthallebasel.ch/wp-content/uploads/Sam_Lewitt_Exhibitiontext.pdf.

107 Gareth James: Weak Local Lineaments, in: Texte zur Kunst, 100 (2015), S. 242–245, hier: S. 243.

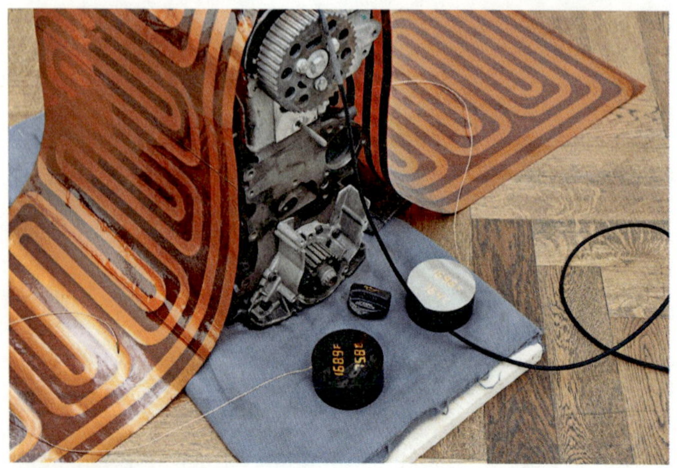

Abb. 19 Sam Lewitt: More Heat than Light, 2016 (Basel)

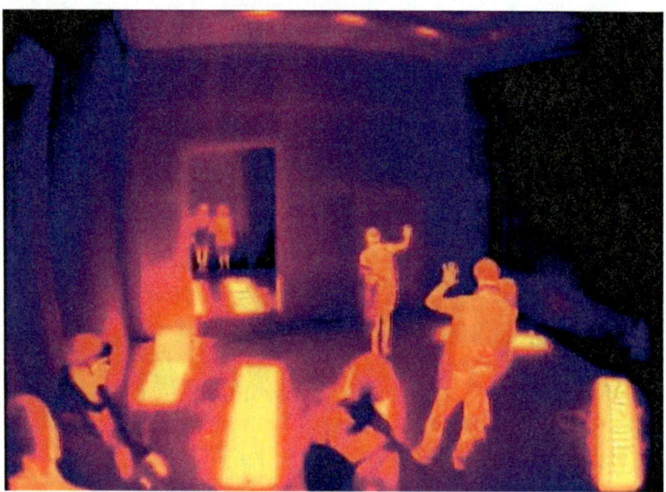

Abb. 20 Sam Lewitt: More Heat than Light, 2016

gleichen, kann Vermutungen darüber anstellen, in welchem Maße seine Anwesenheit Einfluss auf die thermischen Verhältnisse ausübt. Die Abwesenheit visueller Expressivität lenkt die Aufmerksamkeit auf den Systemcharakter des installativen Settings, bei dem allerdings nur schwer zu durchschauen ist, wie die Einwirkungsparameter zusammenspielen. Anders als im traditionellen Kunstraum wird der Besucher zu einem Akteur und zu einem Objekt unter Objekten, die miteinander Ströme und Transformationen erzeugen. Der Körper ist Registraturmedium und im selben Maße eine Verbrennungsmaschine, ein «Feuerheerd», wie es in der Diktion Ritters heißt.[108] Gareth James hat die Mimesis des Körpers an das Apparative und Digitale in einer konzisen Formulierung zum Ausdruck gebracht und dabei den Konnex zum galvanischen Vorgang herausgestellt:

> «At the opening event on a warm evening in San Francisco, as the available natural light and the outdoor evening temperature fell, the increasingly hot and dark interior of the gallery enforced a similar change of description on the exhibition's visitors too: transformed from spectators (defined by their capacity for looking) to, in a sense, autonomic computational bodies (redescribed as galvanic sensors).»[109]

Der brennende Körper

Die Aufwertung des Körpers zum Sensor und gleichzeitig Beobachtetes findet ihre künstlerische Reflexion im zweiten Teil der Installation. Auf den Webseiten der Ausstellungsinstitutionen wurden Überwachungsbilder vom Ausstellungsort veröffentlicht. Allerdings erfolgte diese Bildnahme nicht mit herkömmlichen Webcams, sondern mit Wärmebildkameras (Abb. 20). Durch diesen Medieneinsatz wird der Wechsel vom Licht (Fotografie) zur Wärme (Thermografie) veranschaulicht, der im Ausstellungstitel angekündigt wird. Die Leiber der Besucher erglühen nun in flammenartigem Orange und nähern sich damit farblich dem heißeren Gelb der Wärmefolien an. Die Wärmebilder fungieren als epistemische Gleichmacher und weisen das gesamte Ambiente als eines aus, das vornehmlich der «Feuervernehmung» (Ritter) zugänglich ist. Die *sensorische Funktion*, die durch die Installation ins Werk gesetzt wird, ist dabei nicht auf die reine physiologische Belebung des Rezi-

108 Ritter: Physik als Kunst, S. 34.
109 James: Weak Local Lineaments, S. 243.

pienten gerichtet, eingeschlossen darin ist die Reizbarkeit als ästhetische Erfahrung, die sich mit den kontextuellen Gegebenheiten zu verbinden hat. Es gehört zur nennenswerten Logik des Wärmebildes, dass das Gezeigte zwar die thermischen Sachverhalte wiedergibt, das Zeigen selbst aber weiterhin im Medium des Lichts geschieht. Insofern wird der Prozess- und Transformationsgedanke, der dem Kunstwerk unterliegt, weitergetrieben: Mehr Licht als Hitze. Was als Widerspruch zum Werktitel erscheint, soll vorerst nicht mehr als ein Hinweis darauf sein, dass dieser nicht nur in seiner Funktion als simple denotative Aussage zu verstehen ist.

Das romantische Kunstlabor

Allein aus der Beschreibung der Lewitt'schen Installation wird die unmittelbare Beziehbarkeit auf Johann Wilhelm Ritters Laborsituation ersichtlich. Dies betrifft zunächst das Arrangement der Elemente und Materialien: Licht, Elektrizität und Wärme werden durch Konduktoren prozessiert, um beim Rezipienten einen fühlbaren Reiz auszulösen. Der romantische Forscher und der moderne Kunstkonsument befinden sich in einer fast identischen Situation; in der künstlich generierten Thermosphäre wird das Subjekt in eine Zwischenlage gebracht, wo kalte Beobachtung – vor allem am Selbst – und heiße empfindende Involviertheit koalieren. Mag sich die galvanische Kette auch modernisiert haben, sie beherbergt weiterhin die gleiche Subjektivität. Die Erkenntnishaltung gegenüber der energetischen Episteme hat sich zwar gewandelt, Lewitt übernimmt dennoch die bei Ritter angelegte ästhetische Orientierung, die das Subjekt nicht auf Distanz hält. Der Künstler verlässt dabei nicht den Bereich der Erkenntnis zugunsten einer semantiklosen Sinnenkunst; Lewitt geht es um mehr als die Bereitstellung einer Spielfläche für unergiebige physiologische Experimente. Auch wenn die Beschäftigung mit Elektrizität, Wärme und Licht nicht mehr naturphilosophisch motiviert ist, so verdeutlichen die semantischen Allusionen, dass nicht weniger als die technisch-kommunikativen Kreisläufe – die zweite Natur – zum Gegenstand der Kunst geworden sind. Max Hooper Schneider erkennt in *More Heat than Light* «a masterfully forensic […] design, both discursive and infrastructural»[110], und deutet damit an, dass das Kunstwerk etwas aufklären will und dazu eines Diskurses bedarf. Lewitt als gewief-

110 Sam Lewitt, Max Hooper Schneider: The Logorrheic Impulse, or Tide Pool as Historical Experience, in: Mousse, 53 (2016), S. 101–106, hier: S. 104.

ter Konzeptkünstler liefert diesen Diskurs, wie auch die angegliederte Kunstkritik an der Bedeutungsproduktion beteiligt ist. Diese Aussagemaschinerie verfolgt inhaltlich vollständig andere Aspekte als der Forscher um 1800, die Konstellation von Kunstwerk/Infrastrukturdesign und Philosophie entspricht gleichwohl auf überraschende Weise der des Vorgängers.

«The Grid and the Gradient» ist ein Text, der nach Lewitts eigener Aussage lediglich einige lose Notizen beinhaltet, die die Entstehung der Installation begleitet haben. Lewitt unterbreitet dem Leser eine Ansammlung von wissenschaftlichen Bezügen aus sehr unterschiedlichen disziplinären Feldern: Kontrollsysteme im sozialen und technischen Bereich, Organisationstheorie, Datenerhebung und Datenvisualisierung, Thermodynamik, Statistik sowie Ökologie. Besondere Aufmerksamkeit gilt der Foucault'schen Idee einer epochalen Episteme, die sich durch diverse Wissenssysteme zieht. So kommt er von eher naturwissenschaftlichen Aspekten zu weltökonomischen Verhältnissen einschließlich Produktion, Automation, Distribution, Arbeitsmanagement, Finanzmarkt – alles in allem: «environmental control». Der atemraubende kursorische Durchlauf durch komplexe Wissensbereiche will nicht die Höhe wissenschaftlicher Erkenntnis erreichen, er generiert vielmehr einen Mythos des Wissens. Auch wenn sich nicht wirklich die *kunstpoetische Funktion* dieser angespielten Referenzen erschließen lässt, so zeichnet sich dennoch ab, dass dem Kunstwerk die Rolle einer materiellen «absoluten Metapher» zugewiesen wird.[111] Vor dem Hintergrund der technologisch-wissenschaftlichen Verfasstheit der Welt mit ihren Prozessen sozialer und symbolischer Produktion formuliert Lewitt das Anliegen seiner Installation:

> «I want infrastructure to be reflected, thickened, and delimited by the intervention of the work itself – introducing other gradients of possibility that reorder those standards by converting energy consumption from a lighting to a heating apparatus. Energy is localized in its generation and expenditure, but it has no site to which it properly belongs.»[112]

111 Zur Definition des Begriffs *absolute Metapher* siehe Hans Blumenberg: Paradigmen zu einer Metaphorologie, Frankfurt am Main 2015, S. 25.

112 Sam Lewitt: The Grid and the Gradient, in: ders.: More Heat than Light, London 2016, S. 192–196, hier: S. 196.

Lewitt bleibt vage: Meint er die Infrastruktur der Ausstellungsorte oder generalisierend Infrastruktur als Merkmal hoch entwickelter Kulturen? Ist Energie (Licht, Wärme) ein Konkretum, mit und durch das wir leben, oder ein Symbol für alle denkbaren Ströme, die tagtäglich den Weltzusammenhang bilden? Während der Künstler strategisch zurückhaltend und vage bleibt und eine Reihe von Catchwords generiert, die eine Offenheit für Interpretationen mit sich führen, übernehmen die Deuter im Kunstsystem die Rolle der definierenden Sinngeber. Im Ausstellungskatalog zu *More Heat than Light* kommen renommierte Vertreter dieses Systems zu Wort. Für Elena Filipovic, Direktorin der Kunsthalle Basel, stellt vor allem die Masse an Wärmebildern, die in das Internet eingespeist wurde, eine schlaglichtartige Zusammenfassung des gesamten Projekts dar:

> «[...] in their overabundance, their excess of information, they are perhaps the most fitting representation of the project, reminding us that, just as with capital or electricity, visibility and knowability can only be truly tested when they – like a current – run around and circulate.»[113]

Mit dieser Perspektive auf den Erkenntnisstatus des Kunstwerks, das nicht weniger als grundlegende Gesetzmäßigkeiten verkörpere, wird auch die Rolle der Wärmerfahrung ins Metaphysische gehoben: «one's perception of the heat was likely more intellectual (thanks to the sensor readouts attached to each heater) than sensual.»[114]

Ähnlich nimmt Melanie Gilligan, Medienkünstlerin, die Installation wahr: «One is a spectator not to a sensory experience but rather to a transformation.»[115] Weitaus konkreter als Filipovic treibt Gilligan dann die Analogie voran und vermittelt den Eindruck eines sozio-politischen Realismus:

> «Just as heat moves to areas where it is absent, the era [zwischen den frühen 1990er- und den 2010er-Jahren] saw an increase in the migration of capitalist sites of production to areas where labor was cheapest; and most recently, Americans themselves have been uprooted by economic hardships that tore apart communities. [...] Internet utili-

113 Elena Filipovic: Currency, in: Sam Lewitt: More Heat than Light, London 2016, S. 184–185, hier: S. 185.

114 Ebd., S. 184.

115 Melanie Gilligan: When Light becomes Heat, in: Sam Lewitt: More Heat than Light, London 2016, S. 186–190, hier: S. 186.

ties like online bill payment and companies like Amazon or PayPal become everyday infrastructural supports that sustain the uprooted life. When Lewitt arrays these words [belong anywhere, get connected] in his heater circuits, is he simply highlighting the economic and social differences in a condensed diagnosis of the present moment.»[116]

Der Text, eine antikapitalistische Tour de Force, unterstellt der Installation eine grundsätzliche Übersetzbarkeit, die sich am Ende mit einem großen Wirklichkeitsgebilde deckt. Nimmt Gilligan tatsächlich an, dass das Kunstwerk diese Arbeit der Rückübersetzung anleitet?

Der Kurator der Ausstellung, Anthony Huberman, übernimmt einen anderen Blickwinkel vom Künstler, der jedoch ebenfalls dem kritischen Gehalt verpflichtet ist. Für Huberman ist klar, dass Kunstwerke den Turbokapitalismus weder aufhalten noch zum Zusammenbruch bringen können. Mit Blick auf *More Heat than Light* ist er sich jedoch sicher: «they [artworks] can insert themselves within its gears and make it less efficient. [...] Art can create a logistics that runs against logistics.»[117] Damit wiederholt er Lewitts Glaube, abgeleitet aus dem Bekenntnisbestand der Avantgarde, dass Kunst über interventionistische Kraft verfüge, die im Wirklichkeitsfeld Änderungen zu bewirken vermag.

Aber auch außerhalb des näheren Deutungsumfelds zeigt der Diskurs eine deutliche Ausprägung in Richtung Sinnbildlichkeit, wohingegen die Versinnlichung unberücksichtigt bleibt. In diversen Ausstellungsbesprechungen werden eine Reihe von gegenwärtigen Krisenphänomenen benannt, die als latenter Gedankeninhalt des Lewitt'schen Kreislaufsystems erkannt werden:

> «In the age of impending global warming and financial overheating, the effect of Lewitt's artworks is nuanced by topical conversations – enabling exchanges about how the art system and its public can grapple with and engage such global changes.»[118]

116 Ebd., S. 188.

117 Anthony Huberman: o.T., in: Sam Lewitt: More Heat than Light, London 2016, S. 182–183, hier: S. 183.

118 o.A.: Sam Lewitt: More Heat Than Light, on view at CCA Wattis Institute for Contemporary Arts (2015), in: https://craniumcorporation.org/2015/09/19/sam-lewitt-more-heat-than-light-on-view-at-cca-wattis-institute-for-contemporary-arts-in-san-francisco-from-september-10-november-21-2015/.

«Lewitt's works examines how information is exchanged through various capitalist structures, from printmaking to currency itself.»[119]

«But Mr. Lewitt is also interested in issues beyond the flow of electricity: the movement of global capital, political power and philosophical movements like phenomenology, which concerns how our consciousness of our bodies affects our experience of reality. Mr. Lewitt's work is a symbolic illustration of these ideas.»[120]

«Lewitt here wittily underscores the degree to which physical environments – and, by extension, contemporary neoliberal cultural and economic systems – are simultaneously strictly regulated yet highly flexible.»[121]

«Dann wieder – auf dem Parkett ausgerollt oder über einzelne Motorblöcke der skandalumwitterten TDi-Serie von Volkswagen geworfen – wirken sie mal wie technoide Interpretationen pseudo-antiker Ornamentfriese, wie Lewitt sie bei seinen Recherchen in zahlreichen Basler Banken entdeckte, mal wie böse Kommentare zur Geldwert produzierenden Manipulation von Wahrnehmung, auf die Industrie und Kunstmarkt gleichermaßen setzen – wenn auch mit unterschiedlichen Mitteln.»[122]

Allen Aussagen ist gemeinsam, dass sie aus der künstlerischen Arbeit ein großes Ganzes ableiten, welches wie in einem erkenntnisgebenden Spiegelbild aufscheint. Ob Kunstsystem, Finanzsystem, Turbokapitalismus, die globale digitale Semiokratie oder das weltumspannende ökologische System – immer werden Verhältnisse bezeichnet, die sich aufgrund ihrer Größe, Differenziertheit und vielfältigen Funktionsabläufe dem Überblick und Verstehen entziehen. Derartige Kunstbetrachtungen geben sich rational, folgen jedoch einem überspannten Analogismus, der dem vormodernen monadischen Denken eines Leibniz ähnelt. Wo der Barockphilosoph in ei-

119 Alex Greenberger: Short Circuit: Sam Lewitt Turns Up the Heat at the Swiss Institute (2016), in: http://www.artnews.com/2016/06/09/short-circuit-sam-lewitt-turns-up-the-heat-at-the-swiss-institute/.

120 Martha Schwendener: Sam Lewitt, ‹Less Light Warm Words› (2016), in: https://www.nytimes.com/interactive/2016/07/01/arts/design/art-galleries-nyc.html.

121 Gwen Allen: Sam Lewitt: More Heat than Light (2015), in: https://www.artforum.com/print/201507/sam-lewitt-more-heat-than-light-54611.

122 Dietrich Roeschmann: In der Matrix des Kunstsystems (2016), in: http://magazin.artline.org/895-in-der-matrix-des-kunstsystems.

nem Wassertropfen den Kosmos wiederzuentdecken meinte, dort erkennen heutige Kunstprofessionals in einigen Kabeln, leblosen Motoren und Klimatechnologie Weltzusammenhänge. Man kann diese Form der Kunstbetrachtung philosophisch nennen; ebenso ist ihr aber auch ein psychotischer Zug zu attestieren. Nach psychoanalytischer Theorie beginnen in dem Moment die Halluzinationen zu fließen und die Aufbauarbeiten an einem Weltsystem, wenn die Symbolisierung versagt.[123] Wo man nichts mehr versteht, dort wird mit Gewalt konstruiert. Genau dies geschieht mit *More Heat than Light*, das mit einer überproportionierten Bedeutungslast versehen wird. Weniger im Hinblick auf die Ätiologie der Psychose, sondern in phänomenologischer Sichtweise erkennt Mario Perniola in der gegenwärtigen ästhetischen Kultur eine beunruhigende Version des Wahnsinns, den er «psychotischen Realismus» nennt:

> «Tatsächlich ist für die Psychose die Identifikation mit der Außenwelt charakteristisch: Ich bin von der Exteriorität fasziniert. Ich werde zu dem, was ich sehe, fühle, berühre: ja, die Oberfläche meines Körpers identifiziert sich sozusagen mit der Oberfläche der äußeren Welt. Nicht selten gewinnt diese Tendenz einen kosmischen Aspekt.»[124]

Anstatt einen detaillierten Erfahrungsbericht vom Kunstort zu geben, wird scheinbar problemlos zwischen Werk und Wirklichkeit vermittelt. Man vollzieht eine beinahe reflexartige Nach-außen-Wendung, wodurch der Rätselcharakter des Werks ausgelöscht wird. Weder wird die Differenz zwischen Werk und Wirklichkeit erkennbar, noch die Frage nach der Darstellbarkeit der angedeuteten Komplexität ernsthaft gestellt oder zu beantworten gesucht. Zurückkommend auf Ritters Erkenntnislogik finden wir in der Kopplung von Versuchsanordnung und ideellem Überbau, von Erfahrung und Deutung das gleiche Missverhältnis – als würde auf einer Nadelspitze, die das Kunstwerk darstellt, die Weltkugel ruhen und beides würde sich in einem Spiegelverhältnis zueinander be-

123 «Über die Genese der Wahnbildungen haben uns einige Analysen gelehrt, daß der Wahn wie ein aufgesetzter Fleck dort gefunden wird, wo ursprünglich ein Einriß in der Beziehung des Ichs zur Außenwelt entstanden war.» Sigmund Freud: Neurose und Psychose, in: ders.: Studienausgabe, Bd. III, Frankfurt am Main 1975, S. 331–337, hier: S. 335; siehe auch Sigmund Freud: Der Realitätsverlust bei Neurose und Psychose, in: ders.: Studienausgabe, Bd. III. Frankfurt am Main 1975, S. 355–361.

124 Mario Perniola: Die Kunst und ihr Schatten, Berlin 2003, S. 47–48.

finden. Der «psychotische Realismus» gibt sich politisch, weltzugewandt, aufgeklärt – und ist doch eigentlich grundiert von Kunstgläubigkeit und Pathos. Der Unterschied zwischen Ritter und Lewitt ist strukturell gesehen gering: Ritter konnte seinen Kunstbegriff noch optimistisch aufladen und einen sich entwickelnden, naturverbundenen Menschen visionieren. Bei Lewitt dominiert der Pessimismus gegenüber den Verhältnissen, denen man mit einer defensiven Haltung begegnet. Aber auch in dieser steckt noch die Resthoffnung auf einen Erkenntnisschock durch das Kunstwerk. Die überbordenden Soziologismen allerdings treten als Antipoden zum ästhetischen Erleben auf, das darauf aufmerksam machen könnte, dass das panoptische Haben-Können nicht so leicht zu realisieren ist.

Dionysos oder Apoll?

Die bis zu diesem Punkt betriebene Analyse der romantischen Struktur versteht sich nicht als Kunstkritik. Deren Aufgabe wäre die ästhetische Wertung und kulturelle Gütefestlegung einer Arbeit. Die medienkulturelle Strukturkritik untersucht das Verhältnis von Werk und Bedingungen, aus denen sowohl die Konzepte, was unter Kunst verstanden wird, als auch die damit verbundenen Gebrauchsweisen entstehen. Die im Fall von *More Heat than Light* ermittelte Vorherrschaft der mythischen Rationalisierung besagt nicht, dass damit das künstlerische Potenzial ausgeschöpft ist. Die Analyse stellte lediglich fest, dass es im System Kunst einen Bedarf an Welterklärung gibt und dass dem Künstler die Befähigung unterstellt wird, diese liefern zu können.

Dass dem ästhetischen Gebilde auch ganz andere Eigenschaften zugeschrieben werden können, die sich nur schwer in eine Übersetzung zwingen lassen und Momente des Uneinigen oder des Unverstandenen enthalten, soll abschließend thematisiert werden. Die Riege der Kunstdeuter vermochte nicht anzuerkennen, dass die Installation auch Merkmale aufweist, die dem Alogischen, der Intuition oder einfach dem Einfall geschuldet sind. Das Wärme-Motiv erscheint in diesem Lichte nicht mehr nur als Metapher kapitalistischer Machtverhältnisse.

Drei bisher weitgehend übersehene Elemente sind zu nennen, die sich in enger Verzahnung mit der Installation befinden. Das erste Element ist der Titel, der fast ausschließlich als Deskription der technischen Energietransformation am Ausstellungsort verstanden wird. Andere Leseweisen sind jedoch anzuführen, die wie Widersprüche zu den etablierten Auffassungen erscheinen.

Die terminologische Opposition von Hitze und Licht ruft unvermeidlich Friedrich Nietzsches Begriffspaar des Dionysischen und Apollinischen ins Gedächtnis. Dieser ideengeschichtliche Rückgriff ist insofern nicht willkürlich, da Lewitts Arbeit selbst den Gegensatz von Verstehen/Sehen und Erleben/Fühlen durch den Titel nahelegt. Apoll ist bekanntlich der Gott des Lichts und der Vernunft, Repräsentant der Künste und der gesetzmäßigen Schönheit, «Gott des schönen Scheines und zugleich der Gott der wahren Erkenntnis».[125] Dionysos hingegen ist der Gott des Rausches, der Ekstase und des Chaos. Apoll ist kühl, Dionysos ist heiß, weswegen er im mythischen Kontext auch mit Feuer in Verbindung gebracht wird.[126] Wenn die Kunstkritik einstimmig den Erkenntnischarakter von *More Heat than Light* betont und entsprechend Licht in der Arbeit erkennt, dann wirkt der Titel geradezu falsch – auch unter Einbeziehung des konstruktiven Aspekts der Installation. Der kaum als geheimnisvoll geltende technische Aufbau bestätigt den Eindruck der Sachlichkeit, Zweckhaftigkeit und Durchschaubarkeit. Ist der Titel also ironisch intendiert, der allein den fühlenden, dionysischen Besucher aufs Korn nimmt? Oder will Hitze tatsächlich ausschließlich als Index auf den überhitzten Kapitalismus verstanden werden?

Es geht nicht darum, dem Titel eine neue Eindeutigkeit oder Widerspruchslosigkeit zu geben, anzuerkennen ist sein semantischer Schwebezustand, der auch als künstlerische Selbstthematisierung zu interpretieren ist. Dass die Arbeit weniger rational ist, als sie sich gibt und als sie gesehen wird, kommt in einem deutlichen Indiz zum Tragen. Ein merkwürdiges Element im coolen Gesamtgefüge stellt die typografische Gestaltung des Werktitels dar (Abb. 21). Es ist geradezu befremdlich – und symptomatisch –, wie systematisch die Kritik dieses augenfällige Design übersieht. Allein Max Hooper Schneider weist in einem Gespräch mit dem Künstler darauf hin: «[...] the logo for ‹*More Heat Than Light*,› a very evocative (and nostomaniacal) font that seems to borrow from the phylum of angst-chirography of death and black metal.» In der Tat ruft der Font Vorstellungen von ungesundem Wachstum oder

125 Friedrich Nietzsche: Werke, Bd. III,2, Nachgelassene Schriften 1870–1873, hg. v. Giorgio Colli, Mazzino Montinari, Berlin, New York 1973, S. 46.

126 Karl Kerényi: Dionysos. Urbild des unzerstörbaren Lebens, Stuttgart 1998, S. 62–63.

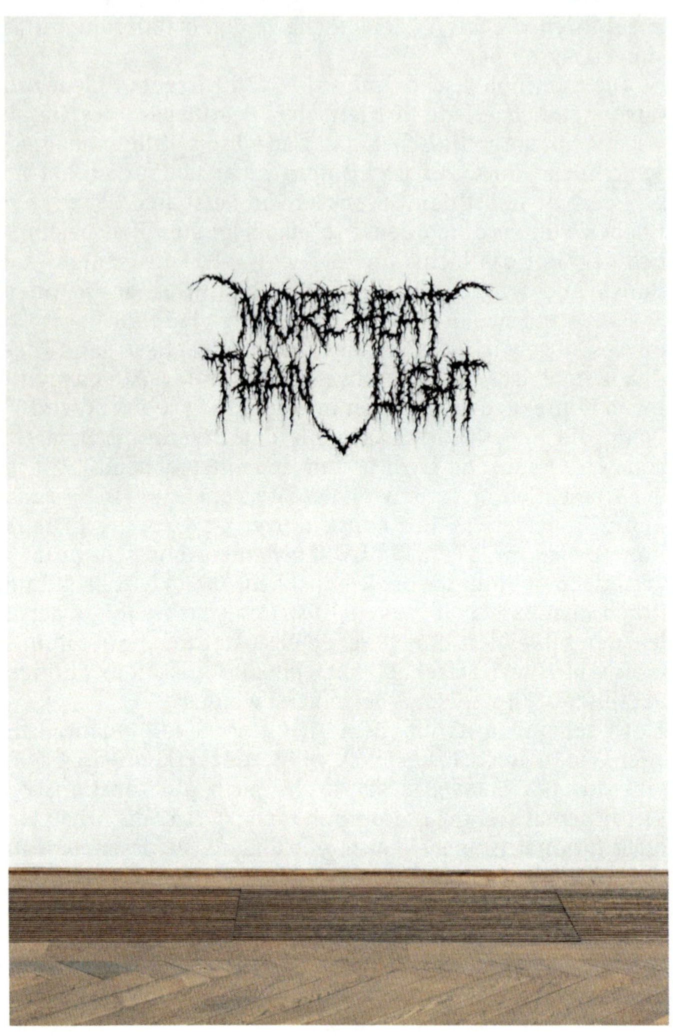

Abb. 21 Sam Lewitt: Logo, 2016

von flüssigem Feuer auf. In auffälliger Weise kreuzt das Design gegen den Techno-Minimalismus der übrigen Elemente. Lewitt hat in Erwiderung auf Schneider dazu angemerkt:

> «From the beginning I was imagining an irrational logo element that could ignite a surface spark against the grain of the hyper-rationalized plotting/designing of that work's production [...] But I found that while there was an apparent incommensurability between functional heating traces and desiccated letterforms, each kind of inscription arrives in advance of grammatically meaningful statement making, regardless of whatever grammatical cargo I imagine will be noted in the work's manifest, including my own interpretations.»[127]

Es regte sich im Künstler offenbar ein Unwohlsein beim Gedanken an die Glätte und semantische Widerstandslosigkeit; diese zu stören – aus irrationalem Impuls – war das Ziel des Logos. Seinen Gegenstoß begründet Lewitt mit dem Verweis auf eine berühmte Phrase aus Walter Benjamins *Einbahnstraße*, die nicht weniger als einen Fundamentalangriff auf die gesamte ambitionierte intellektuelle Anlage der Arbeit darstellt:

> «This seems like a good place for this quote from Walter Benjamin, which comes to mind as a self-liquidating centerpiece to our circumlocutions and ambiguously directed explanations: ‹What, in the end, makes advertisements superior to criticism? Not what the moving red neon says—but the fiery pool reflecting it in the asphalt.›»[128]

Damit tritt der dionysische Impuls – einschließlich der Feuermetaphorik (spark, fiery pool) in der Aussage – offen zu Tage. Der Sinn, die Übersetzung, die Weltdeutung lösen sich auf im Ästhetikum puren Lichts/Feuers. Übertragen auf *More Heat than Light* heißt diese Orientierung nichts anderes, als dass das Faszinosum in der Unmittelbarkeit der *Experience* liegt. Alle Mittelbarkeit, alles Bedeuten ist ausgelöscht.

127 Lewitt, Schneider: Logorrheic Impulse, S. 104.

128 Ebd. Das Benjamin-Zitat findet sich in dem Stück «Diese Flächen sind zu vermieten» und lautet im Original: «Was macht zuletzt Reklame der Kritik so überlegen? Nicht was die rote elektrische Laufschrift sagt – die Feuerlache, die auf dem Asphalt sie spiegelt.» Walter Benjamin: Einbahnstraße, hg. v. Detlev Schöttker, Frankfurt am Main 2009, S. 60. Siehe weiterführend die Fußnote 138.

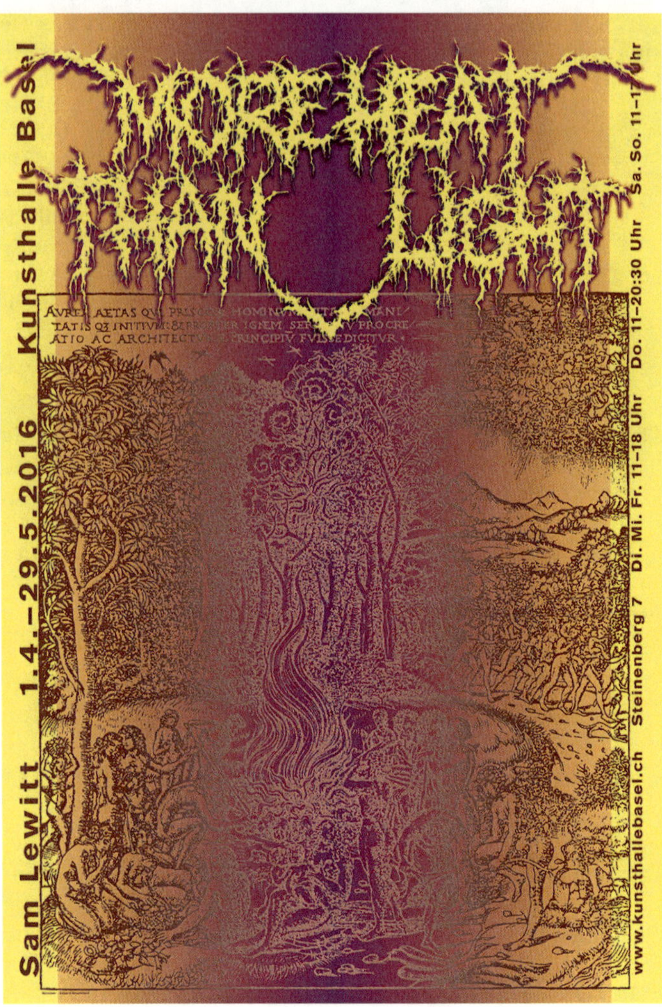

Abb. 22 Designbüro Hammer, Sam Lewitt: Plakat, 2016

Das dritte und letzte Element – neben dem Titel und dem Logo – ist das Bildmotiv auf dem Plakat für die Baseler Ausstellung (Abb. 22). Die Herkunft und der Urheber des Holzstichs werden auf dem Plakat nicht mitgeteilt, wie auch die Kunsthalle sich dazu nicht geäußert hat. Von einem grellen Farbverlauf überlagert, der an die Farbigkeit der Thermografien erinnert, ist als zentrales Motiv ein hochloderndes Feuer zu erkennen, um das sich in der Mehrzahl nackte Menschen versammelt haben und die mit diversen Tätigkeiten befasst sind. Dieses Bildmotiv wurde von Sam Lewitt ausgewählt, wobei die Kunsthalle keine Mitsprache beanspruchte.[129] Wie im Fall des Logos ist anzunehmen, dass dieses für die Ausstellung vollkommen unpassende Motiv das Tor zu einer ganz anderen Gedankenwelt öffnen sollte, die mit den zweckrationalen Prinzipien des digitalen Kapitalismus nur wenig zu tun hat. Auch das Plakat, das so offensichtlich das Thema des Feuers transportiert, hat keinen Kommentar provoziert.

Die Recherche zu Bildautor und Entstehungskontext der Grafik belegt, dass sich Lewitt in den Randzonen der Kunstgeschichte umgetan hat. Der Stich stammt von Cesare Cesariano – italienischer Maler, Freskant, Kunstschriftsteller, Militäringenieur und Architekt – und wurde als Illustration für seine italienische Übersetzung von Vitruvs *De architectura libri decem* (*Zehn Bücher über Architektur*) angefertigt (Abb. 23). Veröffentlicht 1521 findet sich der Stich im zweiten Buch und gibt bildhaft Vitruvs Mythos von der ersten Begegnung des Menschen mit dem Feuer wieder. Der römische Architekt beschreibt episodisch nicht weniger als den Beginn der Kultur durch das Feuer: Der Übergang von der Natur zur Kultur beginnt mit der Hegung des Feuers, woraus die Gesten und die Sprache entstehen, die Vergesellschaftung, der aufrechte Gang, die Arbeit und Behausung, die Weltbeobachtung und der Sinn für das Schöne.[130]

Lewitts Rückgriff auf die alte Kulturtechnik des Holzstichs, des Buches und auf die mythische Erzählung vom Anfang der Menschheit befremdet im Kontext der Installation, die sich doch ganz gegenwärtig gibt. Eine kalkulierte Adressierung des kunsthistorisch informierten Rezipienten? Ein

129 Mitteilung von David Schatz, Designbüro Hammer, der an der Gestaltung mitgewirkt hat (Email v. 22.07.2018). Diese Information wurde von der Kunsthalle Basel bestätigt (Email v. 23.07.2018).

130 Siehe die deutsche Übersetzung: Vitruv: Zehn Bücher über Architektur, übers. v. Curt Fensterbusch, Darmstadt 1964, S. 79.

LIBER SECVNDVS

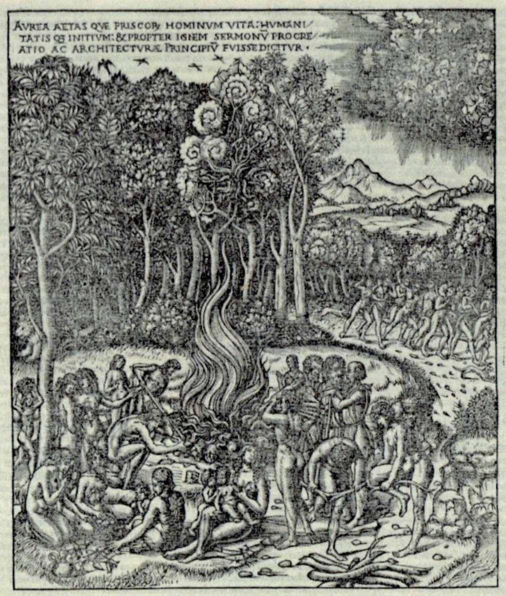

Cõuento .i. cõgregatione de homini aut p respecto de supplicatione a Dio in le Ecclesie: aut p causa de Iudicii quando da li magistrati sono ꝯgregati: aut se p qualche altro respecto in uno loco la multitudine ꝯuene: & dicit a ꝯuenio qd proprie est congregor Virg. in primo aeneidos: conueniunt quibus aut odiũ crudele tyrani: aut metus acer erat. Salu. postq̃ unũ in locũ oẽs ꝯue-nere: Cõuento anchora significa coniunctione: Iuue. saty. 6. Cõuentũ tamẽ & pactũ & sponsalia nostra tẽpestate paras: dicit ẽt conuentus in iudiciũ uocatus ab aliquo. Vnde cõuenticula: quale quasi semp se piglia in mala parte: hoc est p il cõuento & congregatione de seditiosi & scelerati. Concilio si e una multitudine de populo congregata per respecto di consultare: & tanto piu sono sapienti & diuini: quanto piu se ꝯuenено al bene cõmune: p che omne bonũ quãto cõmunius: tanto diuinius: a Cõcilio fit Cõciliabulũ locus in quo ꝯciliũ ꝯgregat Festus. Conuicto si e deriuato a uictus: qd plane significat omne id qd ad cibũ potũq; ptinet: quare frequenter hec duo cõiungimus uictũ & uestitũ: Victo anchora significa una generatione di uita quãto a li costumi: Vnde dicemo: Conuicto: si e una cõmune congregatione coadunata a uiuere in una societate como saria le psone de una gran prosapia: nel de qualche magna religione: o uero hospitali: quale nõ tanto manzano & beueno de cõpagnia: ma anche usano li medemi costumi: Dice aduncha Vitruuio la inuentione dil foco hauer cõgregato ad uiuere & habitare insema & usare li medemi costumi seu lege p li mortali: quali primo ne le silue dispersi & con le fere uagauano: & questo nõ essere sta difficile lo demonstra Dicendo da la natura lhomo qual e animal sociabile nõ como li altri aíali pni i terra essere al pasto abiecto: Ma erecto a ꝯtẽplare la ineffabile magnificẽtia del Coelo & Stelle q̃l cosa ãchora Ouidio ha dicto primo metamor. Pronaq; quũ spectent aíalia caetera terrã Os homini sublime dedit: Coelũq; uidere Iussit: & erectos ad sydera tollere uultus. Quisti usarno al modo che ẽt usano le cauerne li Troglodití como dice Ply. li. 5. c. 7. & in molti loci anchora asai Vltramõtani: nel como sono li noui populi trouati in le Insule de la Taprobana: seu di Calicut da li nauiganti del Hyspanico Rege Similiter da quilli del Rege di Portogallo da li quali loci sono trouate Infiniti richeze chare & delecteuole: & altre opportune cose per la nostra humana uita pollitica Christiana: de le quale cose asai in publica scripta sono stampate. Alcuni

Cum sia aduncha per la inuentione del foco nel principio apresso li homini il Conuento: & Concilio: & Conuicto fusse nato. Et in uno loco molti homini si conuenesseno: hauendo da la natura primamente ultra li altri animali che non proni: ma erecti ambulasseno. & del mundo & de le Stelle la magnificentia aspicesseno: Anchora con le mane & articuli quale cose uolesseno facilmente tractasseno. In quella multitudine comenzorno alcuni de frõde a fare tecti alcuni a fodere le spe

Abb. 23 Cesare Cesariano: Di Lucio Vitruuio Pollione de architectura libri decem, 1521

Rätsel für die beflissene Deuterschaft? Will das Plakat zu einem Vergleich früherer Menschenentwicklung mit der heutigen anregen oder die heutige als ebenso archaisch klassifizieren? Oder ist das Poster doch nur ein Pop-Teaser ohne tiefgreifende Mehrbedeutungen?

Mit dem Plakat als Eingang zur Ausstellung öffnet Lewitt sein romantisches Labor mit einer Frage. Die erste Reaktion darauf könnte eine allegorische Lesart sein, die das Renaissancebild als Kommentar auf *More Heat than Light* nimmt. Damit käme ein anderer Kunstbegriff zum Vorschein. Die stumme Botschaft des Stichs besagte, dass der moderne Künstler den Rand des Nichtsinns berührt. So wie sich die Urmenschen am Lagerfeuer versammeln, so versammeln sich die Installationsbesucher am elektrischen Feuer. Beiden stehen nicht sogleich die Mitteilung und die Gewissheit zu Gebote, vielmehr die Suche nach einer Sprache, nach Begegnung, nach einer Haltung zur Umgebung und Vergesellschaftungsformen. Ob diese gefunden werden, ist nicht immer sicher. Das Kunstwerk wäre aber weniger Bedeutungscontainer als Erfahrungsbezirk, wo an einer Sinn- und Verhaltensgebung gearbeitet wird.

Dass die Schwellensituation der Kunst zwischen überladenem Sinn und Sinnleere konstitutiv ist, könnte durch die letzte Nebenbedeutung des Werktitels eine Bestätigung finden. Wie das Wörterbuch von *Merriam-Webster* erläutert, ist die idiomatische Wendung im Englischen abwertend konnotiert: «To produce or generate more heat than light means to cause anger without helping to make something better understood.»[131] Eine Angelegenheit, die mehr Hitze als Licht erzeugt, erregt demnach Leidenschaften und Konflikte, die eine mögliche Erleuchtung unterminieren. Wieder macht sich der Unordnung bringende Dionysos bemerkbar. «An den Zuschauer wird also die dionysische Forderung gestellt, dass ihm sich alles verzaubert vorstellt, dass er immer mehr sieht als das Symbol [...].»[132] Ist es ein Sakrileg, diese Symboljenseitigkeit auf Lewitts Arbeit zu beziehen?

Man könnte ins Schwitzen geraten, bei all dem Ungeklärten. Am Ende aber mag sich alles in einer Hitzeerfahrung auflösen, wo das Denken sowieso schwerfällt. Der Rezensent des *New Yorker* berichtet lakonisch: «On one recent visit, by midday the heaters had already reached a hundred and forty de-

131 «more heat than light», in: Merriam-Webster's online dictionary, www.merriam-webster.com.

132 Nietzsche: Werke, S. 63.

grees Fahrenheit. If you visit at the end of the day, prepare to shvitz.»[133]

Zwischen Schwitzen und Welterklärung liegt ein tiefer Graben. Man entkommt dabei jedoch nicht der Einsicht Nietzsches, der über den dionysischen Künstler, der auch der Kunstkonsument sein kann, schreibt:

> «So muss der Dionysosdiener im Rausche sein und zugleich hinter sich als Beobachter auf der Lauer liegen. Nicht im Wechsel von Besonnenheit und Rausch, sondern im Nebeneinander zeigt sich das dionysische Künstlerthum.»[134]

133 o.A.: Sam Lewitt (2016), in:https://www.newyorker.com/goings-on-about-town/ art/sam-lewitt-4.

134 Nietzsche: Werke, S. 75.

Wiederkehr des Ästhetizismus

Ästhetische Symptomatologie

Die Paradoxie der Wahrnehmung von Lewitts Installation, die gleichzeitig als ein Konstrukt der überhellen ideologischen Ausstrahlung, der irrationalen Aufgeladenheit und der puren Oberflächlichkeit erschien, bietet Anlass für eine generalisierende Perspektive. Sobald sich das Wärme-Formativ nicht vollständig in einer Metaphernfunktion aufheben lässt, tritt es als materielles Störelement für den Bedeutungsanspruch auf und drängt sich als ästhetizistische Qualität in den Vordergrund. Der Begriff des Ästhetizismus wird gemeinhin pejorativ verwendet und bezeichnet eine inhaltsleere, rein schmückende Kunst. Als kunsthistorische Kennzeichnung für eine epochal gebundene Kunstbewegung verweist er auf eine wichtige Phase im Autonomisierungsprozess ästhetischer Sensibilisierung und kann weiterhin auch für die Gegenwartskunst eine analytisch-kritische Funktion übernehmen. Was die bisherigen Beispiele zeigen konnten – das Auseinanderklaffen von Sinnzuweisung und formaler Ausprägung, von verstehender und erlebender Erfahrung –, scheint zwei gegenläufige Kunstauffassungen zu implizieren, mit denen ein und dasselbe Kunstwerk verschiedenen Wahrnehmungsregimen zugeführt werden kann. Die im frühen Sensualismus angelegte Entdifferenzierung von Kunst und Nicht-Kunst, die einen von Alltagsnotwendigkeiten, Zweckvorstellungen und Weltanschauungswünschen befreiten Rezipienten voraussetzt, wird im Laufe der Kunstentwicklung zum permanenten Doublebind: Im Prozess der Artifizierung ehedem nicht-künstlerischer Dinge, Materialien und Formationen werden diese Neufigurationen entweder zu Chiffren aufgewertet, die als esoterische Spuren gelesen werden wollen, oder zu selbstbezüglichen Präsenzerscheinungen geformt, die man als alltagsübersteigende Wunder erlebt.[135]

135 Nietzsches Zitatfragment über den Zuschauer aus dem vorhergehenden Kapitel ist hier vollständig wiederzugeben: «An den Zuschauer wird also die dionysische Forderung gestellt, dass ihm sich alles verzaubert vorstellt, dass er immer mehr sieht als das Symbol, daß die ganze sichtbare Welt der Scene und der Orchestra das Reich der Wunder ist.» Nietzsche: Werke, S. 63.

Mit der Aufwertung der Wärme zum künstlerischen Material wird die Aufmerksamkeit auf einen weniger beachteten Tatbestand gelenkt, der vielleicht schon immer in den Kunstverhältnissen gegenwärtig war, jedoch nicht als entscheidend für die Relation zwischen Werk und Empfänger erachtet wurde: die Formierung des Körpers. Im Sinne einer psychoanalytischen Grundauffassung soll der Körper als komplexe Prozessierinstanz aufgefasst werden, in der somatische und psychische Vorkommnisse unmittelbar zusammenhängen. Gleichfalls produziert der Körper im Austausch zwischen Umwelt und Innenwelt beständig Vermischungsverhältnisse, die in Symptomen zum Ausdruck kommen. Lässt man die klassifikatorisch-nosologischen Konnotationen beiseite, so verdichten sich in Symptomen komplexe Beziehungen, die Bestandteil des ästhetischen Zusammenhangs sind.

Der historische Ästhetizismus hatte ein Gespür für die Qualität des Symptomatischen – auch unter Einschluss pathologischer Extremartikulationen. Wie der paradigmatische Fall Ritter zeigte, wurden in der Romantik die Grundlagen für eine ästhetische Symptomatologie gelegt, die um 1900 von der Décadence mit neuen Inhalten und Leben gefüllt wurde. Als weitere Vorstufe zum gegenwärtigen Ästhetizismus soll ein kurzer historischer Exkurs erfolgen, aus dem Inspirationen für die folgenden Werkbetrachtung gezogen werden können.

> *Ihr Kleid schien mich an, der blumige Geruch ihrer Wärme stand um mich.*

Joris-Karl Huysmans' phantasmatische Heterotopie

Joris-Karl Huysmans' Roman *Gegen den Strich* (*À rebours*, 1884) – Schlüsseltext des Ästhetizismus – ist ein eindrückliches Dokument, in dem literarisch die sensorischen Experimente des Protagonisten Jean Floressas des Esseintes in ihren (para-)künstlerischen Ausgestaltungen und Wirkungen beschrieben werden. Auffälligstes Merkmal dieser Version des Kunstkonsumismus ist die Abschaffung der traditionellen Hierarchie zwischen Hochformen und inferioren Formen der Kunst sowie Ausprägungen der Nicht-Kunst. Des Esseintes, der sich zu einem zurückgezogenen Leben in einem Landhaus entschieden hat, wo er seinen ästhetischen Erlebnishunger zu stillen sucht, unterscheidet nicht zwischen Malerei, Musik, Büchern aus feinstem Papier, Edelsteinen, Textilien, Möbel, seltenen Blumen, Nahrung, Likören und Düften. Auch unternimmt er

Versuche, den Impressionismus dieser Kunstwelt noch durch Drogen, Opium und Haschisch, zu verstärken. Die Weltabgewandtheit im *Locus aestheticus* dient dem Décadent ausschließlich dazu, das Zusammenwirken von Empfindung und Imagination systematisch zu erforschen. Das wilde Arrangement mündet in eine, wie es im Roman heißt, «ganz moderne Nervenkunst».[136]

Dass dieser Selbstversucher in die Tradition Ritters gehört, lässt sich aus Hinweisen im Text erschließen, in denen die ästhetische Erfahrung als ein energetisches, auf Stimulation basierendes Geschehen dargestellt wird. Ähnlich wie der romantische Physiker entdeckt der Romanheld überall Feuerstellen. Das Lesen von Literatur, für gewöhnlich eine geistige Übung der imaginären Versenkung oder Wissensaneignung, wird für den Eremiten zu einer Feuerprobe:

> «Der Diener brachte ihm einen neuen Stoß Bücher; [...] auch hier hatte des Esseintes sieben wollen, und unter wirren Seiten hatte er manche Sätze gefunden, die eine gewisse Elektrizität ausströmten, die ihn um so mehr erregte, als sie in einer scheinbar feuerfesten Umgebung zum Ausdruck kam.»[137]

Bei der Betrachtung von Edelsteinen entwickelt des Esseintes eine beinahe naturgeschichtliche Präzision in der Charakterisierung und entdeckt dabei Flammen im Stein:

> «[...] der Opal hat eine geradezu rheumatische Empfindlichkeit; das Spiel seiner Strahlen schwankt mit der Feuchtigkeit, Kälte oder Wärme; und der Hydrophan brennt nur im Wasser und entzündet erst dann sein graues Kohlenlicht, wenn man ihn anfeuchtet.»[138]

136 Joris-Karl Huysmans: Gegen den Strich (1884), übers. v. Hans Jacob (1921), Leipzig, Weimar 1978, S. 80.

137 Ebd., S. 236.

138 Ebd., S. 62. Die thematische Verschränkung von Feuer und Licht, die im vorigen Kapitel ihre ästhetizistische Wendung im Benjamin-Zitat über die Feuerlache auf dem Asphalt gefunden hatte (Fußnote 128), findet sich bereits bei Huysmans und es ist anzunehmen, dass Benjamin sich hier hat inspirieren lassen: «[...] es war Nacht geworden; die Gaslaternen blinzelten mitten in einem gelblichen Hof durch den Nebel; Feuerstreifen schwammen auf den Pfützen und schienen sich um die Räder der Wagen zu drehen, die so über diese flüssig-schmutzige Flamme sprangen.» Huysmans: Gegen den Strich, S. 167.

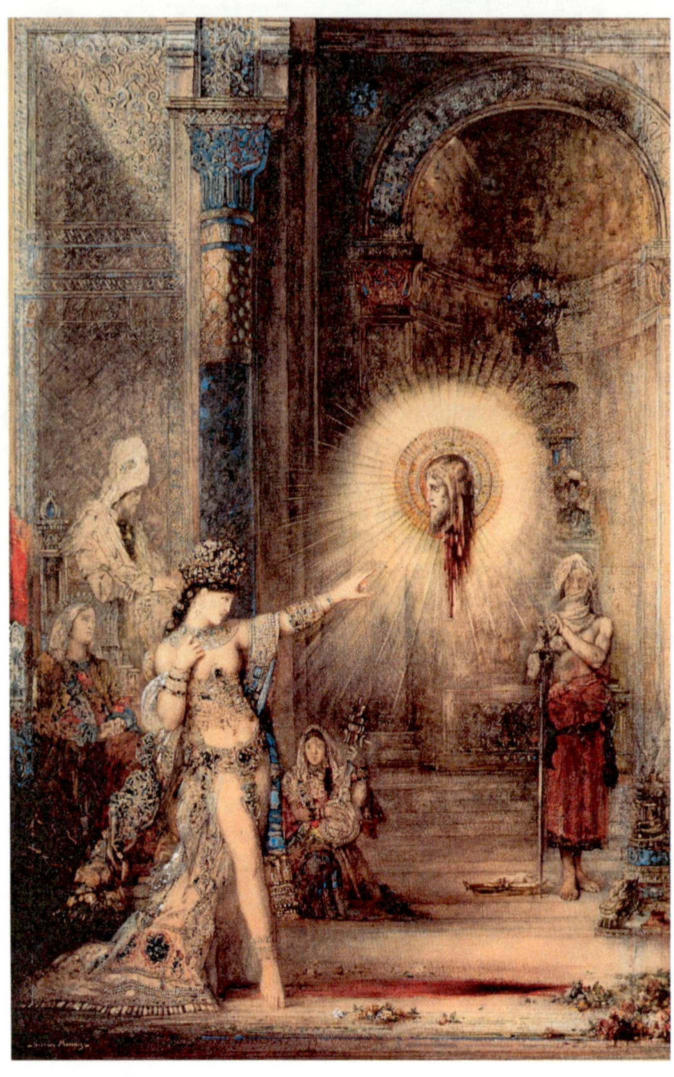

Abb. 24 Gustave Moreau: L'Apparition, 1876

Weiterhin zeigt sich die ausgeprägte Sensibilität für das Temperaturhafte während des eingehenden Studiums eines Gemäldes von Gustav Moreau (Abb. 24):

> «Unter den glühenden Strahlen, die vom Haupte des Täufers ausgehen, erglänzen die Facetten der Schmuckstücke; die Steine werden lebendig, umreißen den Frauenkörper mit weißglühenden Strichen; stechen das Weib am Hals, an den Beinen und an den Armen mit feurigen Spitzen, die zinnoberrot sind wie Kohlen, violett wie Gasflammen, blau wie brennender Alkohol und weiß wie Sternenlicht.»[139]

Im ästhetische Zustand werden Form und Materialität als Eigenwerte erfahren, die nicht mehr auf etwas außerhalb der spezifischen Objektbeschaffenheit verweisen, sie stellen vornehmlich Sinnensendungen dar. Die Sinnesqualitäten an das thermische Motiv zu knüpfen, war für Huysmans eines der zentralen künstlerischen Mittel, um die ästhetizistische Leibsensibilität anschaulich zu vermitteln; wiederkehrend benutzt er im Verlauf des Romans Wörter aus dem Feld der Temperaturwahrnehmung: Feuer, Flamme, Hitze, Brand, heiß, glühen, Glut, kochen, brennen, warm. Die ästhetische Würdigung des «Temperatursinns» (Ritter) gehört in das Arsenal der Reize, die, wie es im Roman heißt, auf «die Sinne wirken und die Empfindung bestimmen», die «leidenschaftliche Ausblicke öffnen» und «seelische Unendlichkeiten ahnen lassen».[140]

Im dreizehnten Kapitel verdichtet Huysmans das Klimamotiv und spielt wie in einer Versuchsanordnung die unterschiedlichen Beziehungen und Wirkungsweisen des Hitzereizes durch. Das klimatische Moment wird mit der Sphäre der Kunst und künstlichen Artefakte sowie mit den körperlichen und psychischen Reaktionen verwoben, um daraus das Bild einer ästhetizistischen Lebenswelt oder Lebenskunst zu gewinnen.

> «Der Sommer löste sich auf; in diesem Jahr gerieten alle Jahreszeiten durcheinander; nach Stürmen und Nebeln siedeheißer Himmel am Horizont wie glühendes Blech. In zwei Tagen folgten ohne jeden Übergang dem feuchtkal-

139 Ebd., S. 78.

140 Ebd., S. 233. Erwähnt sei, dass das Huysmans'sche Kunstlabor etwas zeitgleich eine wissenschaftliche Entsprechung in der Klinik Jean Martin Charcots hatte, in der die sensoriellen Suggestionen erforscht wurden. Siehe Gunnar Schmidt: Das Gesicht. Eine Mediengeschichte, München 2003, S. 99–115; Georges Didi-Huberman: Erfindung der Hysterie, München 1997, S. 229 ff.

> ten Nebel und den Regengüssen glühende Hitze und eine Atmosphäre von erdrückender Schwere. Wie von wütenden Schüreisen angefacht, öffnete sich die Sonne wie ein Ofenschlund und dolchte fast weißes, schmerzendes Licht in die Augen; Flammenstaub erhob sich von den erhitzten Wegen, rollte die trockenen Gräser zusammen und röstete den gelblich versengten Rasen; die Ausstrahlung der kalkweiß getünchten Mauern, die auf den Zinkdächern entzündeten und auf den Fensterscheiben widergespiegelten Lichter blendeten; die Temperatur einer Schmelzgießerei lastete auf des Esseintes' Wohnung.»[141]

In dieser Eingangssequenz fallen zwei rhetorische Strategien ins Auge: Huysmans denaturiert das Strahlen der Sonne, indem er deren Hitze mit der eines Ofens, dann steigernd mit der einer Gießerei vergleicht. Die Ofenmetapher leitet über zu einer quasi-phänomenologischen Beschreibung. Der Hitze wird die Qualität der Schwere zugeschrieben, aber auch mit Merkmalen belegt, die an ein offenes Feuer denken lassen: glühen, rösten, versengen, entzünden. Wird auf diese Weise der Fühlsinn erlebbar gemacht, entsteht parallel der visuelle Eindruck durch die Kennzeichnung des Lichts als schmerzendes Weiß. In dieses synästhetische Bild fügen sich einige Weltdinge (Staub, Wege, Rasen, Dächer, Fenster), denen ebenfalls Hitzeeffekte aufgeprägt sind. Nach dieser Atmosphärenevokation wechselt die Schilderung zum Leib des Protagonisten:

> «Gleich allen Neurotikern warf ihn die Hitze um, die durch die Kälte gebremste Blutarmut machte weitere Fortschritte und schwächte den von Schweißverlusten ohnedies mitgenommenen Körper noch mehr. Das Hemd klebte am feuchten Rücken; mit erschlafften Beinen und Armen, nasser Stirn saß des Esseintes, dem salzige Schweißtropfen über die Wange liefen, in seinem Stuhl; in diesem Augenblick wurde ihm vom Anblick des Fleisches, das auf dem Tisch stand, geradezu übel; er ließ es fortnehmen, bat um weiche Eier, versuchte, ein paar Brotschnitten zu essen. – Sie blieben ihm im Hals stecken; Übelkeiten stiegen ihm auf die Lippen; er trank einige Tropfen Wein, die wie Feuer brannten. Er trocknete sich das Gesicht; der eben noch laue Schweiß war kalt und lief ihm die Schläfen herunter; er

141 Huysmans: Gegen den Strich, S. 210.

begann kleine Eisstückchen zu lutschen, um die Magenschmerzen zu betäuben; vergeblich.»[142]

Die körperliche Selbstwahrnehmung ist gekennzeichnet durch eine ausdifferenzierte Symptombeschreibung, die sowohl die Gesamtverfassung als auch Teilaspekte einschließt. Vom matten Körper geht die Aufmerksamkeit über auf den Rücken, die Stirn und auf die Backen, verläuft alsdann zur Kehle und weiterführend zu den Lippen und zum Magen. Gesicht und Schläfen schließen die Deskription des *corp morcelé* ab.[143] Der Text vermittelt den Prozess des sich durch Hitze auflösenden Körpers und der damit verbundenen Empfindungen, ist dabei jedoch so präzise wie eine medizinische Fallbeschreibung.

Die Huysman'sche Symptomatologie ist damit aber noch nicht an ihr Ende gekommen. Zur Hitzeschilderung gehört neben generalisierender Empfindung, Außenweltrezeption und Körperwahrnehmung die Registratur psycho-physiologischer Tatbestände:

> «Niemals hatte er sich so unruhig, so zerschlagen, so wenig in Ordnung befunden; dazu sah er schlecht, er sah die Gegenstände doppelt, und sie drehten sich um sich selbst; die Entfernungen waren aufgehoben; sein Glas erschien ihm eine Meile weit fort; er sagte sich selbst, daß er das Spiel von Illusionen und unfähig sei, dagegen anzukämpfen; er streckte sich im Salon auf dem Sofa aus, aber das schlingerte wie ein Schiff, und ihm wurde wieder schlecht; [...] flüchtete er in seinen Garten und warf sich unter einen Baum, der einen Kreis von Schatten um ihn legte; ganz verwirrt saß er auf dem Rasen und betrachtete die Gemüsebeete, die sein Personal angelegt hatte. Er sah sie an, aber erst nach einer Stunde bemerkte er sie, denn ein grünlicher Nebel schwamm vor seinen Augen und ließ ihn wie auf dem Grunde eines Gewässers nur unbestimmte Bilder sehen, deren Anblick und Farben ständig wechselten. Schließlich gewann er sein Gleichgewicht wieder, und er konnte deutlich Zwiebeln und Kohl unterscheiden; weiterhin ein Salatbeet und ganz hinten den Zaun entlang weiße Lilien, die unbewegt in der schweren Luft standen.»[144]

142 Ebd., S. 210–211.

143 *corp morcelé* oder *zerstückelter Körper* ist ein Begriff von Jacques Lacan: Das Spiegelstadium als Bildner der Ichfunktion, in: ders.: Schriften I, Frankfurt am Main 1975, S. 61–70.

144 Huysmans: Gegen den Strich, S. 213–214.

Die Wahrnehmungsverzerrung beziehungsweise Neuformatierung des Sehens mündet in eine psychedelische Erfahrung, die auf das Genaueste als solche registriert wird. Die Verfremdung des Wahrgenommenen, die Aufhebung des Sichtbaren in eine andere Sichtbarkeit, worin die Abkehr von der Perspektive und die Hinwendung zu einer Farbmalerei angedeutet sind, antizipiert zentrale Aspekte der modernen Kunst, die nach 1900 Realität werden sollte. Die konstitutionelle Vorbelastung (Hysterie) des Helden mag ein Hinweis auf die denormalisierende Qualität der Perzepte sein, durch sie wird aber auch wie in einem Vergrößerungsglas ausgestellt, was in der konventionellen, auf Vergeistigung drängende Kunstrezeption unterschlagen wird. Der gesamte Roman demonstriert eine Feinsinnigkeit gegenüber den Phänomenen der Eindrücklichkeit und Empfindungsfähigkeit. Das Subjekt wird als eine außerordentlich reizbefähigte Instanz ausgewiesen, die diese Offenheit allerdings mit der Nicht-Beherrschbarkeit der Objekte und des Selbst erkauft.

> «O, die Zeit lag schon lange zurück, da des Esseintes sich der besten Gesundheit erfreute und mitten in der Hundstagshitze in einen Schlitten stieg, sich in Pelze hüllte, sie dicht über die Brust zog und sich bemühte zu frösteln und mit den Zähnen zu klappern, indem er dachte; ‹Der Wind ist ja eisig – ist das kalt, ist das kalt.› Und fast war es ihm gelungen, sich einzureden, es sei kalt! Seitdem er an wirklichen Leiden litt, halfen diese Mittel leider nicht mehr.»[145]

Die Entscheidung Huysmans' für die auktoriale Erzählerstimme liefert die Grundlage für eine doppelte Botschaft. Einerseits wird das Zusammenwirken von Körper, Seele, Dingumwelt und Klima als eine Form mystischer Erlebnissteigerung, innerweltlicher Ablösung vom Realitätszwang dargestellt. Die Pathologisierung im Sinne der reizschutzgeschwächten Verleidenschaftlichung trägt zwar die Züge einer Warnung, doch steht der Drohung des Verfalls die andere Seite der Erzählhaltung gegenüber: Die beeindruckende Fähigkeit zur differenzierten Perzeption und zum sprachlichen Ausdruck zeichnet eine Subjektivität, die kaum als krank und geschwächt zu charakterisieren ist. Vielmehr erscheint eine dionysische Subjektivität, die nicht nur den idealen modernen Künstler, sondern ebenso den aufgeschlossenen modernen Rezipienten reprä-

145 Ebd., S. 219–220.

sentiert. Hingabe an das Ästhetische und übersteigerte Beziehungsbereitschaft sind gekoppelt an eine hohe Bewusstheit für formale Ausarbeitungen und ihre Wirkungen. Der psychothermische Aspekt in Huysmans' Roman stellt nicht nur die historische Wiederaufnahme des Ritter'schen Kunstpostulats dar, er kann ebenso als Vorgriff auf einen erweiterten Kunstbegriff und einen Kunst-Stoff gelten, der erst im späten 20. Jahrhundert die Kunst beleben wird. Was 1884 als aristokratische Absonderlichkeit ausformuliert wurde, der Einschluss in eine heterotopische Künstlichkeitshülle, demonstriert einen Grundzug moderner Kunst: die Verwandlung des Gewöhnlichen in etwas Außergewöhnliches, worin die Dichte einer Erfahrung enthalten ist, die weit über die harmlose Kenntnisnahme intellektualisierter Konzepte hinausgeht. Wärme respektive Hitze sind damit auch Markierungen für eine Hypersensibilität, die sich mikrologischen Ausprägungen, Bewegungen und Sonderbarkeiten öffnet.[146]

> *Oder ich fürchtete mich, wenn im Herbst nach den ersten Nachtfrösten die Fliegen in die Stuben kamen und sich noch einmal in der Wärme erholten.*

Heizkörper (Michael Asher)

Mehr als hundert Jahre nach Huysmans' fiktiver Vision hat der amerikanische Konzeptkünstler Michael Asher im *Kunstmuseum Bern* eine Intervention vorgenommen, die den Ort der Kunst mit einer Gegen-Kunst versah. Die titellose Arbeit, die behelfsmäßig als *Kunsthalle Bern, 1992* geführt wird, findet hin und wieder Erwähnung im Zusammenhang mit Sam Lewitts Installation. Diese Zusammenstellung erscheint zwingend, denn Ashers Arbeit ist ähnlich konzeptgewichtig und operiert ebenfalls mit dem Wärmeformativ, wobei der Eingriff in das institutionelle Dispositiv weitaus aggressiver vorgenommen wurde.

Die temporäre In-situ-Installation bestand aus 17 Heizkörpern, die den Ausstellungssälen des Museums entnommen und in die Eingangshalle verbracht worden waren. Dort kombinierte der Künstler diese Radiatoren mit den bereits vorhande-

146 Das Risiko des Ausuferns vermeidend, verweise ich lediglich auf den kulturkritischen Topos der kalten Moderne. Das Verhältnis von kalten und warmen Tendenzen auszuwiegen, wäre eine andere, weit umfänglichere Forschung, die hier nicht angestrebt wird.

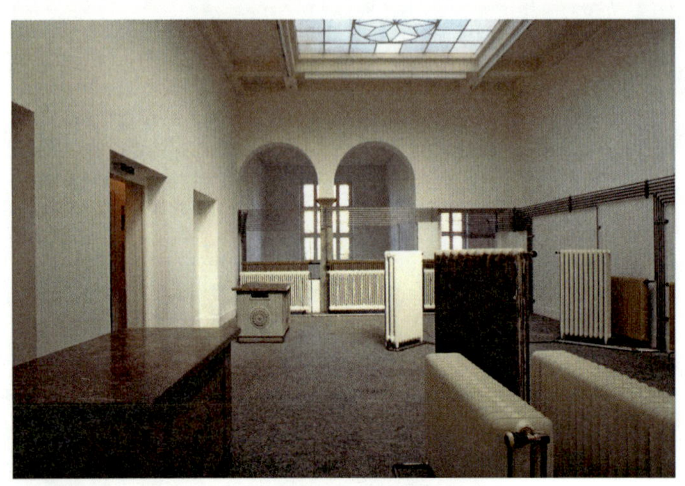

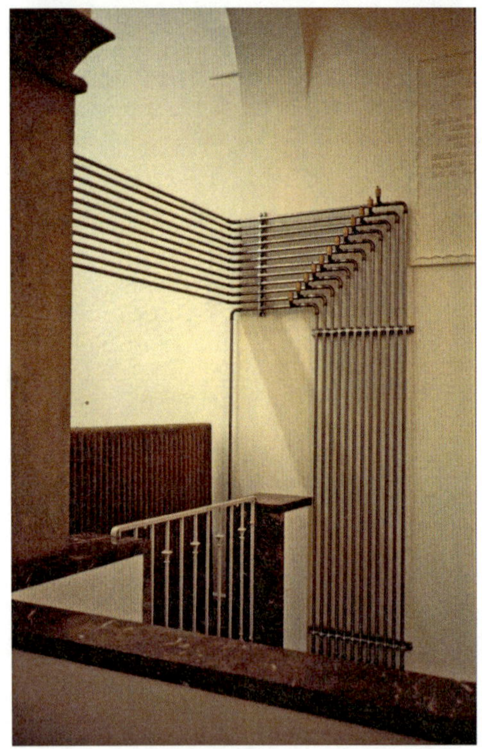

Abb. 25/26 Michael Asher: Kunsthalle Bern, 1992

nen zwei Heizkörpern, sarkophagähnliche Gebilde. Die translozierten Elemente wurden so platziert, dass die Lage und Ausrichtung der ursprünglichen Stellung entsprachen (Abb. 25). Die Heizeinheiten wurden mit dieser Neuaufstellung nicht zu funktionslosen Objekten degradiert; da sie mit den Anschlüssen an ihrem Ursprungsort verbunden wurden, konnten sie wieder beheizt werden. Diese installative Neufiguration war äußerst aufwendig, denn es mussten circa 850 Meter Rohre verlegt werden.[147] Diese zogen sich als starke Linien durch die Säle, das Treppenhaus und Verbindungsräume, wodurch eine dynamische Vernetzungsästhetik entstand (Abb. 26). Ashers Intervention kam also einer Vertreibung der Kunst und einer Entleerung des Hauses gleich. Ähnlich wie bei Lewitt handelte es sich darum, ein infrastrukturelles Element, das für das Funktionieren der Institution mitverantwortlich ist, aus der Marginalität oder Unsichtbarkeit zu befreien und es an die Stelle der Aufmerksamkeit zu bringen. Asher hat aufgrund des Platztausches und der formalen Ausgestaltung die widersinnig erscheinende Feststellung gemacht: «If it's read as sculpture, that's great, but the undercurrent is that it's not a sculpture, and that's the beautiful part of that particular work.»[148]

Dieses Ist/Ist-Nicht wird zu einem Leitmotiv der Kunstkritik, die sich begeistert über die Reflektiertheit dieser Installation zeigte. Man erkannte die Referenz auf das Ready-Made, das aber gleichzeitig in Frage gestellt würde:

> «Michael Asher überwindet mit dieser subtilen Verschiebung das Ready-Made: Obwohl der Gegenstand der materiellen Produktion dem Kunstraum selber entnommen und nicht von aussen implantiert ist, bricht die mythische Distanz zwischen der Alltagswelt und einer angeblich nicht entfremdeten Kunstwelt ein.»[149]

Aufgrund der formalen Strenge und Reduziertheit wird die Arbeit im Kontext des Minimalismus verortet, doch würde auch diese Nachbarschaft gestört:

> «Indem sie [die Heizkörper] nach wie vor in Betrieb sind und dies mit ihrer Wärmeproduktion auch deutlich ma-

147 Siehe Anne Rorimer: Michael Asher. Kunsthalle Bern, 1992, London 2012, S. 107.

148 Michael Asher: From Paradise. Interview (2004), in: http://kunstraum.leuphana.de/projekte/Conceptual_Paradise/p/r/i/Print_version_interview_Michael_Asher.html (2010).

149 Hans Rudolf Reust: Differenzen über den Ort des Werks, in: Parkett, 35 (1993), S. 149–152, hier: S. 151.

chen, sozusagen einen Überschuss an Bedeutung absondern, stellen sie die verzerrte, groteske Ausführung der minimalistischen Skulptur dar.»[150]

Eine weitere Interpretin erkennt sogar ein «endloses Spiel von Referenzen», die allerdings nicht benannt werden.[151] Und schlussendlich wird das «monumental aesthetic achievement» als Abkehr von der Skulptur gewertet: «It evidences [...] an apparent rejection of the traditional material nature of sculpture».[152]

Worin fast alle Interpreten übereinstimmen, ist die institutionskritische Anlage von *Kunsthalle Bern, 1992*. Indem Asher einen Teil der infrastrukurellen Gegebenheiten nach außen stülpt, würde eine grundlegende Befragung der architektonischen Rahmenbedingungen und der Wahrnehmung dessen stattfinden, was überhaupt als Kunst Gültigkeit beansprucht, würden «innerhalb der Ausstellung die herrschenden Konventionen über das öffentliche Kunstwerk zur Disposition gestellt»[153], würde die postulierte Autonomie der Kunstwerke als abhängig von der Museumsmaschine ausgewiesen.[154]

Was in diesen Diskursen erscheint, ist ein Kunstwerk, das eine anbrandende soziologische und kunsthistorische Wissenswelle darstellt. Die Analysen ähneln den Theorien der frühen russischen Formalisten, wonach das Kunstwerk dadurch seine ästhetische Wirksamkeit entfalte, dass es mittels Konventionsverstoß etablierte Strukturen sichtbar werden lässt und diese als überkommenn enthüllt.

Diese Sichtweise soll nicht prinzipiell in Frage gestellt werden, denn dass Kunst auf Kunst reagiert und dies auch im Kunstwerk spürbar gemacht wird, gehört zur professionalisierten Produktion. Im Fall von Asher müsste sich allerdings auch der Eindruck aufdrängen, dass ein erheblicher Aufwand betrieben wird, der auf der Aussageebene zu vergleichsweise schlichten Feststellungen führt, die dem Repertoire etablier-

150 Dieter Schwarz: Verschiebung, in: Ulrich Loock (Hg.): Michael Asher, 16 October – 29 November 1992, Ausstellungskatalog, Bern 1992, S. 25–32, hier: S. 31. Allerdings sagt der Text nicht, worin der «Überschuss an Bedeutung» besteht.

151 Birgit Pelzer: Entropie, in: Ulrich Loock (Hg.): Michael Asher, 16 October – 29 November 1992, Ausstellungskatalog, Bern 1992, S. 11–23, hier: S. 13. Erwähnt werden aber lediglich Konstruktivismus und Minimal Art.

152 Rorimer: Asher, S. 2.

153 Hans Rudolf Reust: Die Wohltemperiertheit des Kunstwerks, in: Kunstforum International, 125 (1994), S. 72.

154 Ulrich Loock: Michael Asher in Bern, in: ders. (Hg.): Michael Asher, 16 October – 29 November 1992, Ausstellungskatalog, Bern 1992, S. 7–9, hier: S. 9.

ter Gewissheiten über moderner Kunst entnommen sind. Die monumentale Formgebung wäre demnach kaum mehr als ein dinggewordenes Statement, das prinzipiell übersetzbar ist und nicht von «zugehängter Bedeutung»[155] beeinträchtigt wird.

Dieser Zugriff betrifft auch das thermische Moment der Installation. Es fällt auf, dass alle Texte des Ausstellungskatalogs kein Wort für die temperaturhafte Anmutung der Arbeit finden; die Energiezirkulation wird in einem interpretatorischen Coup mit der «monetären Marktwirtschaft» und ihren zuwiderlaufenden Tendenzen aus Wertschöpfung und -vernichtung metaphorisch kurzgeschlossen.[156] Eine andere Deutung findet «das Thema der Entropie aufgegriffen [...], verbunden mit dem Vorschlag, daß ein umsichtiger Umgang mit Energie für das Überleben dieser Erde ausschlaggebend ist.»[157] Diese Übersetzungen folgen dem gleichen Prinzip, das auch in der Installation von Lewitt ausgiebig zur Anwendung kam. Wird einmal der thermische Situation *erfühlt*, so wird lediglich festgestellt, dass die Neuverteilung der Heizkörper zu unterschiedlichen Temperaturverhältnissen im Gebäude geführt habe, prinzipiell aber keine ästhetische Neuorientierung damit einhergehe: «Sie tun, was sie immer schon taten. Sie liefern die erforderliche Wärme für einen Kunstgenuss, der durch kein Frösteln irritiert wird.»[158] Ashers Satz, wonach die Arbeit gleichzeitig eine Skulptur und keine Skulptur sei, könnte sich mit diesen Feststellungen bewahrheiten. Kunstwerke mögen die Hirne erwärmen, sie sind aber nicht dazu da, in den kälteren Jahreszeiten die Räume zu klimatisieren.

Nun macht Asher im Hinblick auf seine Kunstkonzeption eine erstaunliche Feststellung, die das Verhältnis von Geist und Körper in Bezug zu seiner Arbeit positioniert:

> «Conceptual Art sort of entertains the mind whereas the rest of art entertains the body. Well, this tries to put those two together and suggests that the warmth and the heat is one way of understanding the reception of the work in space, yet the mind understands the way it's put together, and why it's put together this way, and particularly, hopefully, the viewer understands that ... once again, the tendency of architecture in the museum to streamline its

155 Adorno: Ästhetische Theorie, S. 122.

156 Pelzer: Entropie, S. 22–23.

157 Renate Puvogel: Michael Asher, in: Artis. Zeitschrift für neue Kunst, 48 (1996), S. 32–37, hier S. 37.

158 Reust: Differenzen, S. 151.

room and make the outlets for heating and air conditioning less and less and less noticeable [...]».[159]

Es überrascht, dass Asher die Konzeptkunst als die einzige Kunst qualifiziert, die nicht den Körper adressiert. Man mag nicht glauben, dass er übersieht, wie Künstlertheorien und Kunstwissenschaft seit jeher die Geistigkeit der Kunst begründet sowie die Mythizität, Kommunikabilität und Sprachähnlichkeit behauptet haben. Die Verwendung von Wärme und Hitze soll nun eine strategische Maßnahme darstellen, um auf den umgekehrten Sachverhalt zu verweisen, dass nämlich (konventionelle) Kunst körperorientiert sei.

Verständlich wird diese Verkehrung der Sichtweise, wenn man die modernen Kunstinstitutionen als Orte versteht, an denen Kunst aus dem Lebenszusammenhang, rituellen Verwendungen oder architektonischen Kontexten gerissen wird. Man kann ein barockes Stillleben, in dem eine religiöse Weltsicht repräsentiert wird, vollständig unabhängig davon ästhetisch genießen, kann ohne ein Wissen von den esoterischen Weltanschauungen die kompositorische Expressivität eines abstrakten Gemäldes von Kandinsky würdigen. Der moderne Rezipient wird demnach mehr auf sein Sensorium als seine Denkfähigkeit verwiesen. Asher scheint mit dem Concept-Dispositiv wieder etwas Verlorenes zurückgewinnen zu wollen. Wie am Beispiel von Lewitts Installation exemplarisch dargelegt, gibt es eine «Kluft zwischen den sinnlichen Präsenzen und ihren Bedeutungen».[160] Die Ortsspezifik von *Kunsthalle Bern, 1992* kann als Versuch angesehen werden, die Autonomie des Werks und die damit verbundene strukturelle Inkommensurabilität, also die Nicht-Beziehbarkeit auf Wirklichkeitsverhältnisse, aufzuheben.

Allerdings entkommen Asher und seine ihm folgenden Interpreten nicht dem grundlegenden Dilemma: Je mehr der Besucher die kritischen Intentionen nachvollzieht, umso weniger wird verständlich, was damit gemeint ist, wenn die Hitze als ein Manöver ausgewiesen wird, aus dem heraus «die Rezeption des Werkes im Raum verstanden werden kann». Die Formelemente, die Arrangements, die Farbigkeit, die Ausdehnung und schlussendlich das thermische Element verfügen entweder über einen ästhetischen Eigensinn oder die genannten Aspekte müssten wie in einer Morphemanalyse als

159 Asher: From Paradise.
160 Jacques Rancière: Politik der Bilder, Berlin 2005, S. 44.

bedeutungstragend im Sinne des Konzepts analysierbar sein. Letztere Analyse wird kaum gelingen und wurde weder vom Künstler noch von den Deutern auch nur ansatzweise in Angriff genommen.

Alles in allem scheinen das kunstpoetische Konzept sowie die Rezeption der Arbeit in jeder Hinsicht dem Ästhetizismus-Paradigma zu widersprechen, wie es von Huysmans in seinem Roman entfaltet wird. Es dominiert der Über-Sinn, der jedes Präsenzempfinden taub werden lässt. Da die Installation nicht mehr existiert, ist eine ästhetische Prüfung aus heutiger Sicht nicht möglich. Allerdings existieren historische Quellen, die Hinweise auf eine andere Rezeption geben und die ästhetizistische Qualität aufscheinen lässt. Die Asher-Fachkennerin Anne Rorimer macht eine dezente Anmerkung, die zwar nicht sehr anschauungstief ist, gleichwohl das Bedeutungssystem ins Wanken zu bringen droht:

> «At the same time, divergences in temperature (whether warmer than usual in the room containing the radiators or slightly chillier in the galleries on the second floor) heightened viewers' powers of apperception on a somatic as well as visual level. With ironic references to the museum refrain of ‹do not touch›, Asher allowed visitors to be ‹touched› – without sentiment – as sentient beings that depend on mental processing to fully ›take hold‹ of a work. In short, *Kunsthalle Bern, 1992* skillfully exempted itself from ingrained notions about visceral or emotive ›feelings‹ in art by defining ›feeling‹ in purely somatosensory terms.»[161]

Die Aussage ist symptomatisch für das Kunstfeld der Concept Art: Rorimer ist bereit anzuerkennen, dass es neben dem Geist auch den Körper mit seiner Befähigung zur Reizaufnahme gibt. Allerdings darf die Kenntnisnahme des Sensorischen in keinem Fall als expressive Artikulation auf Seiten des Kunstwerks gedeutet werden, zu sehr käme der konzeptuell-gedankliche Aspekt in Gefahr. Die scharfe Trennung von körperlicher Berührung und affektiver Berührtheit mutet dabei geradezu zwanghaft an, so als müsse das Kunstwerk rein gehalten werden. Erwartet wird vom Betrachter, dass er sich im Moment der Begegnung im Griff hat und gerade nicht der ästhetischen Ergriffenheit nachgibt.

161 Rorimer: Asher, S. 16.

Dass genau dies aber geschehen ist, vermitteln Stimmen, die umso ernster genommen werden sollen, weil diese in ihrer bekundeten Spontaneität Ausdruck einer Kraft sind, die aus dem formalen Aufbau und dem zugrunde liegenden Umbau des Ausstellungsdispositivs entspringt.

Der Medienkünstler Mark Lewis, für den der Einfluss Ashers auf die eigene Arbeit wichtig ist, beginnt einen Artikel mit dem Hinweis auf die «technokratische Institutionskritik», die die sonderbare Seltsamkeit und Schönheit («sheer oddness and beauty») der Installation übersieht. Demgegenüber betont er die materielle Unmittelbarkeit der Arbeit – «giving visitors an unusual and startling aesthetic experience»:

> «When you entered the Kunsthalle, you were immediately presented with a magical sculptural form comprised of all the museum's radiators with their different colours and sizes, and complete with multiple rows of piping trailing off to the underground boiler, but you were also hit by an immense physical heat, and this in stark contrast to the cold and empty galleries that awaited you, now without either plumbing or art.»[162]

Auch wenn Lewis seinen Eindruck nicht eingehend schildert, so macht er deutlich, dass mit der thermosphärischen Ausdifferenzierung eine psychische Korrespondenz erzeugt wurde, durch die Empfindungen der Dichte und Leere, des Eingehülltseins und der Betroffenheit mit denen der Verlassenheit und Melancholie wechselten. Lewis nennt *Kunsthalle Bern, 1992* «a magical sculptural Form»[163], was aus Sicht der Konzeptionisten wohl als ungebührliche Affektivität und Passivität des Denkens erscheinen muss. Ganz ähnlich erfuhr auch der Kritiker der *Basler Zeitung* die Installation, denn «die von ihr ausgehende, geballte Wärmestrahlung erweckte unter den gegebenen klimatischen Umständen [der Kältevorwarnung des kommenden Winters] den Eindruck, diese Arbeit handle tatsächlich von Raumheizung und Wärme.»[164] Dass der Künstler ganz andere Intentionen verfolgte, gibt der Artikel sachgerecht wieder, doch wird ebenso die ästhetische Freisetzung unkontrollierter Sensationen angemerkt:

162 Mark Lewis: Michael Asher (2012), in: https://www.afterall.org/online/michael-asher.2#.W2WraC3aH_8.

163 Ebd.

164 Max Wechsler: Die Kunst im Wärmekreislauf, in: Basler Zeitung, Nr. 256, 31. Oktober 1992, S. 47.

> «Hier wird ganz real ein sonst eher im Bereich der noch unverbindlichen Annäherung angesiedelter Raum aufgeheizt, der vielleicht wie ein Treibhaus funktioniert, in dem Ideen und Vorstellungen über den Ort und die Funktion der Kunst ins Kraut schiessen können.»[165]

Der Kunstkritiker der *Neuen Zürcher Zeitung* bemängelt gar, dass der Ausstellungszeitpunkt im Oktober und November schlecht gewählt war; «um die Installation noch effektvoller zur Geltung zu bringen, [hätte] die Darbietung eigentlich in die Wintermonate verlegt werden sollen, denn dann wären die Temperaturunterschiede zwischen dem überhitzten Foyer und den unterkühlten Ausstellungssälen nicht nur symbolisch wirksam geworden.»[166] Bestätigung dieser Rezeption findet sich in der Ausstellungsbesprechung der *New York Times*; die Kritikerin erkannte in dem Werk sogar das Gegenteil einer gedankenscharfen Strategie:

> «Other Asher pieces are fabulous tall tales, like the radiator extravaganza of 1992 at the Kunsthalle in Bern, Switzerland. Not only did he relocate all of the three-story building's radiators to the lobby, he also hooked them up again with pipe snaking back to their original risers. The irrational, gargantuan physical effort, the exacting Swiss plumbers, the warmth emanating from quantities of pipe stretching through the galleries all delighted the mind.»[167]

Geist erheiternde irrationale Kunst – damit ist das Werk im Forum des Ästhetizismus angekommen. Weder durchrationalisiert zur sinnreichen noch verarmt zur somatischen Kunstform begibt sich der moderne Kunstkonsument mit verfeinerter Sinnenausstattung in die Ausstellung. Mit den Theoretikern der strengen Kunstauffassung könnte die theoretische Forderung erhoben werden, dass in der Begegnung mit dem Werk eine Vernunft zu walten habe, die sich in jedem Moment der Systemimplikationen bewusst ist und diese als Bezugsrahmen für die Beurteilung zu berücksichtigen habe. Derartige diskursive Hegemonisierungsansprüche widersprechen allerdings der ästhetischen Logik, die vom Kunstwerk selbst an-

165 Ebd.

166 Romeo Giger: Künstlerischer Fundamentalismus, in: Neue Zürcher Zeitung, 12. November 1992.

167 Roberta Smith: How Art Is Framed: Exhibition Floor Plans as a Conceptual Medium (2008), in: https://www.nytimes.com/2008/03/08/arts/design/08ashe.html.

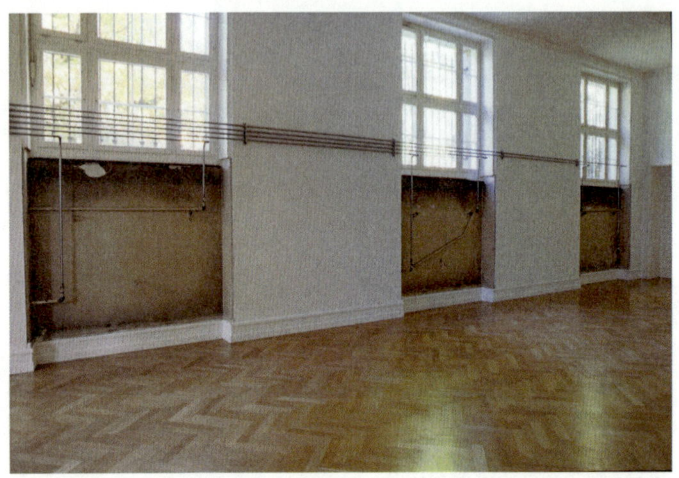

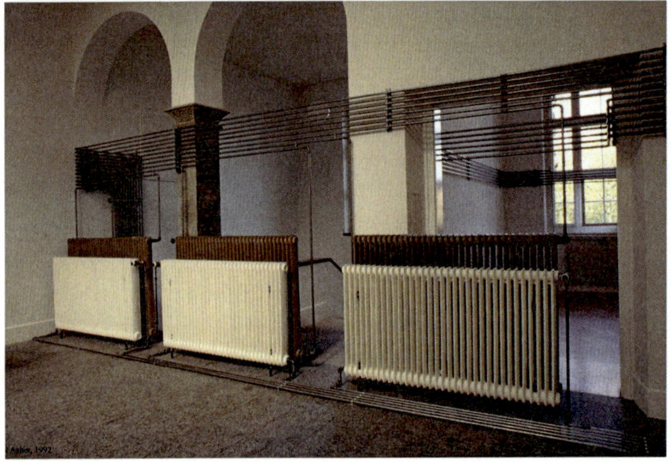

Abb. 27/28 Michael Asher: Kunsthalle Bern, 1992

schaulich demonstriert wird. Indem nämlich Asher die Heizungsanlage aus der Wand reißt und sie aufsehenderregend neu inszeniert, kann sie als eigenständige Form wahrgenommen werden – und sogar als surrealistische Apparatur, die auf widersinnige Weise an einer Stelle Überhitzung, an anderer Stelle Unterkühlung produziert. Es ist die deutlich markierte Entzweckung, durch die dem Betrachter und Empfindungsbereiten die Möglichkeit gegeben wird, seine Einstellung zu ändern. Analog zu Kants «Begehrungsvermögen», aus dem heraus der ästhetisierende Blick die Schönheit der Natur entstehen lässt, kann der moderne Künstler und Rezipient die Alltagsdinge durch Dekontextualisierung artifizieren. Eine aufwendige Entzweckung zu bewirken, um dem Museumsbesucher damit lediglich zu bedeuten, dass es einmal einen Zweck gab, ist doch recht wenig – sowohl an Erkenntnis als an Erfahrung. Dass Asher ein ausgreifendes Milieu erzeugt hat, dem man eben nicht nur betrachtend gegenübersteht, sondern dass man durchwandert, worin man den Linienführungen der Heizrohre folgt, wo sich Rohre und Radiatoren zu ungewöhnlichen skulpturalen Kombinationen verbinden und wieder auflösen, wo die Wärmezudrängungen als körperlose Ausdehnungen der Objekte erfahren werden, trägt dazu bei, dass der Besucher aus der fixierten Rezeptionsform befreit wird. Rudolf Schmitz von der *Frankfurter Allgemeinen Zeitung* zitiert Samuel Becketts «Wehe dem, der Symbole sieht» und befindet, dass die Kunst Ashers einer «meditativen Atemübung gleicht, die wieder Raum, Zeit und Standort finden läßt.»[168] Die Entleerung des Museums erzeugt dabei die Bedingung, auch die thermische Situation verändert und mit einer anderen Konzentration wahrzunehmen. Es ist eben nicht so, wie einige Interpreten feststellten, dass die museale Temperierung aufrechterhalten wurde. Die Versammlung der Heizkörper im Entrée einschließlich des damit verbundenen Hitzestaus mag für einige Besucher den ästhetischen Eindruck der energetischen Aufladung und der Beengung, für andere den der Beschütztheit und räumlicher Umfasstheit vermittelt haben. Die sich verlaufenden Rohre hingegen, die zu kälteren Zonen und zu den Leerstellen führten, wo einst die Radiatoren an den Wänden montiert waren, rufen nicht nur die Vorstellung des Kreislaufs auf, sondern Imaginationen des Labyrinthischen und der Verlorenheit (Abb. 27). Die Abkühlung entspräche dieser Impres-

168 Rudolf Schmitz: Wehe dem Symbolseher, in: Frankfurter Allgemeine Zeitung, 10.11.1992, S. 37.

sion, die als deutlicher Gegensatz zum geballten Wärmezentrum erscheint (Abb. 28).

Ähnlich wie der Adelige Jean Floressas des Esseintes, der durch sein «romantisches Lager»[169] zieht, befindet sich der Besucher in einer künstlichen Situation, wo ganz andere Affektionsweisen stattfinden können, wo die poetischen Befähigungen zur Umdeutung des Gewöhnlichen adressiert werden. Mag auch das Konzept von einer aufklärerischen Vernunft getragen sein, die materielle Konstruktion zeugt in ihrer Zweckfremdheit ebenso von einer Unvernunft. Innerhalb des Gesamtensembles von *Kunsthalle Bern, 1992* übernimmt der thermische Aspekt die *poetische Funktion*: Entkleidet von der konservatorischen Temperierungsfunktion verweist er auf die umständliche und überraschende Gemachtheit des Ganzen. Es ist die Ironie des institutionskritischen Ansatzes, dass aus ihm ein Kunstwerk entstanden ist, das gerade die Institution Museum als Ort für spezifische ästhetische Erfahrungen bestätigt. Hier werden Beobachtungen, Arten des Sich-Bewegens, unkalkulierbare Eindrücke und Gedanken, Berührungen und Distanzerlebnisse als nicht strategisierbare und nicht hierarchisierbare Einzelmomente und Erregungen erfahrbar.

Der Gegensatz von Logos und Pathos führt schlussendlich auch zu einer zweifachen Antwort auf die Frage, ob die Arbeit eine Skulptur ist oder nicht. Ein Systemdenker kann die Installation ins Genre der Skulptur einsortieren, denn sie wird als dreidimensionaler Festkörper wahrgenommen, dem man deutend oder sogar begriffsbildend gegenübersteht. Im ästhetizistischen Ansatz findet ein Perspektivwechsel auf das energetische Moment statt. Huysmans' Roman zeigt, dass der Protagonist in einem Ofen lebt. Hier findet ein unaufhörliches Anstoßen, Brennen und Verfließen statt. Weniger dramatisch aber grundsätzlich kaum anders spielt sich das Geschehen in *Kunsthalle Bern, 1992* ab: Das heiße Wasser fließt durch die Rohre und lässt ein leises Rauschen vernehmen, die Luft in der Kunsthalle fluktuiert zwischen den kälteren und wärmeren Zonen wie auch der Besucher durch den Raum fluktuiert. Am Ort der *Verstimmung* verliert die Grenze zwischen Subjekt und Objekt an Bedeutung. Der Besucher sieht nie das Ganze, kennt nicht den einen Punkt der Betrachtung, er verbindet eher aleato-

169 Jacques Rancière: Die ästhetische Revolution und ihre Folgen. Erzählungen von Autonomie und Heteronomie, in: Ilka Brombach, Dirk Setton, Cornelia Temesvári (Hg.): ‹Ästhetisierung›. Der Streit um das Ästhetische in Politik, Religion und Erkenntnis, Zürich 2010, S. 23–40, hier: S. 33.

rische Einzelwahrnehmungen miteinander. Wo der Geist ein Objekt erkennt, dort bewegt sich der Körper durch einen thermodynamischen Raum mit sich zusammenziehenden oder weitenden Rändern.[170] Milieu, Ambiente, Interieur sind aufeinander verweisende Bezeichnungen, mit denen Ashers Arbeit zu charakterisieren ist. Statt der Ideen sind es nun die Atmosphären, die Aufmerksamkeit fordern.

> *... jedesmal, so oft die Familie eintrat, brannten die Kerzen in den schweren Armleuchtern, und man vergaß in einigen Minuten die Tageszeit und alles, was man draußen gesehen hatte.*

Die Farbe der Hitze (Yves Klein)

Die ästhetizistische Verfügung über Wärme und Hitze wurde wahrscheinlich von Yves Klein erstmals in der Installationskunst zur Geltung gebracht – allerdings auf eine gebrochene Weise. Das erwärmte Blau und das strahlende Orange, von denen im Roman Husysmans' noch die Rede ist[171], hat der Künstler der Monochromatik 1961 real werden lassen. Während der ersten Retrospektive *Yves Klein: Monochrome und Feuer* im Krefelder *Haus Lange* konnten Besucher eine circa drei Meter hohe Feuersäule und eine Feuerwand, bestehend aus 50 Brennern, im Garten des Kunstmuseums erleben. Bereits 1957 hatte Klein anlässlich der Vernissage zur Einzelausstellung in der Galerie Iris Clert (Paris) bengalische Feuer entzündet und mit diesen auch Brandspuren an blauen Gemälden verursacht. War dieses Event noch vorrangig vom visuell-performativen Eindruck dominiert, muss die Wärmeerfahrung im Januar und Februar vor den dauerbrennenden Arbeiten in Krefeld weitaus eindrücklicher gewesen sein. In einer Filmdokumentation ist Rotraut Uecker, die zukünftige Ehefrau von Klein, zu sehen, wie sie vorsichtig die beiden Flammenwerke in Augenschein

170 Das Bild der fluktuierenden Ränder im Kontext einer erkenntnistheoretischen Reflexion findet sich bei Michel Serres: Festes, Flüssiges, Flammen, in: ders.: Hermes V. Die Nordwest-Passage, Berlin 1994, S. 49–84.

171 «Als alles fertig aufgestellt war, beruhigte sich das alles am Abend: es wurde milder, setzte sich gleichsam: das Holzwerk verhielt sein vom Orange unterstrichenes und gleichsam erwärmtes Blau; das Orange wiederum strahlte unversehrt, wie entfacht vom nahen Hauch der Blaus.» Huysmans: Gegen den Strich, S. 24.

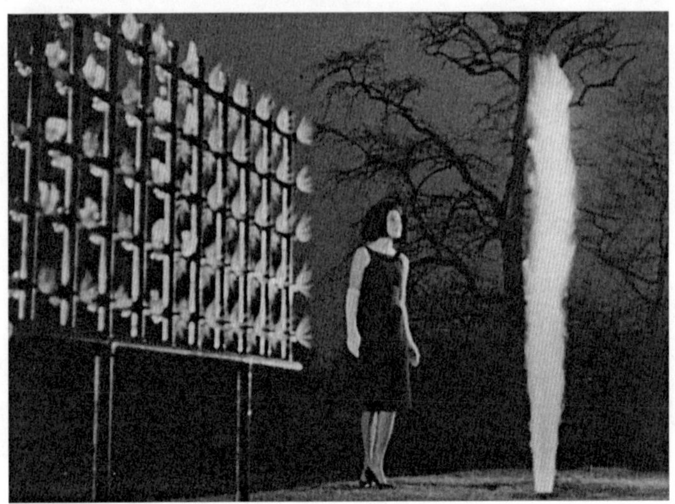

Abb. 29 Yves Klein: Feuerwand und Feuersäule, 1961

nimmt (Abb. 29).[172] Trotz der winterlichen Kälte nähert sich die Kunstberachterin den Arbeiten in einem ärmellosen Kleid, was auch als ein Zeichen für die Bereitschaft gesehen werden kann, die Flammenwerke mit der Haut zu rezipieren.[173]

Monochromatik, Feuer und Sensibilität stellen im Falle der Kunst Kleins eine Einheit dar. Formalästhetisch stehen die Flammen und die einfarbigen Gemälde in direkter Nachbarschaft zueinander, denn in den verschiedenen Hitzezonen des Feuers erstrahlen die favorisierten Malfarben Blau, Weiß, Rosa und Gold. Mit dem Transfer der Monochromatik ins thermische Milieu tritt auf offensichtliche Weise die Fühlbarkeit in Verbindung mit der Visualität. Aber schon die Orientierung auf die Materialität der Farbe enthielt das Potenzial für eine Wahrnehmung, die das Sehen überstieg. Im *Chelsea Hotel Manifesto*, verfasst nach der Krefelder Ausstellung, schreibt Klein: «Painting no longer appeared to me to be functionally related to the gaze [...]».[174]

Was Klein in den späten 1950er-Jahren künstlerisch ausgearbeitet hatte, wurde 1960 von Pierre Restany theoretisch begründet und in einem Manifest zum *Neuen Realismus* publiziert, dem sich eine Reihe von Künstlern, darunter auch Klein, verpflichtet sahen. Restany postuliert in dem Text die Befreiung von konventionellen Kunstmittel sowie die Verabschiedung einer Kunst der Begriffe und der Imaginationsanreizung. An die Stelle der gewohnten übersinnlichen Qualitäten sollte die «Erweiterung des Empfindungsvermögens», ein «neuer Realismus der reinen Sensibilität» treten.[175] Realismus bedeutet nichts anderes als die unmittelbare Kontaktnahme mit den zur Kunst aufgewerteten Gegenständen und Materialien aus der Wirklichkeit. Mit dieser Verkörperlichungsstrategie soll das Kunstwerk nicht mehr als Bild aufgefasst werden, vielmehr als vitaler Mitspieler in einer neuen Sphäre der Erfahrung. Unverkennbar liegt eine Nähe zur fiktiven Welt Huysmans' vor, weswegen Restany auch das Schlagwort vom *Neuen Ästhetizismus* hätte prägen können.

172 Die filmische Dokumentation unter: http://www.yvesklein.com/fr/films/view/79/monochrome-und-feuer/?of=12.

173 Auf einem anderen Foto von der Ausstellungseröffnung trägt Rotraut Uecker jahreszeitgemäß einen Mantel.

174 Yves Klein: The Chelsea Hotel Manifesto (1961), in: http://www.yvesklein.de/manifesto.html.

175 Pierre Restany: Die neuen Realisten (1960), in: Charles Harrison, Paul Wood (Hg.): Kunsttheorie im 20. Jahrhundert, Band II, Ostfildern-Ruit 1998, S. 871–872, hier: S. 872.

Die in Rede stehende Tatsache lässt sich sachlicher mit einem Konzept aus der Semiotik fassen. Das Gefüge aus Hitze und Werk gehört nach der Zeichentheorie Charles Sanders Peirce' in das indexikalische Register. Die abstrahlende Hitze fungiert als ein physisches hinweisendes Zeichen, das die Aufmerksamkeit auf das farbige, tanzende Feuer lenkt. Mit dieser funktionsanalytischen Kennzeichnung tritt der entscheidende Zug der neuen Kunst hervor: Die direkte Beziehbarkeit auf das Kunstwerk unter Vermeidung von metaphorischen (ikonischen) oder metaphysischen Anmutungen gehört zum Kernmerkmal des *Neuen Realismus*. Intendiert war ein Ikonoklasmus, der Zugang zu einer synästhetischen Empfindsamkeit ermöglichen sollte. Es entspricht dieser kunstpoetischen Ausrichtung, dass Klein im *Chelsea Hotel Manifesto* 13 Mal das Wort *sensibility* verwendet. Diesem stellt er als weiteren wichtigen Begriff das Wort *void* zur Seite. Damit ist nicht das Nichts gemeint, sondern ein Zustand ohne Illustration, Gedanklichkeit oder Weltanschauung. In der Leere, so die Idee, könne sich eine neue und einzigartige «zone of pictorial immaterial sensibility»[176] entwickeln. Monochromatik und Feuer sind nur zwei Mittel, diese Zone zu gestalten. Dahinter steht ein utopisches Verlangen, das weit über den Bilderrahmen oder die Umrisslinie einer Skulptur hinausgeht. Klein schreibt:

> «This project was directed toward the habitable surface of the Earth by the climatization of the great geographical expanses through an absolute control over the thermal and atmospheric situation in their relation to our morphological and psychical conditions. [...] In sum, my goal is twofold: first of all, to register the trace of human sentimentality in present-day civilization; and then, to register the trace of fire, which has engendered this very same civilization – that of the fire itself. And all of this because the void has always been my constant preoccupation; and I believe that fires burn in the heart of the void as well as in the heart of man.»[177]

Beeinflusst von esoterischen, romantischen oder Zen-Einflüssen artikuliert sich hier ein zeitgemäßer Wunsch nach Neubeginn durch fühlende Teilnahme, intensive Erlebnisfähigkeit und sogar umfassende Weltgestaltung, der im heißen und kalten Krieg verloren gegangen war.

176 Klein: Manifesto.
177 Ebd.

Die Feuerfontäne nimmt kunstpoetisch die Arbeiten von Michael Asher und Sam Lewitt vorweg, doch ist der motivierende historische Kontext ein vollständig anderer. Die teilweise traumatischen Erfahrungen der Künstlergeneration, zu der Klein gehörte, waren verantwortlich für eine neo-avantgardistische Kunstauffassung, die durch ein unbescheidenes Weltverbesserungsanliegen charakterisiert war. Dieser selbstauferlegte Druck bewirkte im Fall von Yves Klein eine ideologische Inkonsequenz. Zwar verfolgte er das Konzept des *Neuen Realismus*, jedoch mit der widersprüchlichen Wirkung, dass er die von ihm selbst postulierte Leere mit assoziativer Inhaltsdichte füllte. Diese Reaktionsform macht sich gleich zu Beginn des *Chelsea Hotel Manifests* bemerkbar, wo eine mystische Zielvorstellung formuliert wird: «my goal from the beginning was to reunite with the legend of Paradise Lost».[178] Die biblische Anspielung beinhaltet mehr als eine gebildete Referenz auf das epische Gedicht von John Milton aus dem 17. Jahrhundert, das zentral von Krieg und menschlicher Sündhaftigkeit handelt. Der Hinweis auf den Text ist nicht anders denn als Deckphänomen zu deuten, hinter dem sich die Auseinandersetzung mit dem atomaren und Luftkrieg verbirgt. Am Ende des Gedichts – der Sündenfall und die Vertreibung von Adam und Eva aus dem Paradies sind geschehen – beschreibt Milton, wie der Garten Eden von Gott niedergebrannt wird, was sich nachträglich als Vorhersehung des Abwurfs der Atombombe lesen lässt.

> «High in front advanced,
> the brandished sword of God before them blazed,
> Fierce as a comet; which with torrid heat,
> And vapour as the Libyan air adust,
> Began to parch that temperate clime; [...]
> they, looking back, all the eastern side beheld
> Of Paradise, so late their happy seat,
> waved over by that flaming brand»[179]

Die Leere und das Unbestimmbare («the indefinable»[180]), die Klein zufolge die Voraussetzung für eine spirituelle Ausdehnung sind, finden ihre Begründung nicht vorrangig im biblischen Mythos, es ist die erhabene Beschaffenheit der atoma-

178 Ebd.

179 John Milton: Paradise Lost, hg. v. David Scott Kastan, Indianapolis/Cambridge 2005, S. 405–406.

180 Klein: Manifesto.

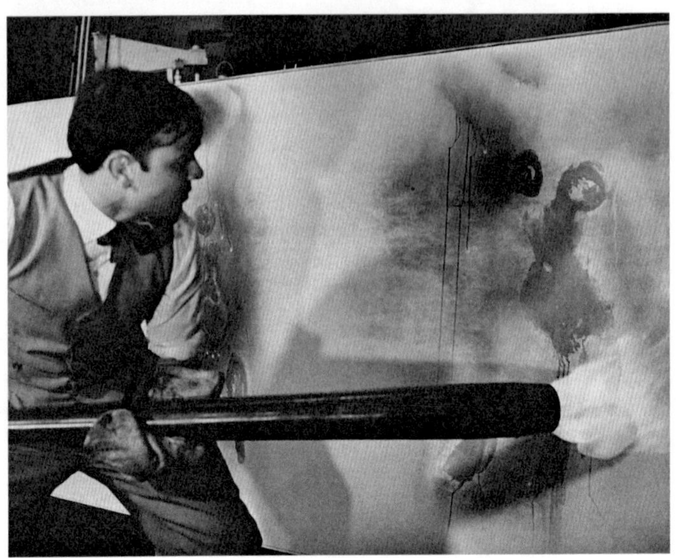

Abb. 30 Yves Klein: Peinture de feu, 1961

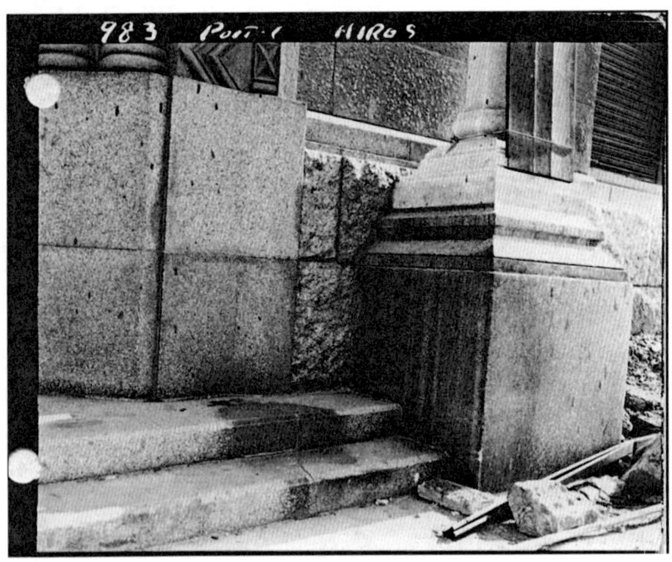

Abb. 31 Atomater Schatten, Hiroshima, nach 1945

ren Bedrohung, die zur problembeladenen sinnhaften Beschäftigung nötigt. Der Brand, der vom Himmel fiel und die ultimative Entleerung bewirkte, muss künstlerisch verarbeitet werden.[181] Zum Tragen kommt dieses Abarbeiten auch in der neuen Art der Malerei mit Feuer, die Klein wirksam zur Darstellung brachte. An ihr wird erkennbar, dass Feuer nicht ausschließlich als präsentische Expression brennenden Gases zu verstehen ist, im Gegenteil, sie ist überdeterminiert mit gegenläufigen Vorstellungen der Gefahr, der Leidenschaft, der Auslöschung, des Erschaffens und der Erlösung.

In einer filmischen Dokumentation ist überliefert, wie Klein ein «anthropometrisches» Feuerbild erstellte.[182] Nackte Modelle wurden mit Wasser besprüht, die anschließend ihre Körper auf die Malfläche pressten; zudem wurden mit Sprühwasser die Körperkonturen nachgezeichnet. In einem zweiten Schritt bearbeitete Klein mit einem Feuerwerfer das Material, wodurch die nassen und trockenen Stellen unterschiedlich versengt wurden. Die sinnlichen Körper der Models verwandelten sich durch diesen Bildprozess in abstrahierte Schattenbilder (Abb. 30). Unweigerlich wird man nicht nur an die Schatten der Toten in der antiken Vorstellungswelt des Hades erinnert, sondern ebenso an die menschlichen Reste des atomaren Sonnenfeuers. Klein hatte die Abdrücke von menschlichen Körpern in Hiroshima und Nagasaki gesehen, sogenannte Nuklearschatten, die von der Thermalstrahlung der Atomexplosion verursacht wurden (Abb. 31). In einer kurzen Bemerkung kommt er zu einer erstaunlichen Deutung, in der noch die unausweichliche Hölle und das Grauen der Verbrennung mit der Idee eines hoffnungsvollen Überlebens verknüpft wird; die schreckenvolle Wahrnehmung wird psychisch umgearbeitet in etwas Tröstliches:

> «The shadows of Hiroshima in the wastes of the nuclear catastrophe, terrifying evidence without doubt, but nevertheless evidence of the hope of survival and the endurance of the body, even if only immaterial.»[183]

181 Pierre Restany hat diesem Komplex eigens eine Monografie gewidmet: Yves Klein. Fire at the Heart of the Void, New York: Journal of the Contemporary Art Editions, 1993.

182 http://www.yvesklein.com/fr/films/view/89/yves-klein-realisant-des-peintures-de-feu/?of=10.

183 Yves Klein: Truth Becomes Reality, in: ders.: Overcoming the Problematics of Art. The Writings of Yves Klein. Putnam, Conn. 2007, S. 183–192, hier: S. 187.

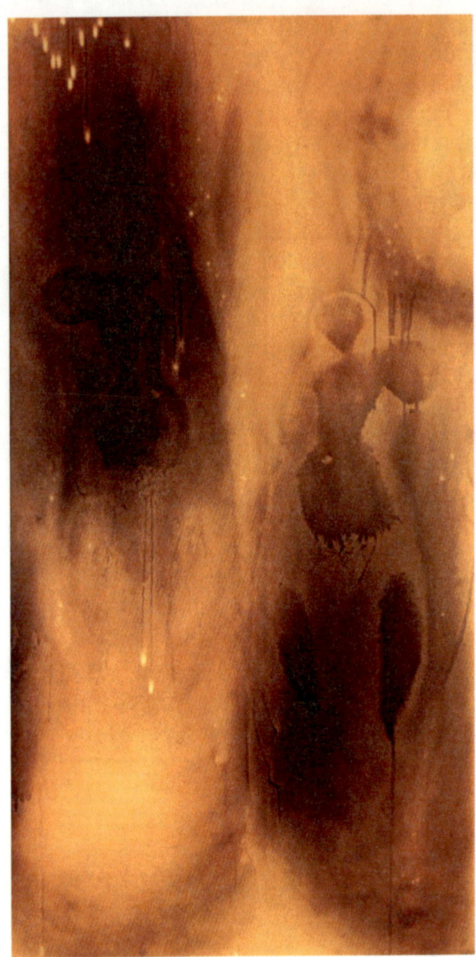

Abb. 32 Yves Klein: Peintre du feu, 1961

Diese Aussage kann man nicht nur unvermittelt auf die Feuer-Anthropometrien übertragen, die damit zu mahnenden Memento-mori-Bildern werden. Mit dem Sprung von der Präsenz zur Repräsentanz wird das ursprüngliche Programm eines neuen Ästhetizismus als sinnlicher Gegenentwurf zu einer verdorbenen Realität in eine Mythologie umgewertet. Das Feuer als Spender eines Wärmefelds, als Brand im Herzen der Menschen und in einer metaphysischen Leere, als apokalyptische Waffe und als Werkzeug des Künstlers, der Spuren damit zeichnet, bekommt den Charakter eines Totalitätszeichens:

> «All facts that are contradictory are authentic principles of an explanation of the universe. Truly, fire is one of these principles, essentially contradictory, one from the other, since it is both the sweetness and torture that lies at the heart and origin of our civilization.»[184]

Nähert man sich mit diesem mythologischen Geschütz wieder der Feuerfontäne, dann verwandelt sich der Strom farbiger Hitze sowohl in die abstrakte Repräsentation eines menschlichen Körpers, der mit vibrierendem, warmem Leben ausgestattet ist, als auch in die Miniatur der Feuersäule nach der Atomexplosion, die als Bild und Befürchtung so nachdrücklich die Epoche des Kalten Krieges bestimmte. Aber ebenso fungiert die Flamme als uranfängliche Wärmezentrale des frühen Menschen wie als Inbild des zur Fackel bestimmten Opfers in der drohenden Endzeit (Abb. 32). Es nimmt nicht Wunder, dass sich Klein für eine Fotografie, die Bernward Wember, Direktor des Haus Lange, aufgenommen hat, in hochsymbolischer Verschmelzung mit der Feuerfontäne inszenierte (Abb. 33).

Yves Klein geht aufs große Ganze, wenn er kulturübergreifend Zeiten zusammenfasst, widersprüchliche Affekte verdichtet, Feuerhitze zur absoluten Metapher aufwertet und schlussendlich eine Anthropologie andeutet:

> «Man will only be able to take possession of space through the terrifying forces, the ones imprinted with peace and sensibility. He will be able to conquer space – truly his greatest desire – only after having realized the impregnation of space by his own sensibility. His sensibility can even read into the memory of nature, be it of the past, of

184 Klein: Manifesto.

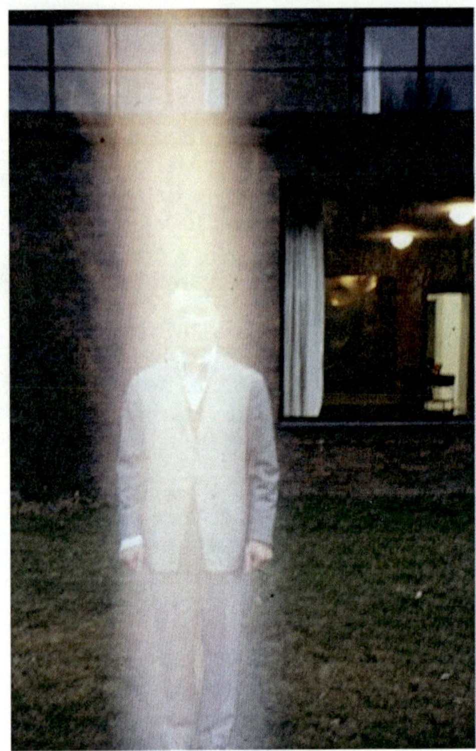

Abb. 33 Yves Klein mit Feuerfontäne, 1961

the present, and of the future!
It is our true extra-dimensional capacity for action!»[185]

Der hypersensible Übermensch, der hier visioniert wird, bekommt die Größe einer Erlösergestalt. Diese Übergröße steht im unmäßigen Kontrast zum Menschen vor der Feuerfontäne; diese Figuration ist zu bescheiden, um als Symbol einen neuen Kulturtypus repräsentieren zu können. Das ist nicht als Fehlleistung dem Kunstwerk anzulasten. Die überzogene Hoffnung der Künstler nach 1945, die der Kunst aufgebürdet wurde, ist nur der Spezialfall des unauflöslichen Hiatus zwischen der Ausdrucksform, die Unbestimmtes enthält, und der Sagbarkeit, die kommunikativen Konventionen verpflichtet ist. Kleins Feuer mahnt die Ekpyrosis an – doch so paradox es erscheinen mag, mit dem Kunstgriff der Versinnbildlichung erfolgt auch der Eintritt in den Ästhetizismus. Die Bannung des Unvorstellbaren in der Miniatur verwandelt die furchtbare globale Passion in etwas, das genossen werden kann. Das mythisierte Feuer und die pure Kunst der reinen Sinnlichkeit liegen entgegen dem Anschein nicht weit auseinander. Das Zuviel an Bedeutungen ist die Kehrseite einer Kunst, die das Sagen aufgegeben hat und mit Anmutungsweisen operiert. Im Ästhetizismus ist die Abkehr von der einholbaren Sinndimension strukturell angelegt. Wo intensiv geschaut und gefühlt wird, dort kann man das Interesse an Bedeutungen verlieren.[186] 1959 artikuliert Klein in einer Vorlesung eine Haltung, die noch nahe an der Phänomenologie ist und nicht als weltanschaulich überfrachtet erscheint:

> «Blue has no dimensions, it is beyond dimensions, whereas the other colors are not. They are psychological spaces; red, for example, presupposing a hearth releasing heat. All colors bring forth specific associative ideas, tangible or psychological, while blue suggests, at most, the sea and sky, and they, after all, are in actual nature what is most abstract.»[187]

Klein zitiert in diesem Zusammenhang den Philosophen Gaston Bachelard. Der Zugriff auf die Bachelard'sche Poetologie und Phänomenologie der Imagination ist nachvollzieh-

185 Ebd.
186 Diese Haltung gilt nach Hans Blumenberg für die «phänomenologische Einstellung»: Phänomenologische Schriften 1981–1988, Berlin 2018, S. 285.
187 Yves Klein: Lecture at la Sorbonne, June 3rd 1959, Paris, in: http://www.yvesklein.com/en/oeuvres/index/88/ikb.

bar, denn sie weist eine Nähe zum Ästhetizismus der Kunst Kleins auf. Die Affektionen durch das Feuer, die auf dem sinnlichen und psychischen Register spielen, initiieren Träumereien, «welche die Synthesen des Unvordenklichen und der Erinnerung beleuchten».[188] Was Bachelard zum Ausdruck bringt, klingt wie die Paraphase der bereits zitierten Formulierung in Huysmans' Roman, in der von den «seelische Unendlichkeiten, die keine Sprache wiederzugeben vermocht hätte»[189], die Rede ist. Die Inszenierung Rotraut Ueckers in der filmischen Dokumentation über die Krefelder Ausstellung, in der sie als ein von der Besuchergruppe abgetrenntes Individuum erscheint, das zwischen Feuersäule und Feuerwand verweilt (Abb. 29), liefert das Stimmungsbild für die Intimitätsbeziehung mit der Flamme – aber auch für den Spürsinn, mit dem die Hitzematerialität und die gefährliche Gewaltförmigkeit des Feuers realisiert wird.

188 Gaston Bachelard: Poetik des Raums, München 1960, S. 37.
189 Huysmans: Gegen den Strich, S. 233.

Wärmetausch

Dort sind gewisse Leute, die sich wärmen wollen. Sie sitzen auf den Samtbänken, und ihre Füße stehen wie große leere Stiefel nebeneinander auf den Gittern der Heizungen.

Housewarming (Jürgen Mayer H.)

Als Yves Klein 1961 seine Anthropometrien mit dem Flammenwerfer auf die Leinwand brannte, hatte diese Aktion einen mittelbaren Bezug zu den vergangenen und befürchteten Menschenverbrennungen durch das atomare Feuer. Die monströsen Feuerwaffen, die den Machtblöcken als kalte Drohung der Weltvernichtung dienten, erhielten durch Klein die repräsentative Gestalt eines makabren Symbols, das die menschliche Figur als aufflammende Energie und als Brandrest darstellte. Diese Präsentationsform, so unkonventionell sie performativ ins Werk gesetzt wurde, nimmt noch Anklang bei der Opferfiguration der Jesus-Ikonografie. Wenngleich abstrahierend teilt sie mit der christlichen Bildformel das Pathosmoment einschließlich der Semantik des Tragischen sowie der Tönungen aus Verzweiflung und Erlösung.

Als Jahrzehnte später das Klein'sche Motiv des sich auflösenden Körpers in einigen Arbeiten des Architekten und Künstlers Jürgen Mayer H. wieder auftauchte, konnte man erkennen, dass formale Ähnlichkeiten nicht in jedem Fall auf einer ikonologischen Traditionsbeziehung gründen, sondern gravierende kontextuelle, kunsttheoretische und rezeptionsästhetische Unterschiede wirksam waren.

Von Mitte der 1990er-Jahre bis 2015 hat Jürgen Mayer H. in einer Reihe von Projekten Gegenstände des Alltags und Inneneinrichtungen – Sitz- und Liegemöbel, Tisch, Wände, Gästebuch und Visitenkarten, Bettwäsche (Abb. 34–37)[190] – mit thermosensitiven Beschichtungen versehen. Die Pseudo-Verlebendigung der Kunsthaut zeigte sich beim Kontakt mit der Oberfläche, deren Farbe vollkommenen verblassen konnte und die

190 Die meisten Projekte werden auf der Website Jürgen Mayer H.s dargestellt: http://www.jmayerh.de.

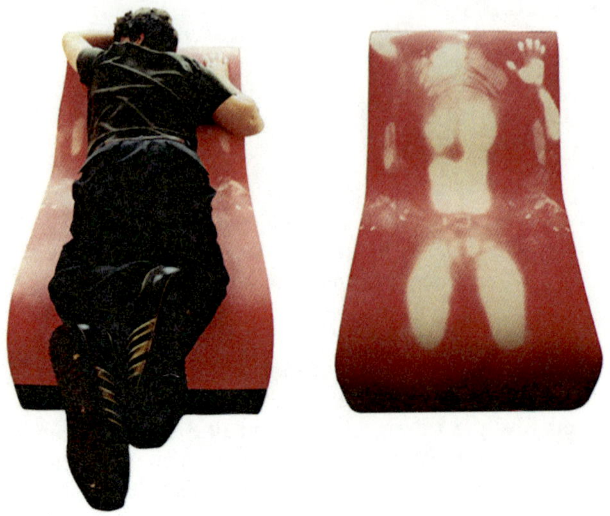

Abb. 34 Jürgen Mayer H.: Heat Seat, 2015

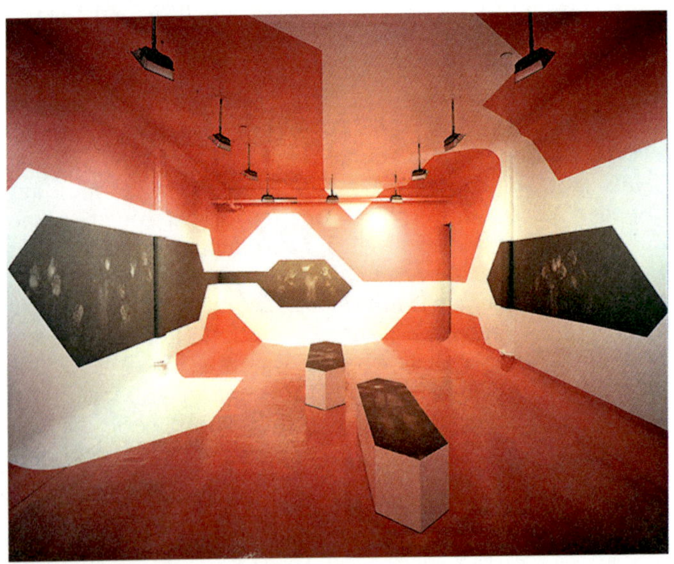

Abb. 35 Jürgen Mayer H.: In Heat, 2005

Spur des warmen Körpers aufwies. Der helle Schatten drängt zweifellos den Vergleich mit Yves Kleins Verfahren und die Deutung der symbolischen Verschmelzung oder Auflösung auf. Die Spureinschreibung in die Oberfläche ist jedoch anders als bei Klein temporär begrenzt, denn mit dem Erkalten der Objekte verschwindet auch die Zeichnung.

Wie schon in der Arbeit von Sam Lewitt, in der nicht nur die Hitzeemission der Installation auf den Besucher einwirkte, sondern ebenso die Wärmeausströmung des Besuchers auf die Installation, wird mit den *Heat Objects* ein Austauschverhältnis angezeigt. Bei Lewitt konnte dieser Einfluss lediglich indirekt erschlossen werden, bei Mayer H. wird er zur offensichtlichen poetischen Handlung der Zeichengebung. Thematisch wird Sensitivität als Ereignis in Szene gesetzt, die nicht mehr ausschließlich beim Subjekt verortet ist, die weiterführend ein Verhältnis zwischen Dingen und Lebewesen begründet und Zusammenhänge erzeugt. Geben, Empfangen, Tauschen, Angleichen, Differieren, Vermischen, Mitteilen, Liebkosen sind Aktivitäten, die immer schon passieren, nun jedoch aus dem Handlungsunbewussten hervortreten. Aufgrund der vollständig anderen Inszenierungsformen in architektonischen, auf Lebenszusammenhängen ausgerichteten Interieurs sowie aufgrund der damit einhergehenden sanften affektiven Valeurs und des spielerischen Umgangs, aber auch aufgrund der veränderten gesellschaftlichen Rahmensetzungen ist es kaum noch möglich, diese Arbeit mit denen Yves Kleins in einen historischen Vergleich zu bringen. Soweit den Wärme-Objekten überhaupt eine metaphorische Qualität unterstellt werden kann, wäre die Bezugnahme allein auf das ökologische Bewusstsein gegeben, das für Phänomene der Wechselbeziehungen zwischen Lebewesen und Umwelten empfänglich ist.[191] Solche symbolischen Direktbezüge sind aber eher zu vernachlässigen. Unter kunstkonzeptuellem Gesichtspunkt ist zuallererst die leibliche Involviertheit herauszustellen. Bei Klein waren die Realkörper Mittel zum Zweck der Bilderzeugung, die in einem Verschwinden der Körper mündete. Bei Mayer H. bilden Leib und Spur ein Näheverhältnis und erzeugen gerade die Erhö-

191 2001 wurden die *Heat Seats* in der ZKM-Ausstellung zur *Rhetorik der Überwachung von Bentham bis Big Brother* ausgestellt. Auch diese Kontextualisierung erscheint problematisch, da Selbst- und Umweltbeobachtung nicht identisch mit Kontrolle und Herrschaftsattitüden sein müssen. Im Gegenteil, die Sensibilität für Zusammenhänge vermag Selbstrelativierungen zu erzeugen.

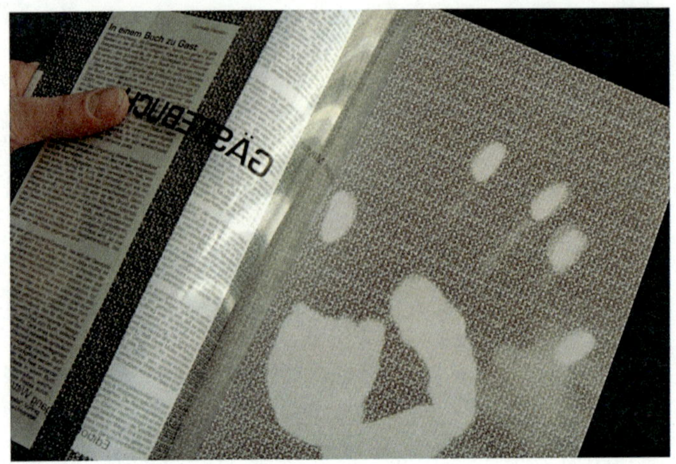

Abb. 36 Jürgen Mayer H.: Heat Seat, 2015

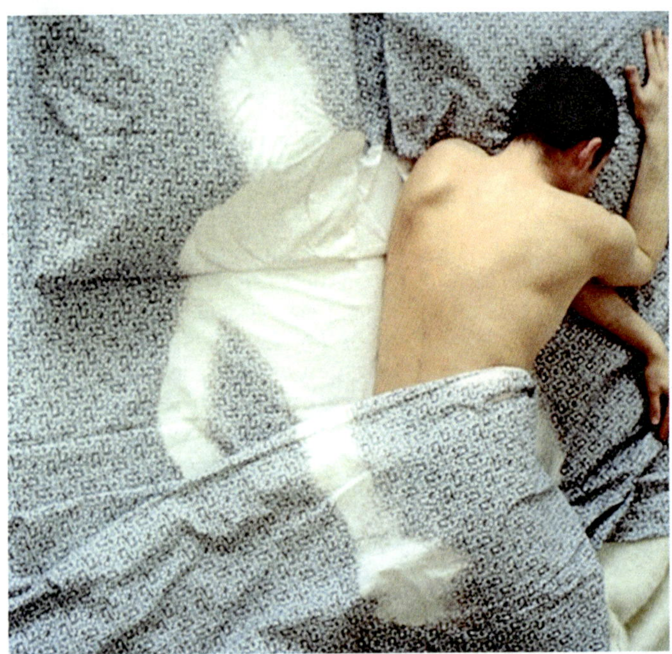

Abb. 37 Jürgen Mayer H.: In Heat, 2005

hung des Präsenzgefühls.[192] Michel Serres hat in seinem Buch *Die fünf Sinne* mit Bezug auf die Thermodynamik das im Kern einfache Schema beschrieben, mit dem das Verhältnis zweier Körper als lebendige Produktionseinheit erfassbar wird. Seine Darstellung einer Beziehung als Motor soll zitiert werden, da sie übertragbar ist auf das installative Geschehen:

> «Wir haben also zwei Körper, die sich in einem Gleichgewicht befinden, und zwar [...] hinsichtlich des [...] Verhältnisses der Wärme. [...] Einer der Körper oder einer der Stoffe unterwirft sich der Verbrennung und entfernt sich damit vom Gleichgewicht. Instabilität. Man wagt kaum zu sagen, die beiden Quellen, die hier einander gegenüberstehen, die warme und die kalte, und die sich deshalb wechselseitig in einem Zustand des Ungleichgewichts befinden, seien Antithesen. Damit sich wieder Stabilität oder eine Synthese einstellt, bedarf es eines Transports zwischen den beiden Körpern oder Quellen, hier des Transports von Wärme [...]. Dieser Transport findet statt, und er erzeugt Bewegung. Nun setzt sich aber die Verbrennung in dem warmen Körper fort, die Abweichung vom Gleichgewicht stellt sich neuerlich her, der Transport geht weiter, jeder erkennt hier einen berühmten Kreislauf, den man sehr genau mit dem Begriff *circonstance*, des Umstandes, beschreiben könnte. [...] Der Umstand *(circoncstance)* wird hier zu dem ganzen Motor.»[193]

In der Rauminstallation *Housewarming MyHome* (2007), die «wie eine Supergrafik über Boden, Wände und Decken»[194] die Ausstellungsräume und das Museumscafé des *Vitra Design Museums* verband, war nicht nur der Mensch für das thermische Ungleichgewicht zuständig. In die Sitz- und Wandelemente waren Wärmedrähte eingelassen, die programmgesteuert zu- und abgeschaltet werden konnten (Abb. 38). Auf diese Weise wurden nicht nur temporäre Linienornamente erzeugt, der Be-

192 Ohne auf die möglichen theoretischen Implikationen und Probleme einzugehen, sollen die Benjamin'sche Charakterisierungen von *Spur* und *Aura* zitiert werden, die als Hinweis auf die künstlerische Differenz zwischen Klein und Mayer H. gelesen werden dürfen: «Spur und Aura. Die Spur ist Erscheinung einer Nähe, so fern das sein mag, was sie hinterließ. Die Aura ist Erscheinung einer Ferne, so nah das sein mag, was sie hervorruft. In der Spur werden wir der Sache habhaft; in der Aura bemächtigt sie sich unser.» Walter Benjamin: Das Passagen-Werk, Bd. 1, Frankfurt am Main 1983, S. 560.

193 Michel Serres: Die fünf Sinne, Frankfurt am Main 1993, S. 395–396.

194 http://www.jmayerh.de/68-0-myhome.html.

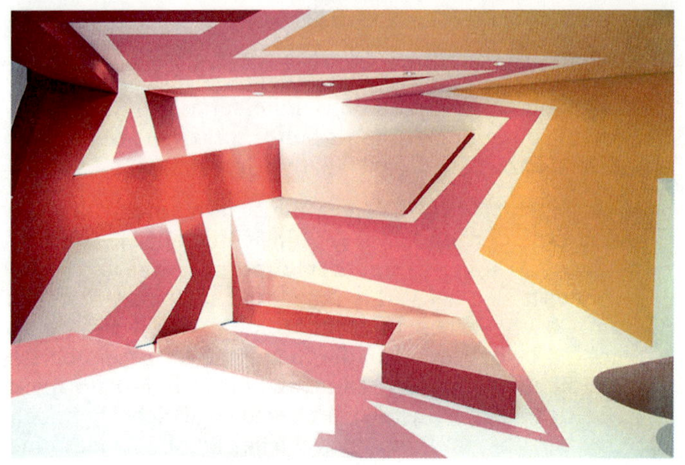

Abb. 38 Jürgen Mayer H.: Housewarming MyHome, 2007

sucher konnte in den entsprechenden Zonen Wärmereize spüren. Mayer H. nennt diese Arbeit «Temperaturlandschaft», in der es – nach der Terminologie Michel Serres' – zu permanenten Fluktuationen kommt auf der Suche nach einem Gleichgewicht. Diese unsichtbaren Bewegungen zwischen den Elementen rufen die Frage auf, wer oder was in diesem System Subjekt, wer oder was Objekt ist. Anstatt nach einer Antwort zu suchen, beschreiben die Begriffe *Umstand* und *Motor* weitaus präziser die Einrichtungen Mayer H.s. Immer arbeitet oder lebt etwas: Wärmeaustausch, temporalisierende Bildmarkierung und Entmaterialisierung stellen sich als kreative Konfusion von Betrachter, Um-Stand, Prozess, Objekt und Situation dar. In diesem Sinne kann man von einer *relationalen Funktion* der Wärme sprechen, durch die nicht mehr Utopien oder Dystopien wie bei Yves Klein angezeigt werden, sondern wodurch Handlungsmodelle in einem künstlerisch gestalteten Realen durchgespielt werden können.[195] Die zeittypische Beschäftigung mit dem schmerzhaft erfahrenen Todestrieb in der Kultur, mit dem Holocaust und mit mythischen Feuern, die charakteristisch für die Generation Yves Kleins war, lässt sich in den Objekten und Interior Designs Mayer H.s nicht mehr finden. Im Gegenteil, die Sensibilität für die herstellenden, kommunizierenden und damit verbindenden Aspekte des Energetischen stehen im Vordergrund. Nun ist es der Drang, das empfindende Selbst in einer ebenso sensitiven Umgebung zu erfahren, um daraus eine relationale Thermosphäre entstehen zu lassen. Kunst wird weniger durch Betrachtung als vielmehr durch Berührung und kontinuierliche Investition hergestellt. Das Werk verändert sich, das Subjekt bewegt sich. Die Häute und Membranen schließen sich zu Kreisläufen, bilden Nachbarschaften, durchdringen einander.

Die Beschreibung könnte den Einwand provozieren, dass es sich bei allen Projekten nicht um Kunst handele, sondern allenfalls um angewandte Kunst. Tatsächlich erscheinen die thermischen Aspekte als ästhetische Spielereien im architektonischen Funktionszusammenhang. Die Tatsache jedoch, dass der Architekt Verhältnisse erzeugt, in denen die Dinge und die Menschen einander begegnen und aufeinander reagieren, ist nur eine Form – und vielleicht die konsequenteste –, das thermische Berührungsformativ gestalterisch ernst zu nehmen. Es wird lediglich zu Ende gedacht, was in allen ther-

195 Siehe Nicolas Bourriaud: Relational Aesthetics, Dijon 2002, S. 13.

mischen Installationen wirksam ist und von den Romantikern vorgelebt wurde: Wer nur schaut, sieht nichts als Statuen, wer Kontakt sucht, entdeckt unscharfe Ränder, Übergänge, musikalisiert das Erleben durch Vibrationskenntnisnahme.[196] Damit kehrt sich die Aufmerksamkeit ab vom Bedeutungshaften – und nimmt Kurs auf Autonomisierung des Ästhetischen. Auch bei Mayer H. wird der Temperatursinn ästhetisch angesprochen, weder wird die Welt symbolisch eingefangen, noch fungiert das Thermische als bloß klimatisches Regulativ für das Wohlbefinden. Man kann bemerken, dass es Bildungen gibt, die sich der Übersetzbarkeit widersetzen und gleichzeitig jenseits der Überlebensfunktion liegen. Diesen Zwischenbereich in Anspruch zu nehmen, kann man Kunst nennen.[197]

Sie schob sich schwer an einer hohen, warmen Mauer entlang, nach der sie manchmal tastete, wie um sich zu überzeugen, ob sie noch da sei.

Heiße Skulptur (John Goodyear)

Bereits einige Jahrzehnte vor Jürgen Mayer H. fertigte der amerikanische Künstler John Goodyear einige *Heat Scultptures* an, die ebenfalls darauf ausgelegt waren, durch direkten Körperkontakt rezipiert zu werden. Goodyear, der hauptsächlich im Feld der Hybridgenres arbeitete, in denen Malerei, kinetisches Objekt und optische Kunst zusammengeführt wurden, gehört zu einer Generation von Künstlern, die neue Wege nach dem epochenmarkierenden Abstrakten Expressionismus suchten. Fern von metaphysischer Kunstaufladung ging es darum, die etablierten Materialien und Gesten zu erweitern und in Kenntnisnahme neuer Technologien der Frage nachzugehen, was diese für die Kunstentwicklung bedeuten und für welche neuen Räume oder Umwelten die Werke bestimmt sein sollten. Die *Heat Sculptures* gehören in den Kontext dieses Aufbruchs, in dem Medien im Hinblick auf alle sensorischen Modalitäten untersucht wurden. Die Werkgruppe entstand in den späten 1960er- und frühen 1970er-Jahren, wobei die Arbeiten

196 Serres: Die fünf Sinne, S. 169.

197 Verschiedene Theorien, die hier nicht in Anschlag gebracht werden müssen, haben diesen Bereich zu kennzeichnen versucht: das Punktum bei Roland Barthes, das Semiotische bei Julia Kristeva, das Ereignis bei Jean Francois Lyotard, das Reale bei Jacques Lacan und in gewisser Weise die Différance bei Jacques Derrida.

auch sogleich von avancierten Kunstinstitutionen anerkannt und in diversen Ausstellungen der Öffentlichkeit zugänglich gemacht wurden. Goodyear erfuhr für diese Skulpturen eine weitere Würdigung, die 1970/71 in einer Einladung zu einem Arbeitsaufenthalt am *MIT Center for Advanced Visuals Studies* (CAVS) bestand – ein visionärer Ort in der Tradition des Bauhauses. Die Arbeiten Goodyears passten zur Programmatik des CAVS, an dem der Gründungsdirektor, György Kepes, sich für eine umfassende sensorische Schulung («sensory education»[198]) einsetzte und parallel zu den *Heat Sculptures* eine Installation entwickelte, in der Feuer ein zentrales Material- und Formelement bildete.[199]

1969 werden Goodyears *Heat Tubes* im Kunstmagazin *Artforum* von Jack Burnham erwähnt, der zu dieser Zeit Fellow am CAVS war. Der Artikel befasst sich mit der Frage, wie Kunst auf die Anforderungen durch Ökologie, Computer und Datenverkehr reagiert. Aufgrund der erstaunlichen Vorzeitigkeit der Beschäftigung mit Themen, die erst aufgrund der umfassenden Digitalisierung in jüngerer Vergangenheit zu zentralen Aspekten der Kunst wurden, kann der Autor eine Kunst ausmachen, die nicht mehr über Expressivität, sondern über Prozesshaftigkeit funktioniert. Über die formal unspektakulär wirkenden Arbeiten Goodyears schreibt Burnham:

> «Some of these are arrays of tubes [heat tubes] with constant temperatures; others temporally fluctuate from hot to cold. As Goodyear has progressed, his constructions look less like sculpture and begin to resemble wall fixtures and unspecific utilities. One of the best is a semi-buried series of plates and pipes entitled *Snowmelter*, *Measurer* (1968) which acts symbiotically with the weather, possessing no iconographic value.»[200]

Obwohl in der Sphäre der freien Kunst entstanden, deutet die Einlassung der Objekte in die Umgebung einen Wandel im Gebrauch an, der sich – vergleichbar mit den architektonischen Installationen Jürgen Mayer H.s – dem Lebenszusammenhang nähert. Nicht Evokation einer auratischen Qualität steht im

198 Melissa Ragain: From Organization to Network: MIT's Center for Advanced Visual Studies, in: http://x-traonline.org/article/from-organization-to-network-mits-center-for-advanced-visual-studies/.
199 Siehe das Kapitel ‹Thermotopia› in diesem Band.
200 Jack Burnham: Real Time Systems, in: Artforum, September 1969, S. 49–55, hier: S. 52.

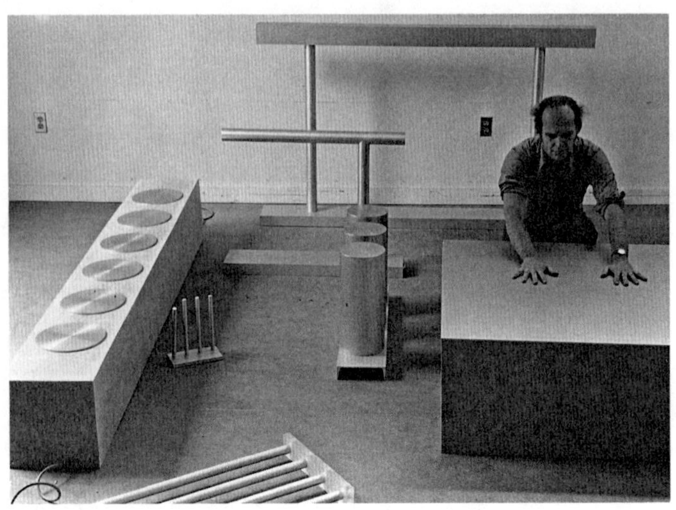

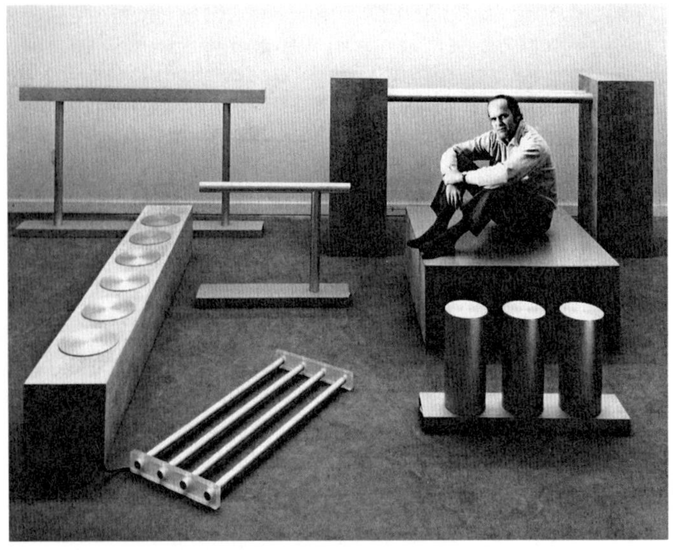

Abb. 39/40 John Goodyear: Heat Sculptures, 1971

Vordergrund, sondern die Einschaltung in einen Kreislauf. Zeitgenössische Darlegungen, wie die *Heat Sculptures* vom Publikum an- und aufgefasst wurden, sind leider nicht zu ermitteln. Auf Fotografien, die am CAVS gemacht wurden, demonstriert Goodyear allerdings, wie die Körper-Kunst-Kopplung aussehen kann (Abb. 39–41). Die Bilder belegen, was die Besprechung aus dem Jahr 1968 behauptet: Die Skulpturen wirken wie Details aus funktionalen architektonischen oder technischen Ensembles. Auf einem weiteren Foto ist ausschnitthaft die Ausstellungspräsentation zu sehen (Abb. 42); auch hier fällt die unmuseale Darbietungsform auf: Die wärmetragenden Rohre wirken wie eine Heizungsleitung oder wie ein Geländerstück. Die Angleichung an die Alltäglichkeit vermindert die konventionell eingeübte Distanz zum Betrachter, der eingeladen wird, die Skulpturen anzufassen.

Die Umschaltung oder Ausdehnung auf einen anderen Sinn als den des Sehens kann zu diesem Zeitpunkt als Paradigmenwechsel gedeutet werden. Mit den *Heat Sculptures* bringt Goodyear eine Konstellation in das System Kunst ein, die in der Folge von Künstlern wie Michael Asher und Sam Lewitt ausgearbeitet wird. Diese kunsthistorische Linie, die bisher nicht erkannt worden ist, wird offenkundig, wenn man zwei Ausstellungsbeiträge – eine Performance und eine ikonografische Arbeit – in das konzeptuelle Gesamtkonstrukt mit einbezieht. 1970/1971 nahm Goodyear an der von Jack Burnham kuratierten Ausstellung *Software* teil, die im *Jewish Museum* und *Smithsonian Institute* gezeigt wurde. Zum einen Bestand die Präsentation mit dem Titel *Level of Heat* aus sogenannten *Thermal Experience Zones* (Abb. 43), die berührt werden durften.[201] Diese Flächen präsentierten die Hitzekapazität von unterschiedlichen Quellen: Sonne, Wärme aus dem Erdinneren oder der Lichtanlage und anderen elektrischen Ausstattungen, Reibungshitze sowie die Wärme von Besuchern. Der Katalog erläutert nicht, was genau mit «Präsentation» gemeint war. Zu vermuten ist, dass eine Thermaltechnologie genutzt wurde, mit der graduelle Wärme-Emissionen gesteuert werden konnten. Auch wenn die Funktionsweise nicht geklärt ist,

201 Es ist eine bemerkenswerte historische Koinzidenz, dass 1971 Jan van Munster drei Metallplatten ausstellte – eine kalte, eine warme und eine mit elektrischer Ladung. Alle Objekte mussten berührt werden, um deren unterschiedlichen sensorischen Qualitäten zu erfahren. Jan van Munster: Die Energie des Bildhauers, München 2001, S. 90. Zu van Munster siehe das Kapitel ‹Glühen› in diesem Band.

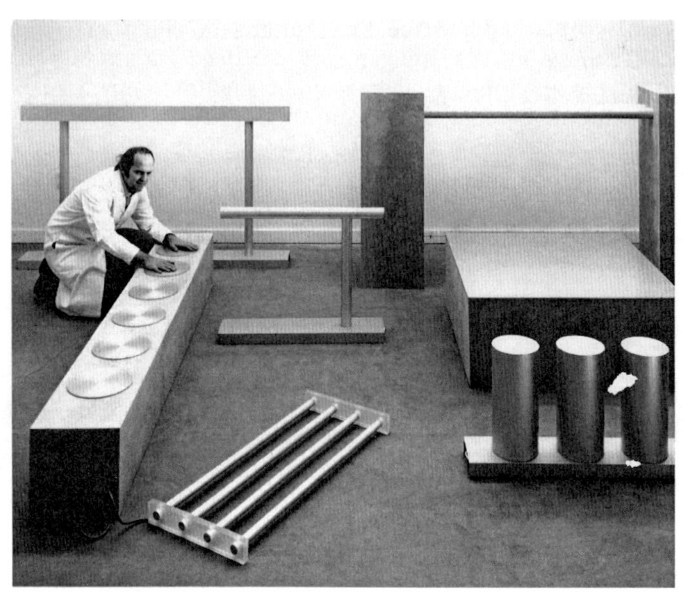

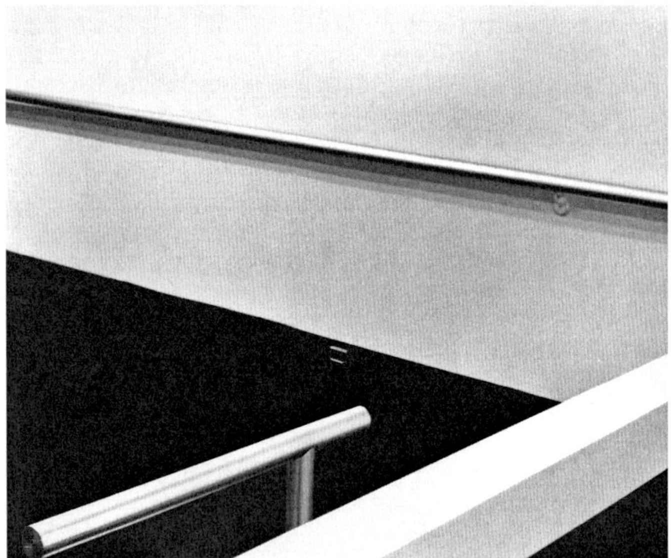

Abb. 41/42 John Goodyear: Heat Sculptures, 1971

konzeptuell wird die Verwandtschaft mit Lewitts *More Heat than Light* deutlich erkennbar. Neben den «thermal zones» trat Goodyear als Performer auf und spielte die Rolle eines Wissenschaftlers (Abb. 44). In einer Parodie auf die arbeitsphysiologische Forschung wurden Ausstellungsbesucher als Testpersonen ausgewählt und Messungen an ihnen vorgenommen, wobei das gesamte Museum als thermische Umgebung (*circonstance*) ausgewiesen wurde:

> «A test points to the entire space of the Museum as a Thermal Experience Zone, and to the body of the viewer as the sensing agent. The test will measure the perspiration of randomly chosen subjects for the duration of their visit to this exhibition. Factors involved may be the heat of the spaces, the heat of the subjects' bodies, their clothing, their physical and mental and nervous activity. Persons taking the test will be identified with a badge ‹I am taking a thermal experience (sweat) test›.»[202]

Goodyear nimmt mit diesem symbolischen Eingriff und der Auszeichnung der Besucher als Versuchspersonen eine Umwertung vor: Die Aufmerksamkeit wird vom Kunstwerk auf den Rezipienten gelenkt und diesere als Körperwesen aufgefasst. Der Betrachter wird zu einem Akteur in einem thermischen Milieu und selbst thermisches Objekt. Jack Burnham macht in dem Katalogvorwort zu dieser Strategie eine programmatische Bemerkung, die den Paradigmenwechsel expliziert:

> «*Software* makes no distinctions between art and non-art; the need to make such decisions is left to each visitor. Hence the goal of *Software* is to focus on sensibilities on the fastest growing area in this culture: information processing systems and their devices [...]. Our bodies are hardware, our behavior software.»[203]

Mit der Intervention Goodyears und mit dem begleitenden Diskurs wird eine Haltung zum Ausdruck gebracht, die in den 1990er- und 2000er-Jahren bei Asher und Lewitt wieder aktualisiert wird. Bei Goodyear sind bereits alle Parameter ausgebildet, denen sich die Nachfolger bedienen werden: Infragestellung konventioneller Kunstbegriffe, Adressierung neuer Sen-

202 Software. Information technology: its new meaning for art, Ausstellungskatalog, The Jewish Museum 1970, S. 25.

203 Jack Burnham: Notes on art and information processing, in: Ebd., S. 10–14, hier: S. 10, 11.

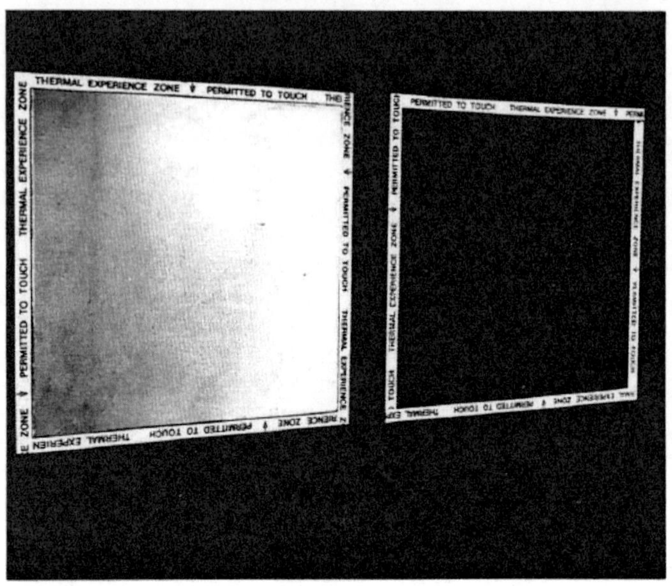

Abb. 43 John Goodyear: Level of Heat: Thermal Experience Zones, 1970

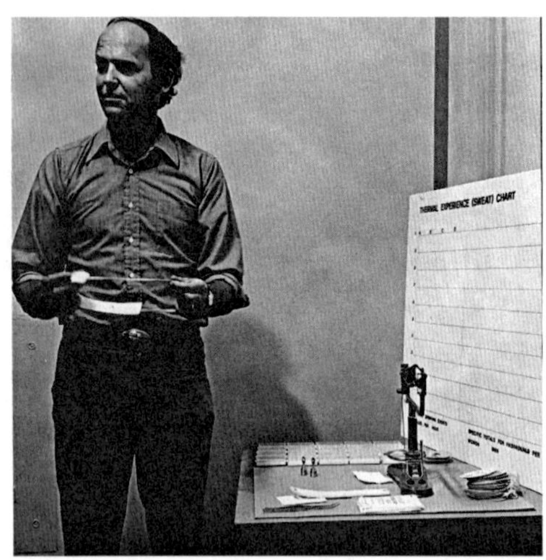

Abb. 44 John Goodyear: Level of Heat: Thermal Experience Test, 1970

sibilitäten durch Wärme, Neuformatierung des Ausstellungsraums, Aufwertung des performierenden Rezipienten. Ein gravierender Unterschied zwischen Goodyear und den nachfolgenden Künstlern ist jedoch herauszustellen: Bei Asher und Lewitt wird die Fokussierung auf «Sensibilitäten» und «Software» vor allem institutions- und gesellschaftskritisch gewendet. Bei Goodyear (wie auch bei Mayer H.) ist ein utopischer Anspruch spürbar, die Vorwegnahme eines Noch-Nicht im Medium künstlich erzeugter Umwelten. Es kommt zu einer Abkehr von der neuzeitlichen Orientierung auf den Standpunkt, von dem aus Welt blickhaft erfasst wird. Im Netzwerk der unübersehbaren Verbindungen steht nun das Hautwesen Mensch, das sich den Strömungen öffnet und diese ästhetisch wahrnimmt.

Dieser andere Erfahrungsmodus in der Thermosphäre wird von Goodyear in einem ikonischen Format repräsentiert, zu dem mehr als 40 Jahre später Sam Lewitt wieder greifen wird – die Thermografie. Auf einem dieser Gespensterbilder mit glühenden Porträts ist der Künstler selbst mit einer seiner Arbeiten zu sehen (Abb. 45). Wie im Falle Lewitts ist diese Bildform ein Mittel, um den Zusammenhalt der Dinge mit dem Menschen anzuzeigen. Beide sind eingebunden in den Energiekreislauf zwischen kalt und heiß; die sichtbar gemachte Wärmeverteilung weist Körper und Leib als gleichartig aus. Während physische und physiologische Entitäten im Raum und in der Logik der Begriffe getrennt erscheinen, geraten diese in der Wahrnehmung durch den Hautsinn in ein Vermischungsverhältnis. Goodyears Selbstporträt mit Kunstwerk ist das optimistisch gemeinte Statement, wonach Kunst ganz nah an den Menschen herangebracht werden kann. Die kutane Ästhetik war um 1970 weder Selbstzweck noch Medium der ideologischen Aufklärung; durch die Grenzaufhebung zwischen Kunst und Nicht-Kunst sollte ein Testareal entstehen, in dem der Akteur eine neue Beziehung zur Umwelt erproben sollte. Die negativen Erfahrungen in einer zweckhaft verwalteten Welt führten nicht wenige Künstler auf die Spur eines Aufbruchs, für den auch das *Center for Advanced Visual Studies* steht. 1971 veröffentlicht György Kepes den Aufsatz «Toward Civic Art», der auf wenigen Seiten die Modernitätskritik mit einer neuen Vorstellung von Modernität verbindet und der Kunst einen enormen Auftrag erteilt. Der Text ist lesbar wie eine Erläuterung zur Arbeit John Goodyears:

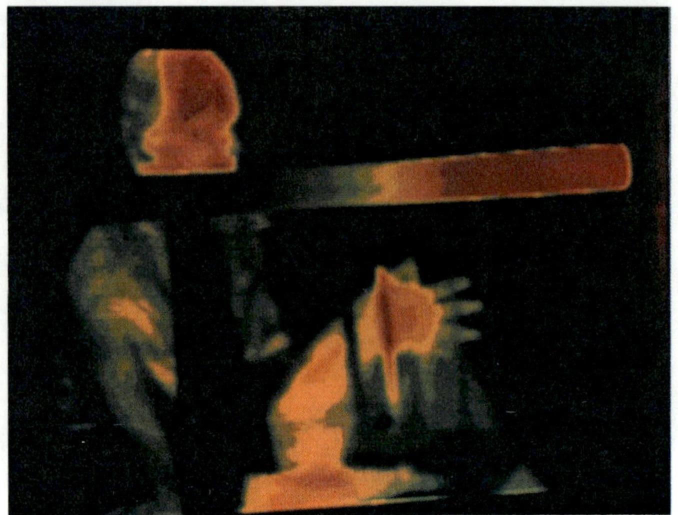

Abb. 45 John Goodyear: Color thermograph with artist with his 1969 ‹90° Piece›, 1972

«Our reactions to the environment are not those of independently functioning discrete systems but of a total organism. Whenever outside forces impinge upon our sensors, a relative equilibrium tend to be established through the mobilization of our entire self, regardless of what sense organ is immediately involved in receiving and registering the impacts from the outside. There are no separate sense modalities; all levels of sensory function are interdependent and blend together. They are furthermore in a fundamental union with motor processes. [...] The artists are in a strategic position to help to bring all these issues together in a living focus. [...] Great things would emerge if the optimum of individual experience – the artist's poetic insights – would become an integral part of our common life. Only the realization of a dynamic complementary of the personal and civic can offer the possibility of living up to our immense potentialities.»[204]

Die Ähnlichkeit der Aussage mit der des Wissenschaftshistorikers Michel Serres ist eklatant. In beiden Fällen ist das Wärmeparadigma ein Exempel für einen Existenzmodus, der nicht auf Besitz, sondern auf Austausch und Produktion basiert. Für einen historischen Moment am Ende der 1960er-Jahre war es möglich, Hoffnungen auf eine erweiterte und reformierte Lebensform pflegen zu können. Die Tatsache jedoch, dass die *Heat Sculptures* nur eine Episode in der Werkentwicklung John Goodyears blieben, zeigt auch an, dass eine weitläufige Aufnahmebereitschaft nicht gegeben war.

204 György Kepes: Toward Civic Art, in: Leonardo, Vol. 4, 1971, S. 69–73, hier: S. 72–73.

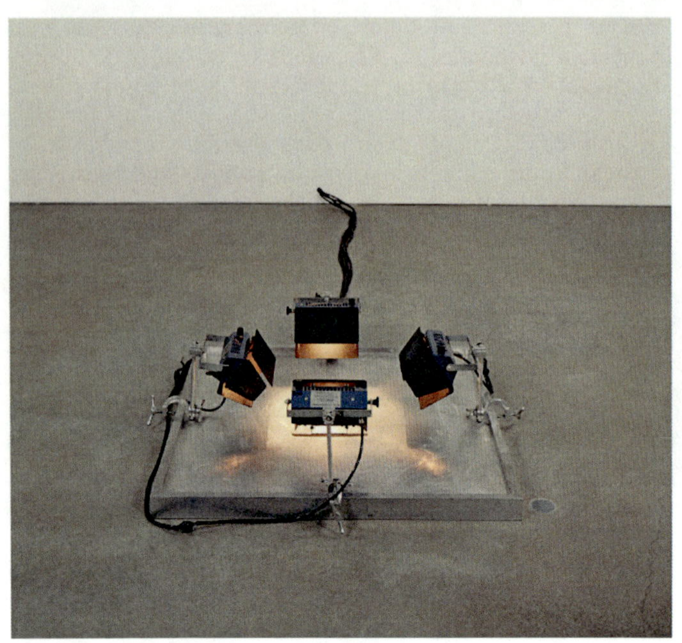

Abb. 46 Bruce Nauman: Lighted Center Piece, 1967/68

Thermotopia

Hantieren und Träumen

Im dritten Band seiner *Sphären*-Trilogie stellt Peter Sloterdijk einige Gedanken zur Feuerstelle an, die er als eine fundamentale Gegebenheit im Kulturprozess und als Sinnbild für das Bestreben nach gemeinschaftlichem Wohlbefinden betrachtet. Er schreibt: «Das Hantieren mit dem Feuer bildet eine Tätigkeit, die genau auf der Grenze zwischen Zauber und Arbeit liegt.»[205] Das gehegte Feuer ist zweckhaft für die Ernährung und den Schutz vor Kälte, aber auch Zentrum der Haus-Seele, denn das Feuer ist die Haltestelle für die Gemeinschaft, die dort zur Besinnung kommt. Aufgrund dieser Doppelbelastung ist das Feuer zu einem Großmotiv in der Mythologie geworden, die es zu einem Kreativmedium ausgearbeitet hat.[206] Aus der Produktivkraft Feuer entstehen nicht nur Leben, Metall und Bewegung, sie erzeugt nach Sloterdijk auch das «Thermotop», einen Ort, an dem «Gelingenserwartungen» gedeien.[207]

Sloterdijks Betonung der Erwartung lässt sich auch anders formulieren: Die Hoffnung auf Zukünftiges rechnet mit der spezifisch menschlichen Kompetenz zur Fantasiebildung oder Träumerei. Das Leben der Flamme zwischen Gestalt und Ungestalt, die Wärmegabe sowie die Markierung eines Platzes und einer Zeit für Kontemplation hat Gaston Bachelard als grundlegend für die kulturelle Befreiung von der Notwendigkeit ausgewiesen.

> «Für den Menschen war ohne Zweifel das von einem Herd umschlossene Feuer der erste Gegenstand der Träumerei, das Symbol der Ruhe, die Einladung zur Rast. Eine Philosophie der Ruhe läßt sich schwerlich vorstellen ohne Träumerei vor einem flackernden Holzfeuer. Vor dem Feuer nicht in Träumerei zu verfallen, heißt für uns daher, die wahr-

205 Peter Sloterdijk: Sphären III. Schäume, Frankfurt am Main 2004, S. 398.

206 Einen Überblick liefert Bernd Busch: Geschichte(n) des Feuers, in: Feuer. Elemente des Naturhaushalts II, hg. v. der Kunst- und Ausstellungshalle der Bundesrepublik Deutschland, Bonn 2001, S. 59–86. Ebenso Gernot Böhme, Hartmut Böhme: Feuer Wasser Erde Luft. Eine Kulturgeschichte der Elemente, 2. Auflage, München 2010.

207 Sloterdijk: Sphären III, S. 400.

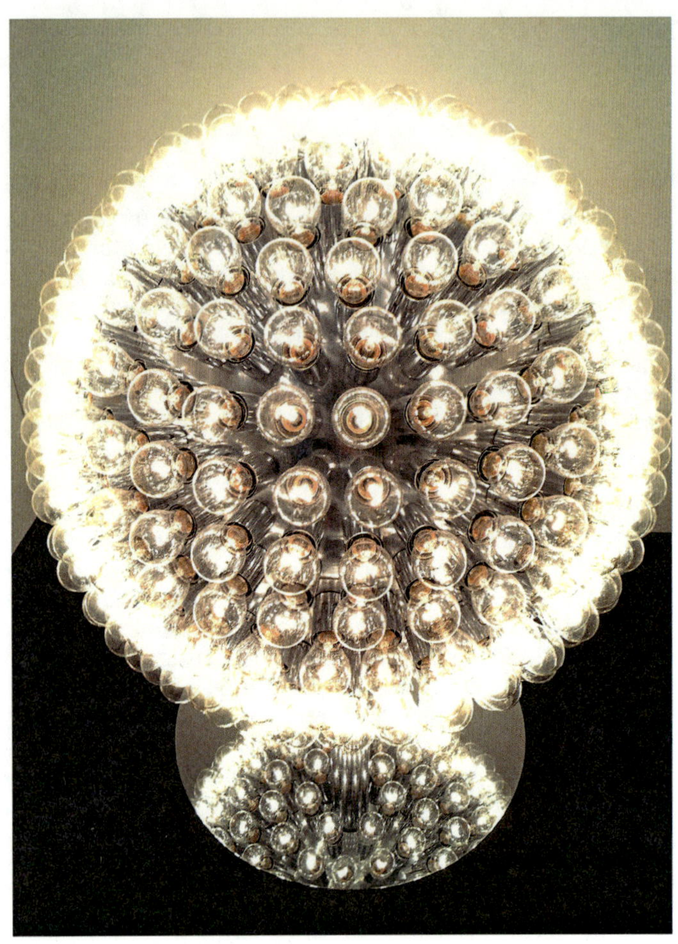

Abb. 47 Otto Piene: Corona Borealis, 1965

haft menschliche und ursprüngliche Bedeutung des Feuers zu vergessen.»[208]

Auch wenn man nicht bereit ist, den Wärmeort als menschheitsbegründende Komfortzone und die meditationsaktivierende Kraft des Feuers mythisch zu überhöhen, wie es die beiden Philosophen tun, so erhellt sich dennoch mit dieser Sicht eine thermische Ästhetik, die anschlussfähig an die Sphäre der Kunst ist.[209] Denn wo, wenn nicht dort, wird die Einladung zur Betrachtung, zur Begegnung von Werk und Mensch, zur Herstellung und zum Bedenken symbolischer Sachverhalte gegeben, wo, wenn nicht in der Kunst, findet profane Verzauberung statt, die das Moment des Utopischen beinhalten kann? Das Feuer, so Bachelard, «erweckt den Wunsch, die Zeit zu verändern und sie kurzzuschließen, das ganze Leben an sein Ende, an sein Jenseits zu bringen.»[210]

Zu sitzen und auf einen warmen Streifen Nachmittagssonne zu sehen und [...] ein Dichter zu sein.

Elektrische Feuerstelle (Bruce Nauman, Otto Piene)

Eine skulpturale Installation des amerikanischen Künstlers Bruce Nauman ist an diese theoretische Vorgabe anzugliedern, obwohl die Arbeit auf den ersten Blick nur wenig mit der Lebendigkeit einer Flamme in einem Herd oder Lagerfeuer teilt. *Lighted Center Piece* (1967/68) liefert gleichwohl ein Beispiel dafür, wie die *thermotopische Funktion* eine Annäherung regelt, die die Voraussetzung für eine Selbsterfahrung und Betrachtungshaltung darstellt. Anders als in den Arbeiten von Mayer H. und Goodyear, die auf Hautkontakt ausgelegt waren, gewinnt der Raum zwischen Werk und Betrachter im thermotopischen Feld eine *dramaturgische Funktion.*

Lighted Center Piece (1967/68) besteht aus einem Aluminiumquadrat (91,4 × 91,4 cm), um das ein schmaler Rahmen gelegt ist, an den wiederum vier 1000-Watt-Halogenscheinwerfer montiert sind (Abb. 46). Die Oberfläche ist poliert, jedoch nicht spiegelblank, sodass weder Besucher noch Umgebung

208 Gaston Bachelard: Psychoanalyse des Feuers (1949), München 1985, S. 22.
209 Sloterdijk gibt am Ende seines Thermotop-Kapitels einen Hinweis auf diese Dimension, führt den Gedanken aber nicht aus: Sloterdijk: Sphären III, S. 405.
210 Bachelard: Psychoanalyse, S. 24.

darin reflektiert werden. Der helle Lichtschein hingegen wird grell zurückgeworfen und kann bei näherer Betrachtung ein beißendes Gefühl in den Augen verursachen. Diese frühe Arbeit wird in den wenigen Kommentaren, die sich dazu finden lassen, als formale Reaktion auf den Minimalismus, vor allem auf die Bodenlegungen Carl Andres aufgefasst. Die Scheinwerfer werden als Mittel begriffen, wieder ein lebhaftes oder sogar pathetisches Moment zurück in die Skulptur zu bringen, die der Minimalismus zu vermeiden suchte. Die vier Lichtquellen bilden das assoziationsprovozierende Element, das über die bloße Form hinausweist: «It has been observed [...] that the work resembles a miniature, lighted stage set, and as such anticipates the way viewers are enlisted to ‹perform› in Nauman's large-scale rooms and corridors.»[211] Mit der gleichen Logik könnte man in dem beleuchteten Quadrat aber ebenso gut die Miniaturversion eines mit Flutlicht bestrahlten Stadions, eines Gefangenenlagers oder eines öffentlichen Platzes erkennen, denn auch diese Realitätsverweise lassen sich in Performances und Installationen Naumans finden.[212] Ergiebig sind diese Hinweise kaum, denn weder erfährt man durch sie etwas über die Skulptur noch über die angegebenen Realitäten. Wichtiger ist die Verbindung zur Performance, die hier, in der Leere des Quadrats, imaginiert werden soll. Aber auch diese Hinführung geht gewissermaßen ins Leere, denn sie übersieht, dass sich der Betrachter längst in einer körperlichen Beziehung zur Installation befindet. Der Körper als Aktionsmedium, anatomische Konstruktion, Empfindungsstation und Kommunikationssystem ist ein zentrales Motiv im gesamten Œuvre Naumans. Dies kommt auch in *Lighted Center Piece* zum Tragen, denn nicht nur die unterschiedliche Lichtempfindlichkeit der Besucher wirkt auf die Rezipientenpositionierung ein, ebenso ist dafür die emanierende Wärme verantwortlich, die von den hochwattigen Strahlern und der aufgeheizten Aluminiumplatte ausgeht. Wer nahe genug an die Arbeit herantritt, spürt deren Hitzeaura. In der von der Klimaanlage im Museumsgebäude gekühlten Luft wird der Besucher unter Umständen sogar seine Hände über die Platte strecken und

211 Ted Mann: Bruce Nauman. Lighted Center Piece; in: https://www.guggenheim.org/artwork/3147. In diesem Sinne auch: Constance Lewallen: A Rose Has No Teeth. Bruce Nauman in the 1960s, Berkely, Los Angeles, London 2007, S. 89.

212 Siehe *Bouncing Two Balls Between the Floor and Ceiling with Changing Rhythms* (1967/68), *Double Steel Cage Piece* (1974), *Square Depression* (1977/2007).

diese wie über einem Lagerfeuer oder Ofen wärmen. Dieser Besucher weiß damit auch, dass er die Platte auf keinen Fall berühren wird, die zwar kalt aussieht, aber Verbrennungsgefahr ausstrahlt. Begleitet wird diese Wahrnehmung von einem gesenkten Blick, der sich im Schein des reflektierten Lichts verliert.

Dass Licht und Wärme oft untrennbar miteinander verbunden sind, ist ein trivialer physikalischer Tatbestand, der im Kontext der Kunst jedoch erwähnt werden muss. Denn dass mit dem Licht, das in der Kunst so unendlich bedeutsam ist, auch der thermische Aspekt eine künstlerische Aufwertung erfährt, ist historisch neu. Nauman war nicht der erste Künstler, der das elektrische Licht nicht nur visuell, sondern taktil auffasste. Ein Beispiel für die Wärmestrahlung von Kunstlicht, das zur Lichtkunst geworden ist, liefert die Arbeit *Corona Borealis* (1965) von Otto Piene (Abb. 47). Mag sich dieses Glühlampenkunstwerk auch formal sehr von *Center Piece* unterscheiden, so basiert es als Vorläufer dennoch auf identischen Parametern. Der Titel lenkt die Imagination zwar in den Himmel – *Corona Borealis* ist die Bezeichnung eines Sternenbildes –, doch besticht die Bodenarbeit vornehmlich durch ihre irdische Strahlkraft. Ein Steuerungsmechanismus schaltet die 400 Glühlampen rhythmisch und in vier Kombinationen an und aus. Dieser Lichtwechsel steht in analoger Beziehung zum Sternbild, in dem sich zwei veränderliche Sterne befinden, die starke Helligkeitsschwankungen aufweisen. Für den irdischen Betrachter des Leuchtkunstwerks geht gleichzeitig mit der alternierenden Schaltung eine Änderung in der erfahrbaren Thermosphäre einher; kalt, warm und heiß wechseln einander ab. Otto Piene hat darauf hingewiesen, dass ihm die Aufnahme von Kunst über die Haut ebenso wichtig ist wie die Rezeption über die Augen. «‹Wunderbar› findet er [Otto Piene] es, wenn die 400 Glühbirnen rhythmisch aufleuchten, den Saal nicht nur erhellen, sondern auch mit Wärme durchfluten.»[213] Die gedankliche Verknüpfung mit der Sonne kann die direkte Erfahrbarkeit nicht überlagern, wie auch die durchschaubare

213 http://kunst.celle.de/Presse/Lichtkunstpreis-2014/index.php?La=1&NavID=2738.89&object=tx,2738.162.1&kat=&kuo=2&sub=0. Während der ersten Piene-Retrospektive 1967 im Dortmunder *Ostwall Museum* konnten die Besucher nach Aussagen Pienes Hitze- und Feuer-Environments erleben. Siehe Oral history interview with Otto Piene, 1988 Aug. 4–1990 Feb. 22, in: https://www.aaa.si.edu/collections/interviews/oral-history-interview-otto-piene-12872#transcript. Es konnte nicht ermittelt werden, wie diese Environments beschaffen waren.

Technizität die auratische Qualität nur wenig zu beeinträchtigen vermag. Mögen auch phänomenologisch unsensiblere Betrachter kaum mehr als einen auf die Erde verpflanzten Kronleuchter erkennen, als Objekt, das keine Beleuchtungsfunktion erfüllt und selbstgenügsam Licht und Wärme spendet, um auf sich selbst zu verweisen, generiert es Zentralität im Raum. Neben dieser Lichtskulptur ist *Red Heat* erwähnenswert, eine Arbeit, mit der Piene 1971 die Idee aufgeheizten Metalls realisierte. In der wegweisenden Ausstellung *Earth, Air, Fire, Water: Elements of Art* im Bostoner *Museum of Fine Arts* konnten die Besucher in einem dunklen Raum rotglühende Platten erleben, die für eine «Atmosphäre» sorgten, wie im Aussstellungkatalog zu lesen ist.[214] Das Wort *Atmosphäre* darf man in diesem Fall in seiner rein klimatischen Bedeutung verstehen.

Pienes und Naumans Arbeiten haben gemeinsam, dass ihnen eine enorme Ruhe eigen ist, die sogar den Wunsch erwecken mag, sich daneben auf dem Boden niederzulassen. Tranquilität ist der Zustand, in dem man nichts zu verstehen begehrt, man überlässt sich einem Ort, der nichts will. Nauman hat 1970 bestätigt, dass seine Arbeiten den Austausch zwischen Körper und Materie anregen.[215] Initiiert wird der Wechsel in einen anderen Zustand, wobei das Licht weder dazu eingerichtet ist, besser zu sehen, noch als Metapher einer Erleuchtung fungiert: «[...] it is the ability to communicate not just a bunch of information but to make an experience that's more general.»[216]

Der thermisch aufgeschlossene Betrachter, der sich selbst bei seiner Erfahrung beobachtet, mag sich allerdings fragen, was der Titel bedeutet. Es ist ein bemerkenswertes Faktum, dass bisher keiner der Kommentatoren den Titel für bedenkenswert erachtet hat. Dies mag daran liegen, dass er nicht mehr als eine denotative Kennzeichnung darstellt: Das Aluminiumquadrat ist das Kern- oder Herzstück der Konstruktion, eingerahmt von Lichtgebern. Im Englischen wird mit *centerpiece* nicht nur ein Objekt bezeichnet, das eine zentrale Position einnimmt; mit dem Wort wird ebenso ein Tatbestand

214 Earth, Air, Fire, Water: Elements of Art, Katalog, 2 Bände, hg. v. Museum of Fine Arts, Boston 1971. Der Katalog gibt nicht die Anzahl der verwendeten Platten an.

215 Bruce Nauman: Interviews 1967–1988, Amsterdam 1996, S. 27; 48–49.

216 Bruce Nauman: Oral history interview with Bruce Nauman, 1980 May 27–30, in: https://www.aaa.si.edu/collections/interviews/oral-history-interview-bruce-nauman-12538#transcript.

charakterisiert, der innerhalb eines größeren Ganzen von besonderem Interesse oder herausragender Bedeutung ist. Der Mittelpunkt als Stelle konzentrierter Signifikanz hat notwendigerweise eine Umgebung. Im Kontext einer Ausstellung geriete *Lighted Center Piece* zu einem Scherz, denn die unspektakuläre Arbeit behauptete sich als Zentralstück der Ausstellung oder gar der Kunst insgesamt.

Aber so wenig sprechend und anzeigend das Objekt selbst ist, so sehr ist auch der Titel eine Leerstelle, die nicht sagt, was die Umgebung dieses Zentrums ist, aus der erst die Zentralität erwüchse. Doch anstatt auf Semantiksuche zu gehen, ist der Sloterdijk'sche Begriff des Thermotops aufzunehmen: Der Betrachter, der sich in eine räumliche, sensorische und meditative Beziehung zum Objekt setzt, bildet gemeinsam mit ihm den *tópos*. Die Entscheidung, vor dem Licht und im Bann der thermischen Berührung Platz zu nehmen, ähnelt jener mythischen Urszene, in der die Leere durch rituelle Gemeinschaftsbildung gebannt wird (Abb. 23). Das Nicht-Sagen der Arbeit ist essenziell, denn erst daraus entwickelt sich jenes zur Besinnung-Kommen, das vom Kunstrezipienten erbracht werden muss – und nicht vom Werk auf den Rezipienten übertragen wird. Aufgrund seiner Zweckfreiheit kann *Lighted Center Piece* zum Inbild einer Inbeziehungsetzung und eines Ortes werden.

Die Zeit, die man an dieser Feuerstelle opfert, mag als Verlust erlebt werden – oder im Gegenteil als augenblickhafter «Aufstand gegen die Idiotie der Ergebenheit ins Zuständliche».[217] Das stechende Hitzestrahlen der Scheinwerfer ist nicht gegen den Betrachter wie gegen einen Schuldigen gerichtet, es wärmt den Herd und sorgt für die Bedingung, aus der *cultura* entstehen kann. Dass der Wärmeaspekt von *Lighted Center Piece* bisher nicht notiert wurde und die Temperaturangabe des Aluminiumblocks nicht in die Werkbeschreibung eingegangen ist, kann nur an der thermischen Taubheit und Rastlosigkeit der Kunstkritik liegen. So wie «die Träumerei vor dem flackernden Holzfeuer» ins Nichts sieht oder in den Vorschein noch nicht erfasster Bedeutung, so bleibt auch die Erfahrung bei Naumans Arbeit vorsignifikativ. Das erleuchtete Herzstück beinhaltet, mit einem Wort Hans Blumenbergs, die «unbestimmbar allgegenwärtige Helle, in der alles darinsteht»[218] – oder in der nichts eingeschrieben ist.

217 Sloterdijk: Sphären III, S. 399.

218 Hans Blumenberg: Licht als Metapher der Wahrheit, in: ders.: Ästhetische und metaphorologische Schriften, Frankfurt am Main 2001, S. 139–171, hier: S. 140.

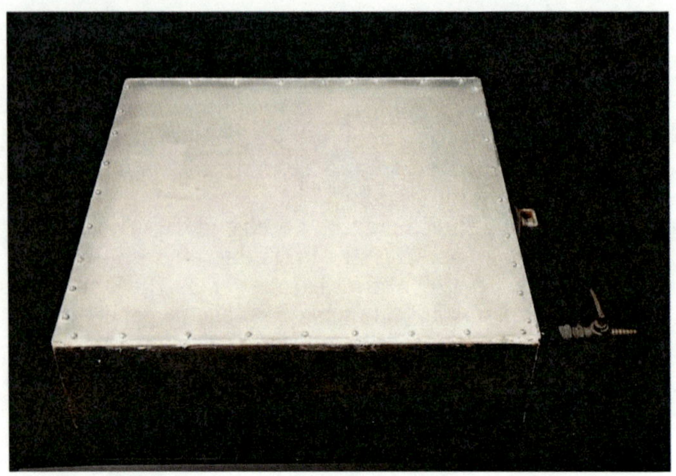

Abb. 48 György Kepes: Flame Orchard (technisches Setup), 1970–1972

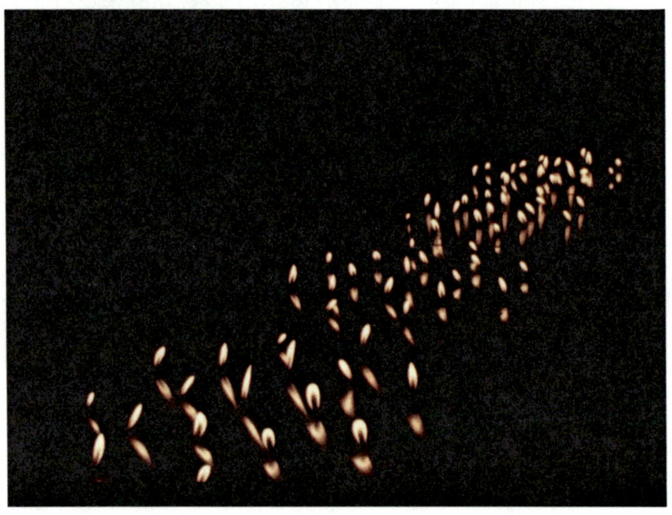

Abb. 49 György Kepes: Flame Orchard, 1970–1972

Stellten sich Pläne ein, so ging man im großen mit ihnen um, ohne wirklich an sie zu glauben; dagegen griffen gewisse Erinnerungen zu einer unerwarteten Endgültigkeit. Abends, am Feuerplatz, meinte man sich ihnen zu überlassen.

Flammengarten (György Kepes, Christopher Sproat, Olafur Eliasson)

Das elektrische Lagerfeuer Naumans mag kaum mehr als ein ironischer Coup sein, der sich gegen das Erkalten der Kunst im intellektuellen und bilderlosen Minimalismus richtet. Nimmt man hingegen eine andere Kontextualisierung des Bodenstücks vor, entfaltet sich das Analogiepotenzial von *Lighted Center Piece*, das im Herdvergleich nur angedeutet war. Wenige Jahre nach Naumans beleuchtetem Quadrat entstand die Arbeit *Flame Orchard*[219] (1970/1972) von György Kepes, ebenfalls eine Bodeninstallation. Die Arbeit bestand aus sechs quadratischen Kästen (c. 61 cm x 61 cm), in die Behälter mit Propangas integriert waren; das Gas konnte durch sehr kleine Perforationen in der Aluminiumabdeckung nach außen geleitet (Abb 48) und entzündet werden. Kleine Flämmchen, organisiert wie in Beeten (Abb. 49), belebten nicht nur den Garten (Orchard), sie wurden zudem von einer elektroakustischen Musik des Komponisten Paul Earls choreografiert. Seite an Seite mit den Gasbehältern waren Lautsprecher in den Kästen verbaut worden; die Schallwellen wirkten sich modulierend auf die Flammen aus, die vibrierten, ihre Größe änderten und sprangen. In einer zeitgenössischen Beschreibung heißt es: «It is like a garden and an altar. Watching it is like watching nature, clouds, fountains, the sea, and burning coal, to the accompaniment of music.»[220]

Die Idee von *Flame Orchard* folgt der grundlegenden künstlerischen Ausrichtung am *Center for Advanced Visual Studies*: Neue Medien und Materialien sollten helfen, eine umfassende Umwelt- und Erfahrungsgestaltung zu bewirken, die sich gegen die entfremdenden, zersplitternden und entsinnlichenden Tendenzen einer technokratischen Welt wenden sollten. Die Bemühungen am CAVS waren Teil einer Gesamtbewegung um 1970, die sich in *Land Art* und *Techno Art* Ausdruck ver-

219 Die frühere Version trug den Titel *Garden of Flames*.
220 Jasia Reichardt: Fire and Water, in: New Scientist, June 1, 1972, S. 525.

schaffte.[221] Nicht die Abkehr von der Zivilisation und Rückkehr zur Natur war das Ziel, im Gegenteil, die Künstler und Wissenschaftler ließen sich von Natürlichkeitsverhältnissen für neue Kunstmedien anregen. Kepes erläutert sein Anliegen wie folgt:

> «Flame Orchard is a simple experiment for bringing together various sensory experiences. In today's world we too often channelize our experiences. We look at a painting or we listen to a piece of music and that is that. But on a beautiful spring morning, we are touched by so many things – by the temperature, the light, the smell of the earth – and these combine to give us a sense of well-being.»[222]

Der Ruf nach synästhetischer Erfahrung entspringt einem Wunschbild, das dem romantischen Sehnsuchtsideal ähnlich ist. Anstatt multimediale Überreizungsszenarien zu gestalten, die eher das Kennzeichen von avancierten Unterhaltungsmedien sind, ging es Kepes darum, die Eingebundenheit in Zusammenhänge wieder zugänglich zu machen und eine erhöhte Selbstwahrnehmung zu ermöglichen. Kepes zufolge war den Menschen in der Mitte des 20. Jahrhunderts etwas Entscheidendes verwehrt: «glimpses of felt unity with the ‹primal sanities of nature,› disregarding measured time and parceled space and finding an exalted confidence in mere being».[223]

Kepes war sich bewusst, dass die mystische Verbundenheitsidee in einer auf Veränderung und Rasanz drängenden Kultur nicht durch einfache künstlerische Rezepte zu verwirklichen war. Aufgrund dieser Problemlage verfasste Kepes eine Reihe von problemorientierten Texten, in denen er das Zusammenwirken von Umwelt, Technik, Mensch und Symbol diskutierte. Zu diesen theoretischen Beiträgen gehört der programmatische Aufsatz «Art and Ecological Consciousness», der etwa zur gleichen Zeit verfasst wurde, als *Flame Orchard* entstand. Darin geht Kepes auch auf die Rolle des Sensorischen in

221 Kepes war nicht singulär in seiner Beschäftigung mit Feuer; für die Epoche müssen müssen Christoper Sproat, Gary Rieveschl, Edward Franklin, Geny Dignac genannt werden, die 1971 an der Ausstellung *Earth, Air, Fire, Water: Elements of Art* teilnahmen.

222 György Kepes zit. n. Phyllis Funke: Science Is Blended With Art in Display, in; The New York Times, April 7, 1974, S. 97.

223 Gyorgy Kepes: The Visual Arts and the Sciences: A Proposal for Collaboration, in: Daedalus, Vol. 94, No. 1, Science and Culture (Winter, 1965), S. 117–134, hier: S. 117. Das Zitat im Zitat ist einem Vers aus Walt Whitmans Gedicht ‹Give me the Splendid, Silent Sun› (1900) entnommen.

der Konstitution des Individuums ein und thematisiert dazu an einer Stelle die Wärmeempfindung. In der Weise, wie er das Wort *warmth* in seine Formulierung einbettet, hält es die Schwebe zwischen dem wahrnehmungsphysiologischen Tatbestand und der affektiven Bedeutsamkeit. Auch wenn sich Kepes nicht explizit auf die Psychoanalyse bezieht, die Logik seiner senso-psychischen Konstruktion verbindet unmittelbar gespürte Wärme, die ihr Urbild in der innigen körperbetonten Mutter-Kind-Dyade hat, mit der Vorstellung einer Erfahrungsmodalität, aus der Subjektivität und Welterkenntnis entspringen:

> «Inbuilt in our unguided imposing technological material accomplishments is the danger that the life of the majority may be drained of its spirit, belief, and personal meaning. To inject human sense into the external achievements of the man-shaped modern world, this world must touch the individual with all the warmth of sensory intensity. The world of the single individual is sense-bound. His contact with the outside world is through sensorial experiences which in turn give the individual his sense of himself.»[224]

Flame Orchard muss im Vergleich mit dem implizit formulierten Anspruch auf Intensitätsvermittlung bescheiden erscheinen. Als Modellformat kann die Installation allerdings bestehen, da mit ihr sowohl die geforderten synästhetischen Aspekte als auch die thermotopische Qualität zum Tragen kommen. Die Synästhesie wird nicht nur durch die Kombination von Licht, Wärme und Musik realisiert, hinzukommen Raumatmosphäre, Bewegtheit und das leise Rauschen des ausströmenden Gases. Unter thermotopischer Perspektive ist jedoch bedeutsam, dass das technische Ensemble nicht mit medialer Überwältigung operiert, sondern zum Innehalten einlädt. Schon Jahre vor *Flame Orchard* kritisiert Kepes an der zeitgenössischen Kunst die Neigung zur Geschwindigkeitsverehrung, kontextloser Kinetik und Fragmentiertheit. An diese Stelle sollten seiner Ansicht nach Ruhe und Introspektion («repose and introspection»[225]) treten. Vor dem Hintergrund dieses kunstpoetischen Konzepts wird verständlich, warum ein Künstler, der zwar die Verwissenschaftlichung und Tech-

224 Gyorgy Kepes: Art and Ecological Consciousness, in: ders. (Hg.): Arts of the Environment, New York 1972, S. 1–12, hier: S. 5.
225 Kepes: The Visual Arts, S. 118.

nisierung der Kunst vorangetrieben hat, sich aber gleichzeitig von futuristischen Verherrlichungen maschineller Ästhetik distanziert und eine Rückorientierung auf Urformen menschlicher Kultur vorgenommen hat. Denn tatsächlich inkorporiert *Flame Orchard* drei basale Kulturformen, an die sich Bilder der Kommunität, Pflege, Bewunderung und Sinnbildung heften: die Feuerstelle, der Garten und der Ritualplatz. Während gehegtes Feuer und Garten in Titel und Werk erkennbar gemacht werden, erschließt sich der Ritualcharakter erst durch die Rezeptionssituation und Symbolik. Eine filmische Dokumentation der Arbeit liefert eindrückliche Belege für das Zusammenspiel der Medien, aus dem die dichte Atmosphäre überwirklicher Animation entsteht. Die Synthesizer-Musik von Paul Earls ist äußerst variationsreich gestaltet und durchläuft in circa siebeneinhalb Minuten eine Reihe von emotiven Qualitäten – von dunkler Ruhe zu wolkenhafter Belebtheit und aufsteigend zu aggressiver Helligkeit.[226] Vermieden wird gefällige Melodik und Rhythmik, vorrangig sind es Klangfarben, durch die das Stück den Eindruck von Modernität und gleichzeitig frühzeitlicher Unbändigkeit vermittelt.[227] Die Flämmchen tanzen, strecken sich bei bestimmten Frequenzen oder zittern, schwingen hin und her. Wie kleine Lebewesen, zart und empfindlich, wirken die Flammen, ein *Corps de Ballet* in chorischer Eintracht. Wenngleich Feuer in verschiedenen Kulturen weitreichende mythische Bedeutungen trägt, so wird man in der christlichen Welt unweigerlich an das Pfingstwunder denken. In der Apostelgeschichte des Lukas wird die Gemeinschaft der Christen durch die Verteilung des Heiligen Geistes in Gestalt von Flammen gegründet.

> «Und als der Pfingsttag gekommen war, waren sie alle beieinander an einem Ort. Und es geschah plötzlich ein Brausen vom Himmel wie von einem gewaltigen Sturm und erfüllte das ganze Haus, in dem sie saßen. Und es erschienen ihnen Zungen, zerteilt und wie von Feuer, und setzten sich auf einen jeden von ihnen, und sie wurden alle erfüllt von dem

226 Der Film befindet sich im Manuscripts Division der Stanford University, Sammlungsnummer: M1796, box 93, item 2.

227 Jasia Reichardt bezeichnet die Musik als «extraordinary synthesis of church music and modern jazz». Diese Charakterisierung ist problematisch: Weder findet sich in der Komposition die Orgel als das klassische Kircheninstrument noch die rhythmisch-repetitive Triebhaftigkeit des Jazz. Allerdings sind die Atonalität des Free Jazz und das kosmisch-sphärische Moment der Kirchenmusik erkennbar.

Heiligen Geist und fingen an zu predigen in andern Sprachen, wie der Geist ihnen zu reden eingab.»[228]

Das Brausen vom Himmel, die Verteilung der Flammen und die Weitung des Raums der Kunst, zu der auch die innere synästhetische Erfahrung gehört, geben den Anlass, eine Installation zu besuchen, die in zeitlicher Parallelaktion zu *Flame Orchard* entstand und formal ähnlich gestaltet ist. An der bereits erwähnten Ausstellung *Earth, Air, Fire, Water: Elements of Art* nahmen Christopher Sproat, Elizabeth Clark und Jay Jaroslav teil, die in Kooperation *Fire Piece* (Abb. 50) entwickelten. Beschützt von einem Plexiglaszaun, tanzten 15 Flammen für das Publikum. Über jedem Feuer hingen Bi-Metallstreifen, die sich aufgrund der Hitze zusammenzogen, verdrehten und sich durch den Abkühlungsprozess wieder ausdehnten. Die Geräusche, die durch die Arbeit des Materials entstanden, wurde akkustisch abgenommen und verstärkt über vier Lautsprecher wieder ausgegeben. *Fire Piece* ist ein frühes Beispiel für reaktive Kunst, die eine erratische Zufallsmusik hervorbrachte. Christopher Sproat beschreibt den ästhetischen Eindruck des Klangereignisses wie folgt:

> «The sound was quite dramatic and always varied due to air currents. It sounded like thunder and lightning that was both extremely close and far away. There were many different sounds that varied from nasty snaps like something major short circuiting very nearby, to the muffled rumbling of close and distant thunder. [...] The space it was in was cathedral like – all stone and a very high ceiling, so the sound bounced around like crazy.»[229]

Man muss sich die Installation weitaus dramatischer, erhabener als den Kepes'schen Garten vorstellen. Die Bewegtheit des Flammenschlags und der Metallstreifen, die Entmaterialisierung durch Licht und Wärmestrahlung, das klangliche Gewitter sowie das Raumgefühl lassen dabei vergessen, dass Technologie für ein multi-sensorisches, quasi magisches Gesamterlebnis eingesetzt wurde. In der Einleitung des Katalogs zur Ausstellung schreibt die Kuratorin Virginia Gunter: «The artists represented by this exhibition are aggressive in their assertions that the visual aesthetic experience is not enough. The work may totally surround the viewer; it may necessitate the use

228 Apostelgeschichte, 2, 1–5.
229 Persönliche Mitteilung per Emails v. 12./13. August 2019.

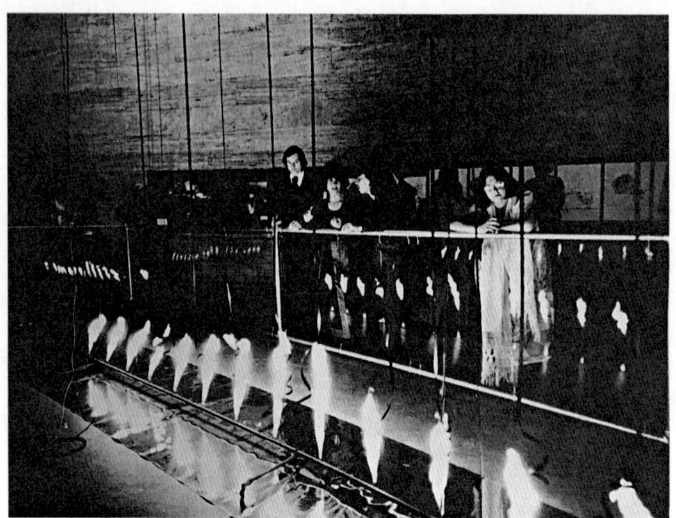

Abb. 50. Christoper Sproat, Elizabeth Clark: Fire Piece, 1970
Jay Jaroslav: Sound System

of other senses; it may invite physical participation [...].»[230] *Teilhabe* – damit ist sowohl die Einlassung auf eine Situation und das Zusammenspiel zwischen Werkelementen und Besucher gemeint als auch die soziale Partizipation, denn die Anlage der Installation ist nicht auf Intimität ausgerichtet, sie darf kollektiv rezipiert werden. Der empfindende Leib tritt aus den Gewohnheiten der eingeprägten (visuellen) Kunstrezeption heraus und wirft die Taubheit des Alltags ab. Es gehört zu dem euphorischen Aufbruchsgefühl der Epoche, dass Kepes die von ihm kuratierte Ausstellung *Explorations*, die 1970 die Künstler des CAVS zusammenführte, als eine Feier beschreibt – «a celebration of light, heat, cold, air, electricity, magnetism – forces so omnipresent in our environment that we forget to wonder at their power and beauty.»[231]

Ob Garten oder Kirche, die Flammen liefern das Symbol für die Zusammenkunft von Seelen und fungieren als Ort für Begegnungen und Andachten. Kepes' Rückorientierung auf die Archetypik zeigt sich verwandt mit Gaston Bachelards poetologischer Analyse der Flamme; für beide Autoren gilt, dass die Flamme ein Tiefensymbol darstellt, an dem sich eine elementare Metaphysik entzündet.[232]

> «Contemporary man's strong response to a flickering candle flame or to the synesthetic choreography of the flames in a fireplace comes from deeper roots than a nostalgia for a simple past. The ever-changing free rich play of flames has a special message for man who lives in parcelled out spaces, regimented days and under frozen homogenized artificial illuminations. Flames link us with long forgotten primeval mysteries and offer us a crescendo of the moment by bringing wide ranges of sensuous modalities in a single alive focus.»[233]

230 Virginia Gunter: Introduction, in: Earth, Air, Fire Water: Elements of Art, Katalog, hg. v. Museum of Fine Arts, Boston 1971, S. 5–9, hier: S. 5.

231 Zit. n. Melissa Ragain: From Organization to Network: MIT's Center for Advanced Visual Studies (2012), in: https://www.x-traonline.org/article/from-organization-to-network-mits-center-for-advanced-visual-studies.

232 Ob Kepes das 1961 posthum erschienen Buch *Die Flamme einer Kerze* (*La flamme d'une chandelle*) kannte und sich davon inspirieren ließ, muss Spekulation bleiben.

233 György Kepes zit. n. Judith Wechsler: Gyorgy Kepes, in: Gyorgy Kepes. The MIT Years: 1945–1977, Cambridge, Massachusetts, and London, England 1978, S. 7–19, hier: S. 15.

Bei Bachelard verschiebt sich der Einflusscharakter der Flamme vom Sensuellen zum Imaginären, in beiden Wahrnehmungen fungiert sie zweifelsfrei als Öffner für eine weitreichende Wiederbelebung von Versunkenem:

> «Einst, in einer von den Träumen selbst vergessenen Zeit, veranlaßte die Flamme einer Kerze die Weisen zum Denken; dem einsamen Philosophen, neben den in ihrer Form gefangenen Gegenständen, neben den so langsam belehrenden Büchern, rief die Kerzenflamme maßlose Träume herbei, erweckte sie grenzenlose Bilder. Für einen Träumer von Welten war die Flamme damals eine Erscheinung der Welt.»[234]

Beide Autoren entwickeln aus dem kleinen Feuer die Sehnsucht nach etwas Heilem, einer Ganzheit: Bilderflut, Lebendigkeit, Sinnlichkeit und mystische Sinnhaftigkeit sollen im Tremor der Flamme enthalten sein.

Neben der Psychologie und Poetik der Flamme teilt Bachelard mit Kepes einen wichtigen ästhetischen Gesichtspunkt. Die ungewöhnliche Idee, das Ballett der Flammen mit einem Garten zu vergleichen, findet sich in einem Kapitel von Bachelards *Die Flamme einer Kerze* (1961) wieder. Dort versammelt der Philosoph dichterische Aussagen, in denen die Analogie zwischen Blüte und Flamme, vertikalem Wachstum und aufschießendem Feuer poetisch genutzt wird.[235] Die literarischen Synthesen von heterogenen Formen bezeichnet Bachelard als «natürlichen Surrealismus»[236]. Dieser Surrealismus liegt nicht weit entfernt von Johann Wilhelm Ritters holistischer Naturverehrung, was sich bei Bachelard bis in die Wortbildung hinein verfolgen lässt: «Wenn ich», schreibt Bachelard, «– selbst erglühend – ein solches Gedicht lese, so spüre ich, daß sich zwischen der Sonne, dem Baum und der Blume eine Feuereinheit verwirklicht.»[237] Die Nähe zum dichterischen und schwärmerischen Ton, der sich auch bei Kepes findet, wirkt wie aus der Gegenwart gefallen – und man kann bei derartigen Äußerungen den Verdacht hegen, ein reaktionäres Bewusst-

234 Gaston Bachelard: Die Flamme eine Kerze, München, Wien 1988, S. 23.

235 ›Die poetischen Bilder der Flamme im Pflanzenleben‹, in: Ebd., S. 70–87.

236 Ebd., S. 75.

237 Ebd., S. 81. Aus den Schriften Bachelards ist nicht ersichtlich, ob er die Forschungen Johann Wilhelm Ritters kannte. Bachelard war aber sehr vertraut mit den Texten Novalis', eines Vertrauten und philosophischen Weggefährten Ritters. Im Kapitel ‹Der Novaliskomplex› der Psychoanalyse des Feuers geht Bachelard näher auf die Feuer-Theorie bei Novalis ein.

sein breche sich hier Bahn. Fraglos ist dabei, dass eine Realitätsübersteigerung gesucht wird, die im Fall von Kepes allerdings den Bereich der bloßen Fantasie verlässt, um weitergehend Modelle für die Zukunftsplanung zu entwerfen. Im Kontext einer ökologischen und zivilen Kunstentwicklung stellt *Flame Orchard* mehr dar als ein beschauliches Meditationsobjekt. Die Installation kann auch als Testfeld ihre Bedeutung behaupten, auf dem Parameter getestet werden, die in größeren Zusammenhängen ihre Gültigkeit beweisen sollen. In einem längeren Text zu Fragen des Lichtdesigns stellt Kepes die Vision eines *Towers of Light* vor. Dieses Hochhaus sollte am Ende eines Parks errichtet werden, um ein Maximum an Sichtbarkeit zu gewährleisten. Allerdings folgt die Illumination des Baus nicht dem gängigen Modell der beleuchteten Nachtarchitektur, die die Einheit des Gebäudes und der Umgebung in konfligierende Lichtervielfalt zersprengt. Als Teil des Parks, die vergrößerte Version des Gartens, sollte der Lichtturm die Funktion einer künstlichen Sonne übernehmen:

> «On the Tower of Light is to be a 25-foot-wide reflective screen suspended 100 feet above the park. At night, the many facets of this screen, covered with bright, durable gold leaf, will arrest the rays of a powerful light from the pool below and reflect them back down upon the entire park area. By day, reflected sunlight from the plaza and buildings picked up by the screen will bring to life the warm surface of the man-made sun.»[238]

Damit verkörpert der Turm die Idee der Zentralität einschließlich der thermotopischen Umgebung; beide ergeben das Bild einer ins Monumentale gesteigerten Feuerstelle innerhalb der Stadt.

> «Indeed, the single light source could serve somewhat as a fireplace in a living room. The gold-leafed, light-reflecting screen will give a warm glow of changing patterns and thus recall the never-resting richness of the fire on the hearth, a constant central symbol in the increased scale of man-created environment.»[239]

Kepes denkt und gestaltet im Spannungsfeld von Makro und Mikro, Archaik und Modernismus. Garten und Park fungieren als räumliche Dispositive, Kerzenflamme, Herd und Kunst-

238 Gyorgy Kepes: Light and Design, in: Design Quarterly, 68 (1967), o.S.
239 Ebd., o.S.

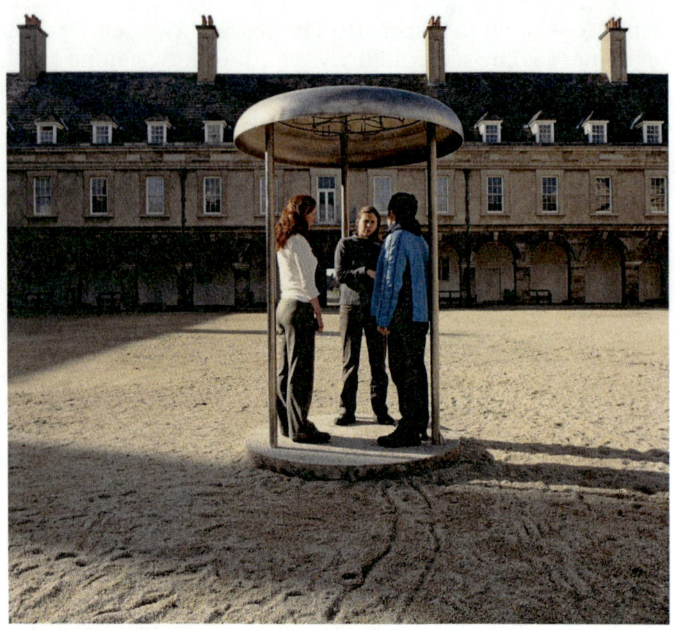

Abb. 51 Olafur Eliasson: Heat Pavilion, 2000

sonne als thermische Dispositive. In den Reihungen wird das Gleiche graduell ausgedehnt, orientiert an der natürlichen Umwelt und der Sonne. Immer unterliegt dem Thermotopos das Organisationsprinzip von Gemeinschaften, von *togetherness*. In den «Notes on Expression and Communication in the Cityscape» (1961) macht er diesen Gedanken explizit:

> «A focused source of light, such as a candle, a lamp, or a fireplace, generates a focused attention, almost a feeling of warmth or nesting. Our interests are so function-centered that such emotional use of light is rarely given thought. There is a growing interest in developing a new meaning and a new form to city cores. A carefully devised ordering of light could become an important tool in drawing people together in certain areas.»[240]

Kepes schließt Sensibilität und Symbolizität zu einer Einheit zusammen. Die «fokal-symbolische Form» in der Stadt ist vergleichbar nicht nur mit der Feuerstelle im Haus, sondern ebenso mit Stonehenge, der Akropolis und den Kathedralen des Mittelalters.[241] *Flame Orchard* stellt in diesem theoretischen Rahmen das Sinnbild für ein Gesellschaftsdesign dar, durch das Soziabilität organisiert werden möge. Das Sloterdijk'sche Wort von der «Gelingenserwartung» ist wieder aufzurufen: Die Erinnerung an die Grundfiguren kultureller Organisation ist utopiefähig – diese sind nicht nur sentimental-melancholische Verlustfiguren in einer von Systemimperativen dirigierten Moderne.

Als künstlerischer Nachklang zu dieser Utopie kann Olafur Eliassons *Heat Pavilion* (Abb. 51) gelten. So schlicht die Arbeit auf den ersten Blick erscheinen mag, sie liefert ein Beispiel dafür, wie Raum, Ort, Objekt, Wärme, Leibpräsenz und choreographische Figuration ein Feld der Sensibilitäten organisieren. Als Treffpunkt außerhalb des Museums markiert er einen parainstitutionellen Platz, an dem sich die wartenden oder Ruhe suchenden Besucher wärmen können. Der Unterstand fungiert als zweckmäßige Kleinarchitektur, ist ein Stück Gebrauchsdesign. Ob man darin eine vorkünstlerische oder vollkünstlerische Artikulation erkennen will, ist nicht die entscheidende Frage. *Heat Pavilion* fügt den Körper in ein Bild

240 Gyorgy Kepes: Notes on Expression and Communication in the Cityscape, in: Deadalus, Vol. 90, No. 1 (Winter, 1961), S. 147–165, hier: S. 160.

241 Gyorgy Kepes: The Lost Pageantry of Nature, in: Arts Canada, December 1968, S. 33–39, hier: S. 32.

und bietet gleichzeitig Raum für Kontemplation und Kommunikation – auch über die Kunst und die Situation der Begegnung. Wer das Rondell betritt, verleiht ihm durch die darin entfaltete Aktivität Bedeutung. Gemäß der psychoanalytischen Haut-Ich-Konzeption Didier Anzieus lässt sich die «Wärmehülle» als Manifestation eines «narzisstischen Sicherheitsgefühls» interpretieren. Wer sich als umfangen und aufgehoben erlebt, kann Beziehungen eingehen,

> «unter der Bedingung gegenseitigen Respekts der Einzigartigkeit und der Autonomie des anderen: Bezeichnenderweise kennt die Alltagssprache den Begriff des ‹warmen Kontaktes›. Die Hülle begrenzt einen friedlichen Raum, versehen mit Grenzstationen, an denen Reisende ein- und ausreisen können und nur auf böse Absichten oder Waffen hin geprüft werden.»[242]

Folgt man dem Psychoanalytiker Anzieu, dann ist es in solchem Sicherheitsmilieu sogar möglich, das Körper-Ich in einem inneren Erleben bis zu den Dimensionen des umgebenden Raums auszudehnen.[243] Fantastik und Realistik kooperieren miteinander.

Aber dort weiltest du und warst gebückt, wo unser Geschehen kocht und sich niederschlägt und die Farbe verändert, innen. Innerer als dort, wo je einer war; eine Tür war dir aufgesprungen, und nun warst du bei den Kolben im Feuerschein.

Vor der Flamme (Jeppe Hein)

Thermotopia ist ein optimistisch konditionierter Kunstort, modellhafte Verwirklichung von lebensweltlichen Ruhe-, Komfort- und Kontemplationsorten. Thermotopia verfügt über keine vorgeschriebenen Dimensionen; mit dem Begriff wird ein Beziehungsgefüge gefasst, in dem das Wärme-Licht-Kunstwerk als Medium der Empfindung, des Symbolisierens sowie der Ich/Umgebung-Beziehung fungiert. Was Nauman, Piene und Kepes innerhalb des künstlerisch-kulturellen Bezugsrahmens der späten 1960er-Jahre erdachten, hat der dänische Künstler Jeppe Hein seit Beginn der 2000er-Jahre fortgesetzt. Wiederkehrend benutzte Hein die Flamme als Kunstmit-

242 Didier Anzieu: Das Haut-Ich, Frankfurt am Main 1991, S 228.
243 Ebd., S. 227.

tel und trug in der spezifischen Verwendung von Licht und Wärme sowohl dem formalen Konzeptualismus eines Nauman wie auch der Design-Kunst eines Kepes Rechnung. Die Anschließbarkeit an das Thermotopia-Dispositiv ergibt sich zudem aus der deutlichen Verarbeitung von Motiven der Bachelard'schen Feuer-Poetik.

Unter thermotopischer Perspektive ist vor allem eine Arbeit zu betrachten, die in zwei Versionen mit minimal variierenden Titeln vorliegt – *Bear the Consequences* von 2003 und *Bear Your Consequences* von 2018. Zwischen diesen beiden Installationen sind weitere Werke entstanden, in denen die Flamme ein zentrales Element darstellt, das jedoch nicht immer als sensuelles Wärme- oder Hitze-Formativ fungiert. Diese Arbeiten sollen nur kurz erwähnt werden, da sie zum Werkkomplex der Feuerarbeiten gehören.

Ab 2013 erarbeitete Hein eine Reihe von Spiegelobjekten mit unterschiedlichen Werktiteln (*Candle Box*, 2013; *Third Eye*, 2014; *Invisible Eye*, 2015; *There is always someone else*, 2016), die alle dem gleichen Konstruktionsprinzip folgen: Hinter einem Zwei-Wege-Spiegel brennt eine Kerze, deren Flamme im Spiegel erscheint. Tritt der Besucher vor den Spiegel, überlagern sich beide Spiegelbilder – das Antlitz des Besuchers und die Flamme (Abb. 52). Selbstbetrachtung und Feuerbetrachtung verschmelzen miteinander – und sollen, folgt man den Werkkommentaren, diverse Bezügen aus Kunstgeschichte, Religion und Esoterik aufrufen: Die Flamme als Vanitas-Symbol, als Symbol der Seele und der verfließenden Zeit, als Drittes Auge.[244]

Es ist nicht zu weit gegriffen, in dieser Werkserie sowohl den Einfluss Bachelards wie auch eine persönliche Krise des Künstlers zu erkennen. Für Bachelard ist das Kerzenlicht Symbol für denkendes Träumen und träumendes Denken, ein «empfindlicher Anzeiger für die Ruhe der Seele, ein Maß für die feine Stille, einer Stille, die sich bis in die kleinsten Dinge des Lebens senkt».[245] Wer diese Stille nicht aufsucht und in Hektik lebt, der kann zuweilen verbrennen. Dies ist Jeppe Hein geschehen, dem 2009 ein Burnout diagnostiziert wurde. Aus diesem Grund hörte er für längere Zeit auf, das aufreibende Leben eines Erfolgskünstlers zu führen, um mit Yoga, Medi-

244 Siehe die Werkerläuterungen auf http://www.jeppehein.net/pages/works.php.
245 Bachelard: Die Flamme, S. 25.

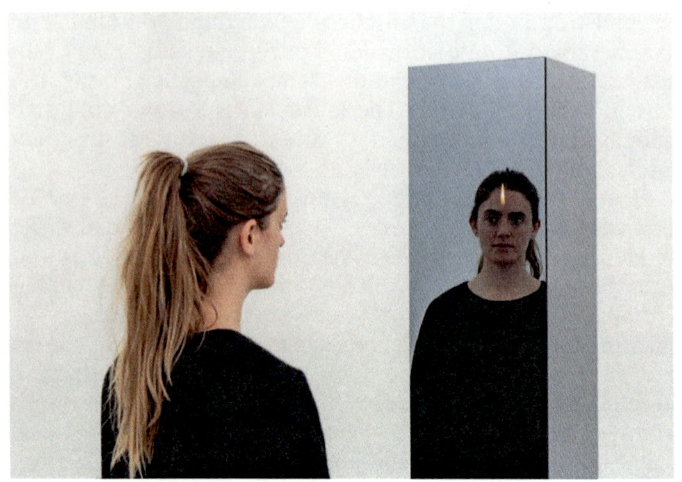

Abb. 52 Jeppe Hein: Third Eye, 2014

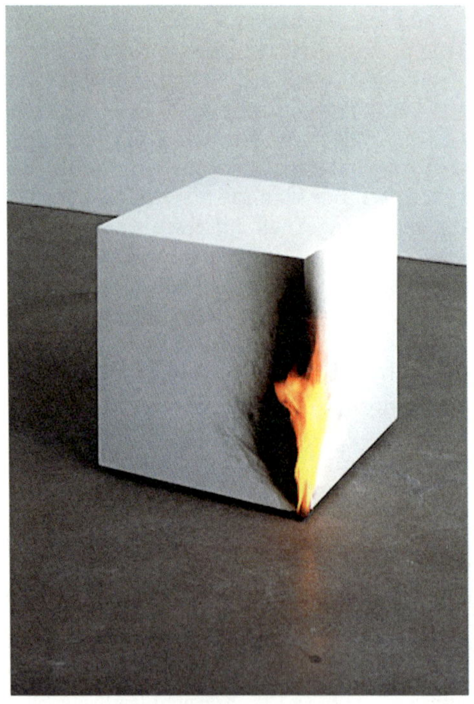

Abb. 53 Jeppe Hein: Burning Cube, 2005

tation und Psychoanalyse zur Gesundheit zurückzufinden.[246] Die psycho-somatische Selbstverbrennung wird in der Stillstellung vor der Kerzenflamme zum Halten gebracht. Das Bild der Flamme, ihre kalte Symbolik – nicht die Wärmestrahlung – steht ganz im Vordergrund, die zur Innenschau und therapeutischen Ruhe beitragen soll.

Von einem vollständig anderen konzeptuellen Einschlag ist die Arbeit *Burning Cube* (2005) gekennzeichnet (Abb. 53). In den weißen Würfel ist ein Gascontainer integriert, dessen Inhalt kontinuierlich an einer Seite entlassen wird und in Flammen steht. Das Feuer zeichnet auf die feuerresistente Oberfläche eine schwarze Schmauchspur. Die Grundform der Architekturmoderne (Bauhaus), im Besonderen der Ausstellungsarchitektur (White Cube), wird einem sinnbildlichen Angriff ausgesetzt. Beschmutzung und Verbrennung stehen im Kontrast zur etablierten Coolness und Rationalität der Form, die auch im Konstruktivismus und Minimalismus Leitfunktion hatte. Diese Attacke auf die traditionell gewordene Moderne wird gemeinhin mit dem Schlagwort *postmodern* belegt. Die künstlerische Selbstreflexion, die mit dieser Arbeit betrieben wird, lässt weitere Referenzen zu: Die Flamme und die durch sie verursachte Zeichnung rufen die Konzepte der Destruction Art (Gustav Metzger, Raphael Ortiz), der Anti-Form (Robert Morris) und des Malens mit Feuer auf (Yves Klein, Otto Piene) – letzterer Technik hat sich auch Jeppe Hein bedient. Die Flamme hat in *Burning Cube* weder eine magisch-heilende noch eine gestaltwandlerische oder eine unmittelbar sinnliche Funktion. Auch wird nicht wirklich die Moderne stellvertretend im Opferfeuer vernichtet, vielmehr ein gedankliches Amusement für den kunstinformierten Betrachter geboten, der das Kunstfeld des 20. Jahrhunderts überblickt.

Dass sich die Kunst Jeppe Heins für das Entertainmenthafte offen zeigt, wird anschaulich bei *Water Flame* (2006). In der Fontäne eines Springbrunnens schwebt eine Flamme, was das paradoxe Bild der Konfrontation und tänzerischen Vereinigung gegensätzlicher Elemente ergibt (Abb. 54). Das Schauspiel aus heiß und kalt, gasförmig und flüssig, trocken und feucht, männlich und weiblich birgt chemo-logisch darüber hinaus einen semantischen Clou: Wasser besteht bekanntermaßen aus

246 Der Fall ist inzwischen philosophisch aufgearbeitet worden: Finn Janning: The Happiness of Burnout. The Case of Jeppe Hein, Köln 2015; ders.: The Happiness of Burnout, in: Journal of Philosophy of Life Vol. 4, No. 1 (January 2014), S. 48–67.

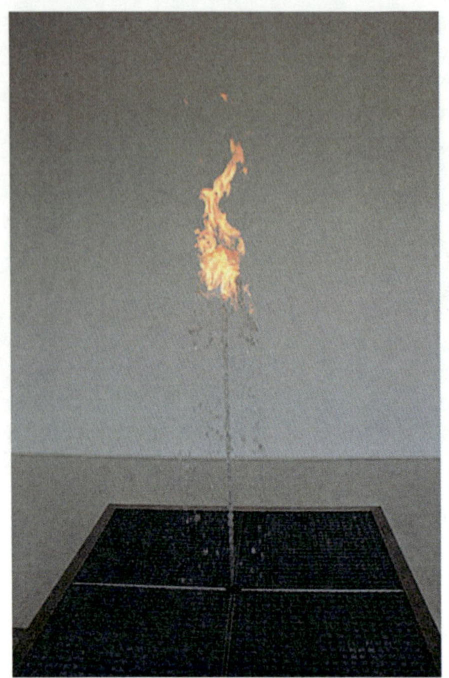

Abb. 54 Jeppe Hein: Water Flame, 2006

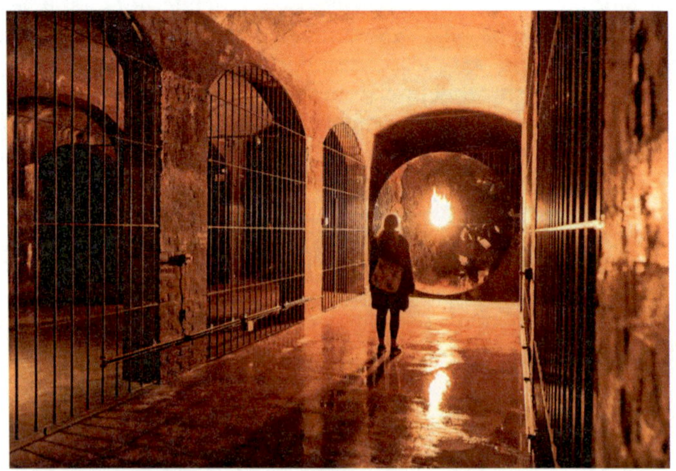

Abb. 55 Jeppe Hein: Bear Your Consequences, 2018

Wasserstoff, ein Element mit hoher Zündfähigkeit, und Sauerstoff, der die Bedingung für die Verbrennung stellt. Ob der Betrachter dieses Wissen aktiviert oder nicht, in jedem Fall veranstaltet Hein ein barockes Festspiel im Kleinen mit Feuerwerk und Wasserspiel. «This paradoxical synthesis of elements», ist auf der Website des Künstlers zu lesen, «creates an effect of astonishment and wonder.»[247]

Hein übersetzt dabei auch ins Materielle, was vor ihm die poetische Fantasie des Surrealismus hervorgebracht hatte. Über die Formanalogie des Aufschießens von Feuer und Wasser gelingt die Synthese des elementaren Unterschieds. Bachelard zitiert als Beleg den Poeten Jean Caubère: «Es gibt Gärten, / in denen eine einsame Fontäne brennt / inmitten von Steinen / in der Dämmerung».[248]

Während die letztgenannten Arbeiten über wenig thermotopisches Potenzial verfügen, repräsentiert *Bear Your Cosequences* eine markante raumkonzeptuelle Position, über die der Betrachter und kutan Wahrnehmende zur Aktivität gebracht wird. 2018 wurde in einer Zisterne in Kopenhagen ein runder Edelstahlspiegel von drei Meter Durchmesser installiert, der eine gebrochene Oberfläche aufwies. In der Mitte des Spiegels brannte eine Propangasflamme (Abb. 55). In der frühen Fassung von 2003 (Abb. 56) strömte die Flamme noch ohne Spiegel direkt aus der Wand des White Cube. Näherte man sich der Installation, reagierte das System, indem vermehrt Gas freigegeben wurde und sich das Feuer mit einem vernehmbaren Fauchen vergrößerte. Beide, Besucher und Flamme, bewegten sich auf einander zu, allerdings mit dem erwartbaren Resultat, dass an einem bestimmten Punkt die Hitze so groß wurde, dass es zu einer Umkehr kommen musste. Angriffs- oder Vereinigungsaktion? Zwar bleibt wie in den früheren Spiegelobjekten das Moment der Zusammenkunft im Spiegelbild erhalten, das offene Feuer entfaltet durch die thermische Aggressivität jedoch gleichzeitig eine Distanzierung. Betrachtung und kutane Empfindlichkeit geraten in einen Widerspruch zueinander. Die Versionen der *Consequences*-Arbeiten unterscheiden sich von den anderen Flammenwerken darin, dass das Feuer den Charakter des Ruhigen und Spielerischen verloren hat. Die Installationen verweisen auf den dialektischen Gegenpol zur Gelingens- und Wohllebenserwartung von Feuerstellen. Das gehegte Feuer ist immer auch ein steter Gefahrenherd, der in der auf Si-

247 http://www.jeppehein.net/pages/project_id.php?path=works&id=120.
248 Bachelard: Die Flamme, S. 75.

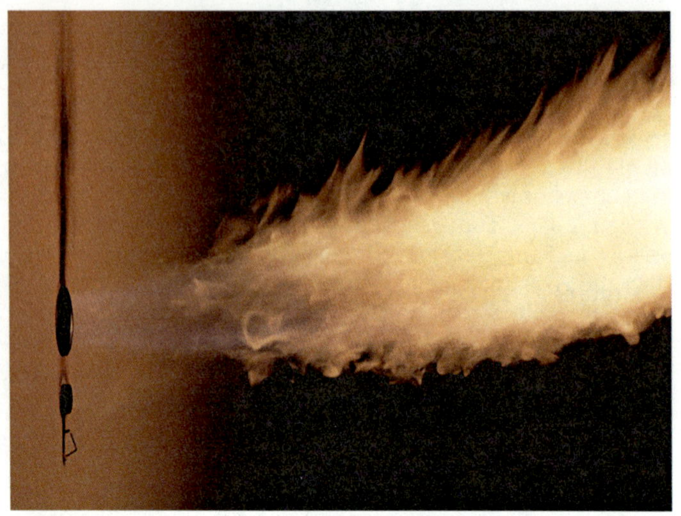

Abb. 56 Jeppe Hein: Bear the Consequences, 2003

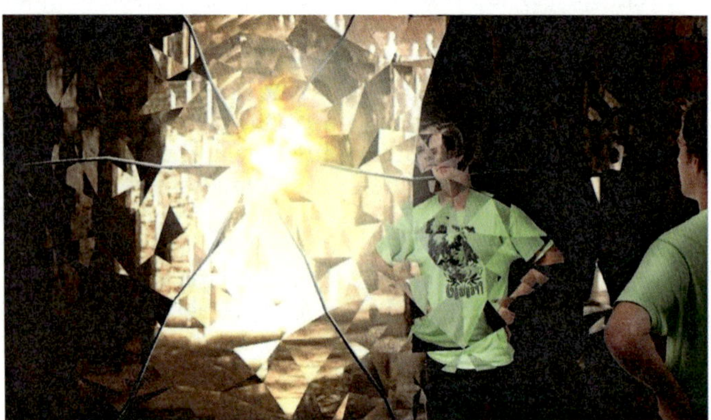

Abb. 57 Jeppe Hein: Bear Your Consequences, 2018

cherheit bedachten Moderne durch Feuermelder, Feuerlöscher und Feuerwehr technisch-institutionell beherrscht wird. Im Hinblick auf die Kunstwürdigkeit sind solche trivialen Wirklichkeitsrahmungen nicht bedeutsam, allerdings sind sie anschlussfähig an existenzielle Gegebenheiten, denen Kunst zuweilen einen Ausdruck zu verleihen sucht. Zwar mag im ersten Zutritt der Eindruck einer Jahrmarkthaftigkeit entstehen, der reaktive Mechanismus der Feueranstrahlung wäre nicht mehr als ein Überraschungseffekt, denn bildnerisch sind beide Arbeiten eher als arm einzustufen. Allerdings bietet die Drohung des Verbrennens inhaltliche Verknüpfungen an, nicht nur zum psychischen Burnout, sondern ebenso zum globalen Burnout. Das auszischende Gas gemahnt an den ungehemmten Verbrennungsprozess von Erdöl, Erdgas, Kohle und Abfall, der seit Beginn der Industrialisierung zur Überhitzung der Atmosphäre geführt hat. Was für einen angenehmen Lebensstil sorgte, ist im selben Zug ein schleichender Totalvernichtungsakt. Die Thermotopie von *Bear Your Consequences* birgt das Sinnbild für die große Thermo-Dystopie. Die Installation lässt sich als Sensationskunst im doppelten Wortsinn beschreiben, denn die stechende Flamme generiert ein aufsehenerregendes Ereignis und gleichzeitig eine Gefühlsempfindung, aus der die Vorstellung der Kremation hervorgeht. Das zerrissene Spiegelbild des Besuchers (Abb. 57) nimmt die Auflösung visuell vorweg, die als Drohung im Feuer versinnbildlicht ist.

Was sich als Wunsch und Wirklichkeit in die Arbeiten von Nauman, Piene und Kepes einträgt, weicht gravierend von denen Heins ab. Während die frühen Feuerstellen als Repräsentanten einer optimistisch gestimmten Epoche begriffen werden können, liefert Heins Arbeit die Mimesis der globalen Selbstverbrennung und wird zum Ausdruck einer hoffnungsärmeren Kultur, die sich in den Jahrzehnten seit 1970 bewusst geworden ist, welche Kosten der Fortschritt mit sich bringt. Man kann der Installation nicht das Verdienst zuschreiben, diese Erkenntnis über den Weltzustand zu befördern wie auch dem Werk nicht zu entnehmen ist, ob die kulturkritische Funktion intendiert war. Der Betrachter kann sein Wissen über die prekäre Hitzekultur an die Installation herantragen und es als traditionelles Memento-Kunstwerk betrachten. Getroffen vom Hitzestrahl, kann sich bei ihm ein negatives Realitätsgefühl einstellen; dieses auszuhalten ist schwieriger, als vor dem Kunstwerk zu verweilen.

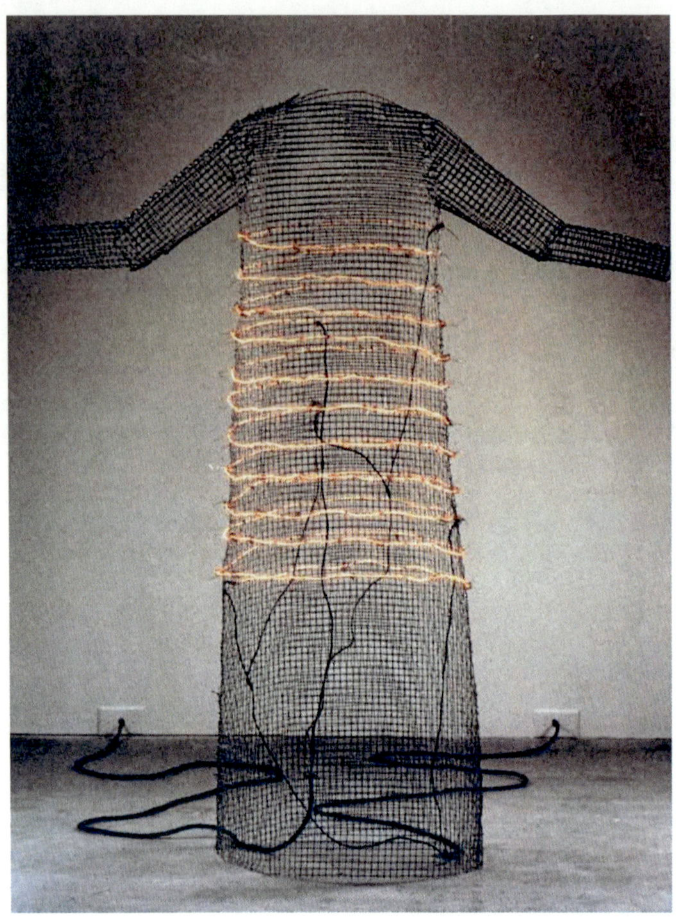

Abb. 58 Jana Sterbak: I Want You to Feel the Way I Do ... (The Dress) (1984–85)

Glühen

Phänomenologie der Glut

Wie die bisherigen Analysen zeigten, belegt die poetische Imagination das offene Feuer mit widerstreitenden Vorstellungen. Einerseits symbolisiert es das Lebendige, Produktive und Erotische, andererseits ruft es Bilder verzehrender Zerstörungskraft auf. Noch in der Gegenwartskunst sind die Spuren dieser mythischen Bedeutsamkeit bemerkbar.

Wenn auch nicht im selben Maße dramatisch und mythengewaltig verfügt die Glut als Nachbarphänomen über einen ähnlich mehrdeutigen Gehalt. Das Glühen eines Materials vermittelt zumeist eine Atmosphäre der Ruhe, vermag aber auch geheimnisvoll und zuweilen unheimlich erscheinen, weil es das Potenzial zur Entfachung besitzt oder als Hitzekonzentrat wahrgenommen werden kann. Die Glut ist scharf, hinterhältiger als die Flamme. Aufgrund der Bösartigkeit ist «innerhalb der religiösen sphäre die verbindung glut der hölle weit verbreitet und häufig belegt», wie es im *Deutschen Wörterbuch* der Grimms heißt.[249] Aber auch das Gegenteil lässt sich über die Glut sagen, die sinnbildlich Liebe, Leidenschaft und Begeisterung, zuweilen sogar das Heilige darzustellen vermag. Weniger demonstrativ und pathetisch als das lodernde Feuer wirkt das Glühen wie stillgestellte Zeit, was jedoch nicht in jedem Fall zu einer Minderung der Eindrücklichkeit beiträgt. Wer sich der Glut nähert, kann ihre beißende Qualität spüren. Die Glut verschlingt nicht oder überwältigt, dafür jedoch haftet ihr Beharrlichkeit an, mit der sie verzehrt oder schneidet.

Visuell vermag die Glut wegen ihres Glanzes zu verzaubern. Anstatt strahlendes Licht zu streuen, wohnt ihr ein inneres Leuchten oder Schimmern inne. Das Kolorit zwischen Gelb und Orange ähnelt der Kostbarkeit von Gold, bestimmten Edelsteinen oder kunstvoll genutzten Farben. Dass sie nicht zuletzt *das* Merkmal der Sonne ist, dem Lebensspender schlechthin, gibt ihr das Gewicht großkultureller Bedeutsamkeit.

249 Jacob und Wilhelm Grimm: Deutsches Wörterbuch, Bd. 8, Sp. 485, Leipzig 1854–1961.

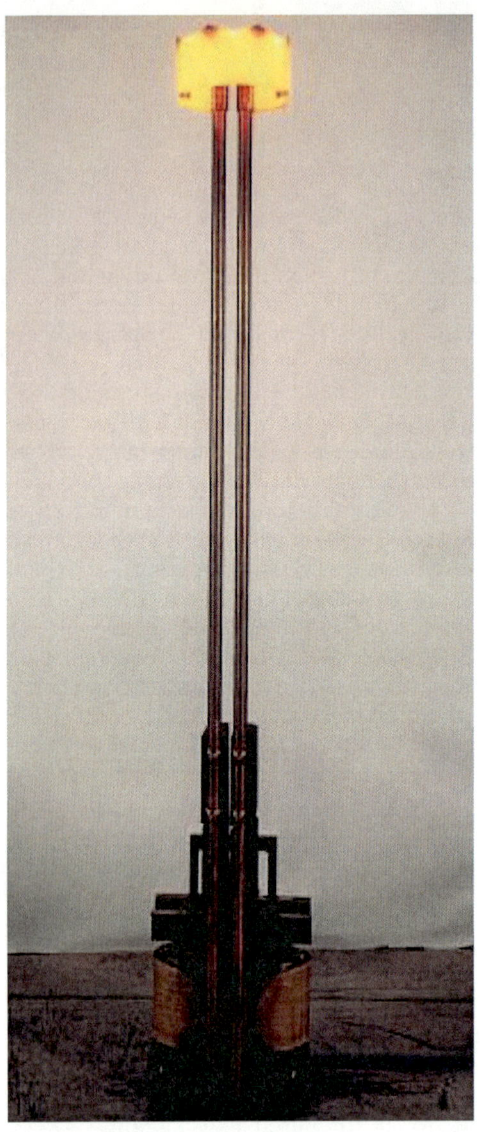

Abb. 59 Jana Sterbak: Hot Crown, 1998

Oder ist nicht die Welt überhaupt von dir? Denn wie oft hast du sie in Brand gesteckt mit deiner Liebe und hast sie lodern sehen und aufbrennen ...

Mythos der Glut (Jana Sterbak)

Diese Doppelcharakteristik aus Gefahr und Verlockung hat die kanadische Künstlerin Jana Sterbak für zwei Arbeiten genutzt. Obwohl *I Want You to Feel the Way I Do . . . (The Dress)* (1984–85) und *Hot Crown* (1998) formal sehr unterschiedlich gestaltet sind, fußen beide Arbeiten auf der identischen literarischen Quelle – dem Medea-Mythos – und folgen einem gemeinsamen konzeptuellen Gedanken. Eingehende Interpretationen beider Werke fokussierten bisher auf die inhaltlichen Aspekte weiblicher Körperschicksale oder Identitätskonzepte. Aus feministischer oder psychoanalytischer Perspektive wurden Kleidung (Dress) und Schmuck (Crown) als symbolische Hüllen gedeutet, die Ausdruck von psychischen Unsicherheiten, ungleichen Machtverteilungen und prekären Geschlechterbeziehungen sind.[250]

Diese auf der Hand liegenden Deutungen werden im Folgenden nicht vertieft; das Interesse richtet sich auf die spezifische Relation von Konzeptualität beziehungsweise Mythizität einerseits und Körperlichkeit andererseits, die ein Grundzug des Sterbak'schen Œuvres ist.[251] Die Verwendung glühender Materialien bietet dabei im Besonderen Gelegenheit, deren Ambivalenz zwischen Betörung und Zerstörung zu erkunden, um eine weitere thermo-ästhetische Facette kenntlich zu machen – die Referenz auf literarische Quellen.

Die literarische Referenz

The Dress (Abb. 58) besteht aus Maschendraht, was dem fragil wirkenden Kleid eine skulpturale Steifheit verleiht. Obwohl kein Körper das Objekt trägt und belebt, spricht die Arbeit gestisch zum Betrachter. Die ausgebreiteten Arme deuten eine Begrüßung an, vermitteln Offenheit und Freundlichkeit. Dass

250 Olivia C. Pipe: On Dresses and Diadems: Female Discourse and the Politicized Body in Jana Sterbak's Thread Drawings and Artworks, Master Thesis, 2011; John Latour: Manifestations of the Absent Figure in Canadian Sculpture Since the Seventies, Master Thesis, 2005, S. 60–67, Rosa Martinez: Jana Sterbak. ‹I want you to feel the way I do› Intensitat (1993), in: http://www.rosamartinez.com/jana_eng.htm; Marni Jackson: The Body Electric, in: Canadian Art, Spring 1989, S. 65–70, hier: S. 66.

251 Siehe die Selbstaussage der Künstlerin in einem Video-Interview von 2016: https://vimeo.com/154840353.

durch diesen luftigen Nicht-Körper elektrische Energie fließt, signalisieren die schweren schwarzen Kabel, die zur Elektrizitätsversorgung im Galerieraum führen. Das gleiche technische Setup gilt für *Hot Crown* (Abb. 59): Auf zwei Stangen von circa zwei Metern Höhe, die in einem Transformatorfuß ruhen, ist eine kleine Krone befestigt. Beiden Arbeiten ist ein Raumsensor beigegeben. Nähert sich ein Besucher den Installationen, beginnen Krone und ein Draht zu glühen. Die abstrahlende Wärme berührt den Betrachter, der, wie beim Flammenwerfer Jeppe Heins, davon nicht angezogen wird, vielmehr die Empfindung von Gefährdung verspürt: «Unmittelbar stellt sich das Gefühl ein, wie schmerzhaft die Verbrennungen wären, die ein solches Kleid hinterließe.»[252]

Besticht zunächst die Reduziertheit der Formgebung, drängt sich unmittelbar die Frage auf, was es mit dem Kleid und Krone auf sich hat. Kunstkritik und -wissenschaft erläutern wiederkehrend die Referenz auf Medea, die terroristische und destruktive Zauberin, die verzweifelte Repräsentantin einer heillosen Leidenschaft – Töterin ihres Bruders, ihrer zwei Kinder, ihrer Nebenbuhlerin Glauke sowie Kreons, König von Theben und Glaukes Vater. Ruft man die Tragödie des Euripides auf, so fällt die enorme Diskrepanz auf, hier eine ausgearbeitete Geschichte, in der tragische und hochpathetische Situationen geschildert werden, dort zwei Items, wie verloren, die alles vermissen lassen, was der Text darstellt. Nicht nur fehlen die Körper zu Kleid und Krone, auch liefern die Werktitel keine helfenden Hinweise auf die mythische Erzählung. Es ist, als beabsichtigte die Künstlerin, Leerstellen zu inszenieren oder Verbindungen zu lösen. Demgegenüber erzeugt der Wärme- und Hitzestrom eine affektive Präsenz und etabliert damit eine unmittelbare empfindende Beziehung. Für gewöhnlich jedoch verfolgen professionelle Interpreten die Spur zum literarischen Ursprung mit der Absicht, den konzeptuellen Hintergrund aufzuklären, indem die Tragödienhandlung nacherzählt wird. Der interessierte Rezipient erfährt, dass Medea aus Rache und Enttäuschung Glauke mittels verhextem Kleid und Krone tötet. Das ikonografische Verfahren, das die «Kenntnis literarischer Quellen (Vertrautheit mit bestimmten Themen und Vorstellungen)»[253]

252 Anne Horstmeier: Kunst aus Brot und Fleisch (2017), in: https://www.wr.de/kultur/kunst-aus-brot-und-fleisch-id209956147.html.

253 Erwin Panofsky: Ikonographie und Ikonologie. In: E. Kaemmerling (Hrsg.): Bildende Kunst als Zeichensystem. Ikonographie und Ikonologie. Band 1: The-

voraussetzt, hilft, die von der Künstlerin unterschlagenen Zusammenhänge kenntlich zu machen. Trotz der literarischen Referenzbildung entsteht der Eindruck, dass kaum einmal der Text des griechischen Dramatikers konsultiert wurde. An ihm erweist sich, dass sich Jana Sterbak nicht in erster Linie narrativ hat inspirieren lassen, sondern vor allem der eindringlichen Bildlichkeit des Tragödientextes folgt. Schon in der Szene, in der Medea ihren Noch-Ehemann Jason bittet, seiner zukünftigen Braut eine «Hochzeitsgabe» überbringen zu dürfen, um die Konkurrentin milde zu stimmen, heißt es: «es sind die größten Kostbarkeiten, / die es auf Erden gibt, ein feiner Schleier / und eine goldgetriebne Krone».[254] Die textlich ausgewiesene Feinheit des Textils und das Gold der Krone übernimmt Sterbak und nutzt diese als markante formale Merkmale ihrer Skulpturen. Dass bei Sterbak aus Gold Glut wird, stellt mehr als eine farbliche Analogiebildung dar, denn auch in Euripides' Erzählung erfolgt die Metamorphose von kalt zu glühend heiß: Im Drama berichtet ein Bote, wie Kreons Tochter die Geschenke empfängt und beglückt die Kostbarkeiten anlegt. Was für einen kurzen Moment Euphorie erzeugt, kippt unversehens in ein schauerliches Sterben, das versenreich ausgemalt wird:

> «Ein fressend Feuer tropfte von der Krone / herunter, die sie in den Haaren trug, / und in die weißen Glieder fraß sich tief / der Mantel ein, die Gabe deiner Söhne. / Hellbrennend fährt sie aus dem Sessel auf / und flieht und wirft das Haupt und schüttelt wild / die Locken, um die Kron' herauszuschleudern. / Allein das Gold sitzt fest im Schopf, und heller / flammt von dem Schütteln angefacht das Feuer. / Die Schmerzen überwältg'en sie, sie stürzt / zu Boden, kaum noch für den eignen Vater / erkennbar. Augen, Stirn und alle Form / des lieblichen Gesichts ganz entstellt. / Denn mit dem Flammenstrome rann vom Kopfe / das Blut herab, und von den Gliedern tropfte / von deinen Zaubergiften weggefressen / das Fleisch wie Kien im Feuer.»[255]

Die bereits bezeichnete Ambivalenz von strahlender Kostbarkeit und schneidender Gluthitze wird bei Euripides wie bei Sterbak ästhetisch ausformuliert. Diese Bildkraft erzeugt die

orien – Entwicklung – Probleme. Köln 1994, S. 207–225, hier: S. 223.

254 Euripides: Medea, in: ders. Griechische Tragoedien, übersetzt v. Ulrich von Wilamowitz-Moellendorf, Berlin 1906, S. 233.

255 Ebd., S. 242.

Oberfläche und die Tiefe von *The Dress* und *Hot Crown*. Die Zerrissenheit, ein Grundmotiv in der Figur der Medea, übernimmt die Künstlerin von Euripides und überträgt sie auf die Skulpturen. Für den Betrachter, der mit dem Mythos nicht vertraut ist, ist die konzeptuelle Grundlage wenig bedeutsam, nicht jedoch die thermische Einwirkung, die zum Träger der Ambivalenzvermittung wird: Visuelle Verzauberung und kutan gespürte Bedrohung laufen gegeneinander. In einem Gespräch bestätigt Sterbak dieses konstruktive Moment:

> «Für mich ist Attraktion/Abstoßung eine Grundbedingung der gelungensten Kunstwerke – wäre alles nur abstoßend, würde sich niemand damit auseinandersetzen, wäre alles nur fröhlich und positiv und anziehend, könnte es sehr leicht in den Bereich des Dekorativen und des Sentimentalen geraten. [...] Das Großartige an einem Kunstwerk ist, dass man sich gegenseitig ausschließende Thesen präsentieren kann, und zwar nicht nacheinander, sondern simultan. Man kann Emotionen ansprechen, bevor man an den Verstand appelliert.»[256]

Aufgrund der ästhetischen Zwistigkeit könnte das Zwischenfazit lauten, dass die Herrlichkeitszeichen des Weiblichen und des Könitgums sowohl als erhebende Wunschbilder wie auch als verderbliche Unglücksbringer konnotiert sind. Modern ist diese Artikulation insofern, als das Tragische nicht mehr als unaufhaltsame Schicksalsmächtigkeit ausbuchstabiert wird, diese vielmehr im Modus eines verdichteten, traumartig formulierten Widerspruchs erscheint. Dabei bleibt offen, ob Freiheitsgewinne oder Schreckenszunahmen aus dem Kollaps der Identitäten resultieren werden. Auch wenn die Sterbak'schen Kunstwerke eine Distanz zum Ursprungsmythos suchen und sich nicht als Illustrationen verstehen, lohnt dennoch eine genauere Darstellung der Mehrwertigkeit des Feuers, die der Mythos rund um die Figur der Medea entwickelt. Im Text des Euripides wird an zwei Stellen eine Konstellation kreiert, die, analytisch betrachtet, für die Deutbarkeit der heutigen Kunstwerke ertragreich ist.

Dramaturgisch bringt der antike Schriftsteller das Umschlagmoment zwischen Feier und Vernichtung zum Ausdruck, wenn er Medea (in vorgetäuschter Betroffenheit) sagen

256 Jana Sterbak, Lena Nievers: Der Lauf der Zeit, in: Jana Sterbak: Life Size, Ausstellungskatalog, Wien 2017, S. 68–72: hier: S. 71–71.

lässt, dass es ihr nicht vergönnt sei, die «Hochzeitsfackel»[257] segnend zu tragen, im Verlauf der Handlung sie dann aber eben doch das Feuer bringt, um nun jedoch, anstatt die Liebe zu befeuern, den «Flammentod»[258] zu bewirken. Euripides treibt mit dieser Umwertung des Feuers nicht nur die Erzählung voran, er formt damit auch den Charakter der Hauptfigur. Das Motiv der versehrenden Hitze ist aufs Engste an die übermäßige Leidenschaftlichkeit Medeas geknüpft, verfügt damit neben der pyrotechnischen oder pyrosphärischen auch über eine pathologische Bedeutung.

Auf die ungezügelte Affektbestimmtheit der Figur reagiert nach der Tötung von Glauke und Kreon der Chor mit der Anrufung der Instanz des glühenden Zentralgestirns, das den Destruktionstrieb Medeas in Zaum halten möge.

> «Allleuchtender Strahl der Sonne. / Habt acht auf das unselige Weib, / habt acht, bevor sie die Kinder erreicht / mit mordender Mutterhand. / Es ist dein güldener Same, / Helios, / errette das Göttergeschlecht vor Menschenverfolgung. / Halte sie, hemme sie, himmlisches Licht.»[259]

Helios wird als Lichtgeber, Repräsentant der Erkenntnis und des Guten, und nicht als Erhitzer eingeführt. Mehr Licht als Hitze ist also die therapeutische Maßgabe. Trotz der chorischen Anmahnung gelingt die Kur der Wahnsinnigen nicht. In der Gegenbildlichkeit von Licht und Hitze wird der Ausnahmezustand Medeas konturiert, denn sie entzündet nicht nur das Feuer gegen andere, sie wird selbst von einem Feuer verbrannt. An einer Stelle ruft sie Jason zu, was sie sich selbst hätte zurufen können: «Geh nur, die Sehnsucht nach der neuen Braut / brennt dich zu heiß, wenn du noch länger säumst.»[260]

Die Psychologie der Hitze wird viel später Ovid in seiner Bearbeitung des Medea-Mythos ausarbeiten. Ovid setzt in seiner Erzählung früher ein, nicht erst bei der korinthischen Episode, sondern im Moment der Leidenschaftsentzündung für Jason. Eine «feurige Glut» wird in Medea entfacht, die der römische Dichter als «unseliges Mädchen» bezeichnet. Sogleich erfolgt in Vorhersehung der Tragödie die Mahnung an Medea: «Lösche,

257 Euripides: Medea, S. 237.
258 Ebd. S. 244.
259 Ebd.
260 Ebd., S. 220. An anderer Stelle heißt es über Jason: «Aigeus: So haßt er dich und brennt vor neuer Liebe. / Medea: Der brennt von Liebe. Ein Verräter ist er.» Ebd., S. 224.

sofern du's vermagst [...], die Flammen, / Die dich verzehren!»[261] Ovid entwickelt den inneren Kampf der jungen Frau zwischen kühler Vernunft und heißer Liebe, die am Ende nicht gezügelt werden kann:

> «Schon ist sie stark, die Glut ist gebannt und gewichen, da sieht sie / Aesons Sohn, und aufs neue entbrennt die erloschene Flamme. / Jäh erröten die Wangen, sie glüht im ganzen Gesichte, / Und wie ein winziger Funke, der tief in der Asche versteckt war, / Wenn ihm die Winde die Nahrung verleihen, aufs neue hervorwächst / Und, gewaltig entfacht, in der früheren Stärke emporloht, / So die Liebe Medeas: sie schien schon schwach und erloschen, / Aber sie loderte frisch beim Anblick des herrlichen Jünglings.»[262]

Liebe/Hitze wird übertragen; Liebe funktioniert wie ein thermodynamisches Geschehen. Wo Hitze ist, dort ist Unruhe, arbeitet ein Motor, der potenziell auch für Zerstörung bereitsteht. Ovid verdeutlicht diese Thermo-Mechanik in der Schilderung der feuerschnaubenden Stiere, die Jason vor einen Pflug spannen soll – eine Unmöglichkeit, die ihm nur mit Hilfe der Zauberkraft Medeas gelingt. Diese Tiere stellen das Parallelbild zu Medea dar: Aus ihren Nüstern blasen sie «Flammen Vulcans», in ihren Leibern «brausen verschlossene Flammen» und es dröhnt aus ihren «verbrannten Schlünden», wobei «der Anhauch des Feuers» von ihrer Unzähmbarkeit zeugt.[263] Die motivische Kopplung von Feuer und Medea vertieft Ovid in einer Szene, die die Protagonistin bei ihren Zauberhandlungen beschreibt. Medea, wie eine Bacchantin, «umkreist die Feueraltäre», taucht Fackeln in Blut und «reinigt den Altar / dreimal mit Feuer». In der Zauberküche hantiert sie mit «glühendem Kessel», lässt «Feuer spritzen» und «glühende Tropfen» auf die Erde fallen.[264] Ovid überhöht narrativ und rhetorisch die bei Euripides angelegten Feuerungsmotive, indem er am Ende nicht nur die neue Gemahlin Jasons dem Feuertod überantwortet, sondern den ganzen Königspalast als «entflammt» schildert.[265]

261 Ovid: Metamorphosen, übers. und hg. v. Hermann Breitenbach, Stuttgart 2005, S. 210.
262 Ebd., S. 213.
263 Ebd., S. 215.
264 Ebd., S. 220.
265 Ebd. S. 225.

In den beiden antiken Texte liegt ein Muster vor, das in den Arbeiten Jana Sterbaks aufzufinden ist. Wie im Mythos spielt auch bei Sterbak die Übertragungs- und Transformationsfähigkeit der Hitze die Hauptrolle. Ebenso übernimmt die Künstlerin die rhetorische Strategie des Wechsels zwischen metaphorischem und Realfeuer.

Die Künstlerin als Medea-Figur

Unter Einbeziehung des Mythos könnten in vorschneller Deutung *The Dress* und *Hot Crown* als Kunstwerke erscheinen, die den Opfern von Gewalt gedenken. Dagegen ist die offensichtliche Tatsache zu stellen, dass Sterbak Szenarios entwickelt, in denen sie die Rolle der Medea übernimmt. Ihre Gabe von Kleid und Krone an das Kunstpublikum operiert mit der identischen Strategie: Erzeugung von Faszination bei gleichzeitig kalkuliertem Risiko der Verbrennung. Beide Arbeiten sind als Selbstthematisierung moderner Kunst und ihrer Beziehung zum Rezipienten interpretierbar, die, wie in der Liebe, von Attraktion und Enttäuschung strukturiert ist.

Zweifelsohne muss in der Künstlerin ein Feuer brennen, das ausstrahlen soll. Die Leidenschaft für die Kunst ist ja nicht nur eine, die sich der Form oder einer Aussage um ihrer selbst Willen widmet. Kunst will sich stets an jemanden wenden, will ihn einnehmen, in Erregung versetzen, verführen, ihm etwas mitteilen, sich ihm hingeben, ihn verletzen, verstören, zur Gegenliebe bewegen. Wie im antiken Mythos ist Wärmeübertragung im Fall von Sterbak real und metaphorisch gegeben. Das Hitzeperfomativ ist ein Mittel der Kontaktnahme oder, im guten Fall, ein Mittel der Anrührung, phatisch in der Begrifflichkeit Roman Jakobsons. Medea, die das Glühen empfängt und fortan ihr zauberisches Handeln, Gestalten und Zerstören aufs Innigste an das Feuer bindet, kann als typologisches Vorbild für die moderne Künstlerin gesehen werden. In einer frühen Video-Perfomance setzt Sterbak die antike Feuerpsychologie ganz direkt ins Bild: *Artist as Combustible* (1986) (Abb. 60) zeigt in kaum mehr als 30 Sekunden das Entflammen der Künstlerin. Sterbak, nackt und verletzlich, hat eine kleine Menge Schwarzpulver auf ihre Stirn gelegt. Nachdem es entzündet wurde, schießt mit hellem Licht das Feuer auf, das über dem Kopf der Künstlerin wie eine übergroße Pfingstflamme brennt. Der grelle Schein, die Gefährdung, die lebendige Verbindung

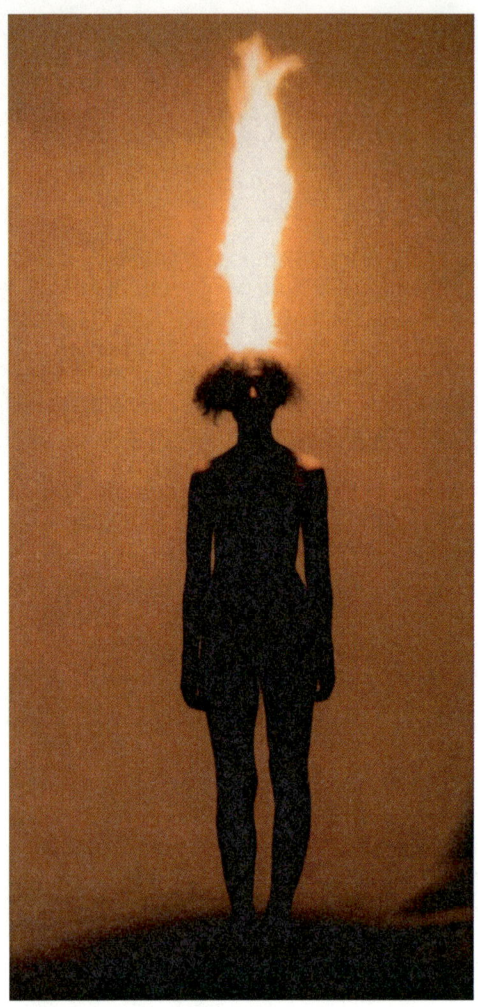

Abb. 60 Jana Sterbak: Artist as Combustible, 1986

von Körper und Feuer durch die Krönung[266], die Sinnbildlichkeit zwischen Eros und Erleuchtung, das Aufwieglerische – all das enthält auch der Medea-Mythos: «Seeing Sterbak's head light up is like a sudden inspiration that engages her whole body in a poetic, incendiary and luminous act.»[267]

Dass die entzündbare Künstlerin auch die entzündende sein will, macht Jana Sterbak nicht nur vermittelt über das physische Objekt explizit. Zumeist wird *The Dress* ein Text als Wandprojektion beigegeben, der sich an ein Du richtet, mit dem sich der Betrachter identifizieren kann. Im ersten Sprachbild zieht Sterbak die Motive der Krone und des Drahtes zusammen, worin auch der Rückverweis auf die frühere Arbeit *Corona Laurea (noli me tangere)* (1983) enthalten ist, die einen Lorbeerkranz aus elektrisch beheizbarem Glühdraht darstellte. (Abb. 61)

> «I want you to feel the way I do: There's wire wrapped all around my head and my skin grates on my flesh from the inside. How can you be so comfortable only 5' to the left of me? I don't want to hear myself think, feel myself move. It's not that I want to be numb, I want to slip under your skin: I will listen for the sound you hear, feed on your thought, wear your clothes.
> Now I have your attitude and you're not comfortable anymore. Making them yours you relieved me of my opinions, habits, impulses. I should be grateful but instead ... you're beginning to irritate me: I am not going to live with myself inside your body, and I would rather practice being new on someone else.»

Die Tonalität ist bedrohlich. Das Wesen, das da spricht, weist sich als Usurpator aus, als Fremdheit, die es darauf abgesehen hat, die Gefühle in einem ersten Schritt zu vermischen, das Eigene dem Fremden zu oktroyieren, um im Weiteren zur Übernahme des Anderen zu gelangen und um schließlich verärgert den besetzten Körper wieder zu verlassen. Ein Liebesdrama.

Die möglichen Deutungen dieser fiktiven Stimme sollen nicht ausgeschöpft werden. Für den Zusammenhang ist herauszustellen, dass über die *mythische Funktion* ein ganzer Komplex an Thermotransfers stattfindet – von Medea auf Kleid und Krone, von dort auf Glauke und weiter auf Kreon,

266 Cornelia Gockel: Jana Sterbak, in: Kunstforum International, 162 (2002), S. 354.

267 Patricia Maincent: Artist as Combustible, in: http://www.newmedia-art.org/cgi-bin/show-oeu.asp?ID=150000000047019&lg=GBR.

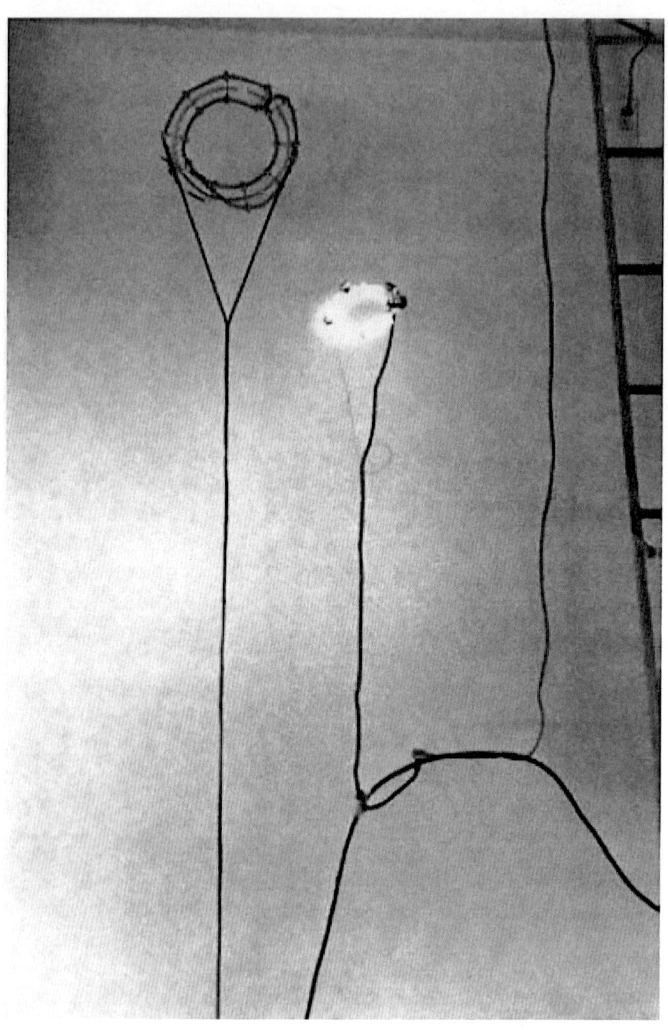

Abb. 61 Corona Laurea (noli me tangere), 1983/84

der ebenfalls verbrennt, als er seiner Tochter rettend zu Hilfe kommt. Jana Sterbak nimmt das Feuer auf, erzeugt drei Hitzeskulpturen und einen Text, die gemeinsam den Kunstrezipienten entzünden sollen. All das ist von Heillosigkeit gekennzeichnet, von zu viel Nähe und Abstoßung zugleich. Akzeptiert man den Komplex als allegorische Übersetzung des Verhältnisses von Kunst und Kunstbetrachter in der Moderne, so wird ein strukturelles Double-bind sichtbar. Die auf körperlich-sensorische Weise andrängende künstlerische Materie erzeugt in Permanenz die Verlegenheit, nicht zu wissen, was durch sie gesagt wird und wie damit umzugehen sei. Der Betrachter wird mit Empfindungen überschwemmt.[268] Darum wirkt, was moderne Kunst genannt wird, verführerisch und befremdlich in einem. Adorno merkt an, dass Kunst sich zwar «spröde gegen ihre Bedeutungen macht», sie auf Grund ihrer Begriffslosigkeit und Unmittelbarkeit aber auch von «Sehnsucht beseelt» ist.[269] Die Negation von Selbstverständlichkeit kann in gleichem Maße als anstiftend wie auch als erschreckend erfahren werden. Die «Glut des Herzens», wie es bei Euripides heißt, ist eine Zerstörerin der Ordnung: «Kein Eid mehr ist heilig, und Glauben und Treu / sie schwanden zum Himmel, man findet sie hier / im weiten Hellas nirgend.»[270] Sterbaks Arbeiten gehören in die posttragische Ära, sie können und wollen nicht mit der gleichen Intensität wie im antiken Drama die tragische Kollision verkörpern. Kunstwerk und Kunstrezipient, die einander im Modus distanzloser Unmittelbarkeit und unfreundlicher Abwehr begegnen, nehmen gleichwohl etwas von der mythischen Beschaffenheit in sich auf, in der das Gefühlvolle und Gesetzmäßige im Krieg miteinander liegen.

268 Auf diesen Aspekt fokussiert Söke Dinkla: ‹I Want You to Feel the Way I Do›, in: Jana Sterbak: Life Size, Ausstellungskatalog, Wien 2017, S. 16–19.
269 Theodor W. Adorno: Negative Dialektik, Frankfurt am Main 1966, S. 25.
270 Euripides: Medea; S. 213.

> *Wenn ich eine Viertelstunde vor dem Ofen knien muß und rütteln, die Stirnhaut gespannt von der nahen Glut und mit Hitze in den offenen Augen, gebe ich alles aus, was ich für den Tag an Kraft habe, ...*

Energielinien (Jan van Munster)

Wo das Brennen als Inbild leidenschaftlicher und tragischer Involviertheit benutzt wird, dort nähert sich die Kunst dem Theater, an dem der Betrachter als Akteur und als Mythendeuter teilnimmt.

Einen vollständig anderen Zugang zum glühenden Material demonstrieren die Arbeiten des niederländischen Künstlers Jan van Munster. Frei von etablierten Symbolen und mythischen Allusionen fordern die minimalistischen Rauminstallationen zu leiblicher Teilnahme und Affektionsbereitschaft auf. Damit sind innere Bildverhältnisse nicht grundsätzlich ausgeschlossen. Wie in vielen weiteren Arbeiten van Munsters, in die unsichtbare Energie eingeschlossen ist – starker Magnetismus, Elektrizität, Kälte und Wärme, Gas, Radioaktivität oder Klang[271] – bieten sich auch die Glühinstallationen als Repräsentationen gedanklich erfassbarer Spannung, Strahlung, Belebtheit, Geheimnishaftigkeit, Unheimlichkeit und des Gefährdetseins an.[272] Besonders an dieser Werkgruppe aus den 1980er-Jahren ist zu beobachten, wie Kunst, die das Optische mit dem Thermischen verbindet, ästhetische Erfahrungen anleitet, die sich von jenen mit retinaler Kunst unterscheiden. Einhergehend mit der leiblichen Reizung wird eine Selbstwahrnehmung aktiviert, die man als Konkurrenz zu der Wahrnehmung des Kunstwerkscheins konzeptualisieren kann. Mit der Einbeziehung der Leiblichkeit entsteht eine Verdopplung der Affektion, die nicht ausschließlich im Hinblick eines Entweder-Oder zwischen Sichtbarkeit und Fühlbarkeit zu analysieren ist. In die Aufmerksamkeit gerät vielmehr das sinnliche Feld der Kunstinstallation, wo der Rezipient mit der gegenseitigen Befremdung seiner unterschiedlichen Sinneseindrücke rechnen muss.

271 Zur umfassenden Werkübersicht siehe Jan van Munster: Die Energie des Bildhauers, hg. v. Lisette Pelsers, München 2001.

272 Vor allem der letzte Aspekt wird häufig genannt, beispielhaft: Lisette Pelsers: ‹In him inexplicitely mix'd appear'd much to be loved and hated, sought and feared; ...›, in: Bildhauer-Symposium, hg. v. Akademie der Diözese Rottenburg-Stuttgart, Weingarten 1992, S. 12.

Die Wahrnehmungsdynamik setzt ein mit dem Eindruck des einfachen Formelements, aus dem van Munster seine Installationen entwickelt – dem Strich. Linien durchschneiden den Raum oder die Fläche, rhythmisieren Ort und Zeit, bilden Zonen. Mögen die an Schnüre erinnernden Striche eine Verwandtschaft mit den Fadenskulpturen Fred Sandbacks aufweisen, so drängt die ästhetische Gesamtanlage auf etwas grundsätzlich Anderes. Während Sandbacks Arbeiten illusionäre Raumandeutungen beinhalten und auf ein Verschwinden des materiellen Körpers zielen, geben sich van Munsters Konstruktionen als heiße Existenzsetzungen, als Gegenüber-Objekte und Expansionsmedien.

Im Gegensatz zu der Kunst Jana Sterbaks, die den Kunstrezipienten durch Bedeutungsanmutungen in eine hysterische Gestimmtheit versetzen kann, dominiert bei van Munster ein vollständig anderes Werk-Rezipient-Verhältnis. Die Installationen zwischen Milieu und Objekt stellen den Betrachter in materielle und zeitlich strukturierte Umstände, in denen eine entsichernde Wahrnehmungsmobilität angeregt wird.

Die erste ästhetische Diskrepanz entsteht im Vorgang der Annäherung an die Arbeiten. Wer sich von größerer Distanz auf die Drahtensembles zubewegt, wird ohne Kenntnis ihrer Eigenschaften zunächst lediglich das Farbleuchten registrieren, das vom Bewusstsein noch nicht mit Feuer verknüpft werden muss. Der neonfarbene Lichteindruck nimmt vollständig die visuelle Wahrnehmung in Anspruch. Was dem Genre der Lichtkunst zugehörig erscheint, verändert seinen Status, sobald der durch den Sehsinn konditionierte Ausstellungsbesucher die thermische Natur der Farbausstrahlung erkennt. Ist das Glühen sinnhaft erfasst, ergänzt die taktile Qualität den Visualitätseindruck. An die Stelle der Wahrnehmung einer warmen Farbe rückt die physisch erlebbare Wärme.

Die Zonen, die sich mit dem thermischen Zuschlag herausbilden, stellen bei den Rauminstallationen keine fest gefügte Gegebenheit dar. Mittels Schaltmechanismen werden einzelne Drahtgruppen zeitweise ausgeschaltet, wodurch nicht nur visuelle Umfigurationen stattfinden (Abb. 62/63).[273] Mit dem Aufglimmen und dem Verlöschen ändern sich umgehend die spürbaren Wärmeemanationen. Von der visuell-thermischen Animation kann sich der Besucher belebend anregen lassen und die unterschiedlich temperierten Bereiche er-

273 Ein Dokumentationsvideo von 2013 unter: https://www.youtube.com/watch?v=ji6Br0z4dBQ.

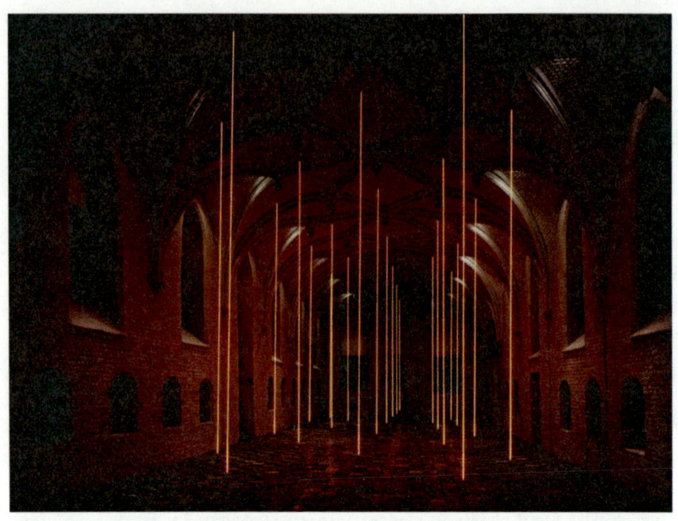

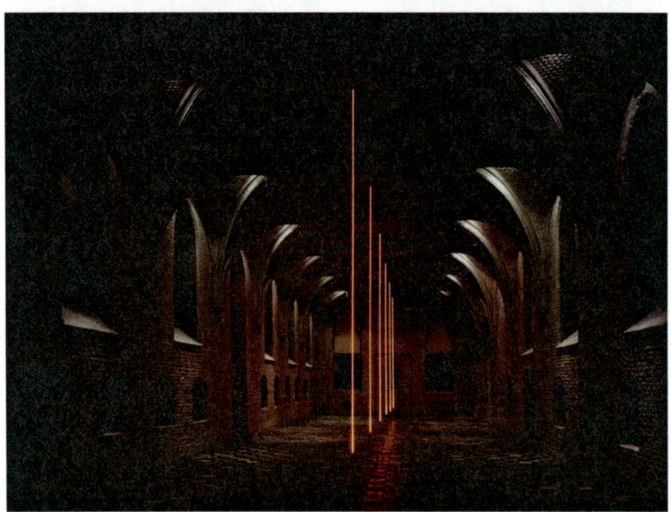

Abb. 62/63 Jan van Munster: Heat, 1989 (Middelburg)

kunden. Die Wechselhaftigkeit der Figuration fordert die Anschauung insofern heraus, als das Lichtspiel den Betrachter nicht auf eine Majestätsposition festlegt, von der aus ein umfassender Blick gewährleistet ist. Da die nicht bespielten ultradünnen Drähte den visuellen Eindruck von Leerstellen erzeugen, erhöht sich die Attraktion der strahlenden Elemente umso mehr. Durch den Rhythmus aus Lichtentzug und Wiedererscheinen entsteht eine Unvorhersehbarkeit, die wiederum ein subtiles Erwartungsgefühl erzeugt.

Mario Ramiro, ein brasilianischer Künstler, der ebenfalls in den 1980er-Jahren mit Thermo-Objekten experimentierte, spricht von einem Energiefeld, das sich um die Skulpturen aufbaut und als «immaterielles Volumen» wahrgenommen werden kann.[274] Diese Feststellung gilt auch für van Munsters Arbeiten: Während die Drähte auf Reduktion getrimmt sind, dehnen sich die «atmosphärischen Volumina» enorm aus. Dieses werkstrukturelle Moment korrespondiert mit einer weiteren Diskrepanz, die das Verhältnis von Vertrautheit und Fremdheit auf eine Probe stellt. Wer sich mit Feinsinn auf die Installationen einlässt, wird feststellen, dass der Nahraum des Fühlens und der Fernraum des Gesichts unterschiedliche Anmutungen aussenden. An Positionen besonders intensiver Hitzeabsonderung kommt es zu leiblichen Unmittelbarkeitserlebnissen, gleichzeitig jedoch erscheinen die glühenden Elemente als immaterielles auratisches Phänomen. Den Linien, die zu schweben scheinen, eignet etwas Unfassbares, sie wirken entrückt. Kritiker und auch der Künstler selbst haben wiederholt die Vorstellung des Mystischen sowie den ein- und ausatmenden Charakter der animierten Werke geschildert. Diese dem Gedanken des Minimalismus zuwiderlaufende Expressivität wird paradoxerweise noch gestützt, wenn der Installationsbesucher erfährt, dass eine Energieleistung von mehreren Tausend Watt für den Glühprozess aufgebracht werden muss. Nicht die wissenschaftliche Versachlichung gewinnt dann die Überhand; der Widerspruch zwischen der Zartheit der leuchtenden Linien, ihr Sein zwischen Erscheinen und Vergehen, und der elektrischen Potenz kann das Gefühl des Ungeheuerlichen und Unermesslichen hervorrufen. Das sensorische Berührtsein durch Wärme wird konterkariert von psychischer Schrecksamkeit.

274 Mario Ramiro: Between Form and Force: Connecting Architectonic, Telematic and Thermal Spaces, in: Leonardo, Vol. 31, No. 4 (1998), S. 247–260, hier: S. 255.

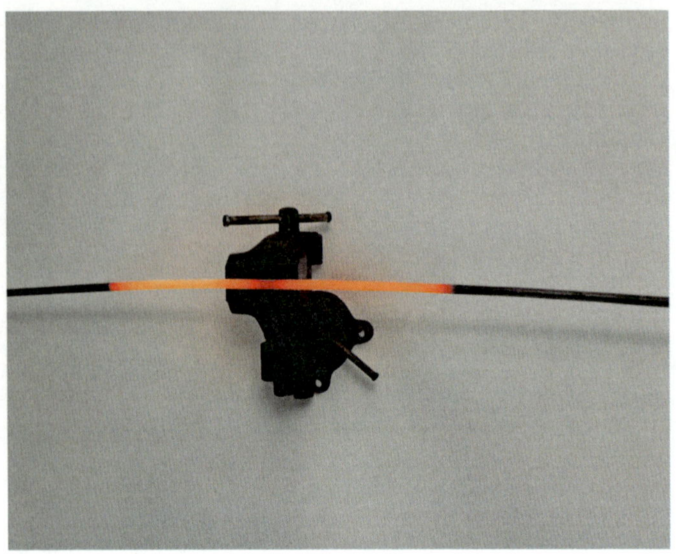

Abb. 64 Jan van Munster: Clenched Heat, 1983

Im Vorgang der Erkundung findet aber auch die Umkehrung der Sinneskonfrontation statt. Wer dem Glühen sehr nahe kommen will, um es visuell genau unter die Lupe zu nehmen, der muss mit der Unerträglichkeit der Hitze und mit Verbrennungsgefahr rechnen.

Die Zwiespältigkeit aus Lockung und Abstoßung, die als ästhetisches Kerncharakteristikum wiederholt notiert wurde[275], begründete die Kritik vereinzelt auch mit einem semantischen Aspekt. Danach stellen die Installationen symbolische Reaktionsformen auf die Bedrohungen durch entfesselte Energie (Atomkraft) und auf die Wirkmächtigkeit von Wissenschaft und Technologie dar.[276] Mögen sich derartige Sinnzuwendungen aus dem historischen Kontext der Entstehungszeit aufdrängen, so steht dieser Sichtweise der formale Reduktionismus entgegen, der gerade nicht die Referenzierbarkeit auf Wirklichkeitsverhältnisse nahelegt oder durch Symbole zu einer intellektuellen Sinnaufstufung anregen möchte.[277] Die ästhetische Qualität der Werkform basiert auf einer Unbestimmtheit, die mit dem Oxymoron der erfüllten Leere zu fassen ist. Der Widerspruch zwischen dem Leichten und Zurückgenommenen, dem Leuchtenden und Wärmenden einerseits und dem Energetismus sowie der schneidenden Feuerhaftigkeit andererseits läuft auf eine Vielstimmigkeit möglicher emotionaler Reaktionen hinaus. Das Gegenspiel von Seh- und Fühlsinn wirkt daran mit, dass nicht nur Bildraum und topografische Ausdehnung in Verwirrung geraten, sondern ebenso die Erlebnisse von Nahraum, Grenze und Entfernung, von Unmittelbarkeit der Wahrnehmung und Einbildungskraft.[278]

Trotz der Dominanz des leiblichen Erfahrungsmodus verschließt sich die Kunst van Munsters nicht prinzipiell der Symbolizität. Zwei konzeptuell benachbarte Arbeiten sollen abschließend veranschaulichen, wie mit künstlerischen Mitteln eine kunstpoetische Selbstaussage formuliert wird.

1983 entstand *Geklemmte Wärme* (Abb. 64), eine Wandarbeit bestehend aus einem Schraubstock und einem Metall-

275 Siehe die Texte von Hein van Haaren, Kees Broos und Uwe Rüth, in: Jan van Munster: Die Energie des Bildhauers, S. 139, 147–150, S. 182–185.

276 Elisabeth Grossmann: Jan van Munster. Skulpturen und Objekte, Zürich 1993, S. 7.

277 Siehe Georges Didi-Huberman: Was wir sehen blickt uns an. Zur Metapsychologie des Bildes, München 1999, darin das Kapitel «Das einfachste Sehobjekt».

278 Diese Beschreibung nimmt Anregungen bei Hans Blumenberg: Nähe und Ferne, in: ders.: Phänomenologische Schriften 1981–1988, Berlin 2018, S. 463–471.

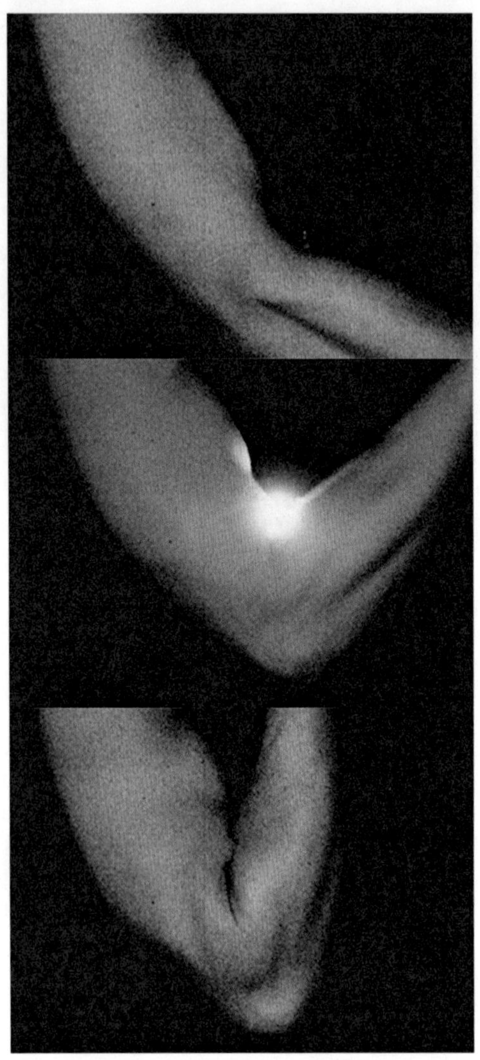

Abb. 65 Jan van Munster: Pressed Light, 1972

stab. An der Klemmstelle der beiden Objekte scheint sich die Energie zu stauen, was zu einem Glühen des Stabes führt. Berührung erzeugt nicht Energietransfer und Verteilung, sondern Verdichtung, Überhitzung und erhöhte Reizbarkeit. Zehn Jahre zuvor ließ Jan van Munster eine einfache Performance filmen: Ein kleines Lämpchen liegt in der nackten Armbeuge. Dieses beginnt zu leuchten, sobald der Unterarm eine schließende Bewegung in Richtung Oberarmen ausführt; für einen kurzen Augenblick wird das Licht vom Körper umschlossen, ein blasser Schein dringt noch durch die Haut nach außen.[279] *Geklemmte Wärme* und *Gepresstes Licht* (Abb. 65) weisen die gleiche konzeptuelle Konstellation auf, nehmen lediglich unterschiedliche Formelemente als Ausgangsmaterial: Zwei Körper vereinigen sich und bringen gemeinsam einen veränderten energetischen Zustand hervor.

Das Verhältnis von Leibnähe und Kunst, das zentral in den Glühdraht-Installationen ist, wird in beiden Arbeiten ein weiteres Mal inszeniert und bekommt dabei die Qualität der poetischen Repräsentation. Wiedergegeben wird das werkimmanente Leitmotiv der energetischen Aufladung in der Begegnung.

Das Wort *Aufladung* ist nur die Überschrift zur generalisierenden Kennzeichnung eines vertrackten ästhetischen Verhältnisses. Der immersionswillige Betrachter gerät in Kontakt mit einer Situation, die durch unklare Rahmungen charakterisiert ist. Die Frage mag sich aufdrängen, worin das Werk besteht – aus Drähten, die kaum sichtbar sind; aus Elektrizität und Licht, das von Mal zu Mal verlischt? Aus ätherischen Strichen im Raum, die nichts bedeuten? Aus einer Wärmehülle? Die Verworrenheit aus Dinglichkeit und Nichtdinglichkeit ist schwer aufzulösen. Jan van Munster prägte für den paradoxen Umstand, dass das Nicht-Sichtbare Raumwirkung zeigt, den Begriff «unsichtbare Plastizität».[280] Aufgrund der Wärmestrahlung, die man als weiche Physis bezeichnen kann, wird das Kunstwerk nicht nur als thermisch Geformtes erfühlt; es ist beweglich in dem Sinne, dass es auf den Betrachter ebenso zukommt, wie der Betrachter auf das Werk zugeht. Subjekt und Objekt vermischen sich und stehen dennoch einander gegenüber. Wird die Exkursion in die Kunst zu einer Erfahrung der Selbsterweiterung führen oder wird die Befremdung angesichts des rätselhaften Lichtspiels überwie-

279 Video unter: http://janvanmunster.nl/overige/films/.
280 Jan van Munster: Die Energie des Bildhauers, S. 92.

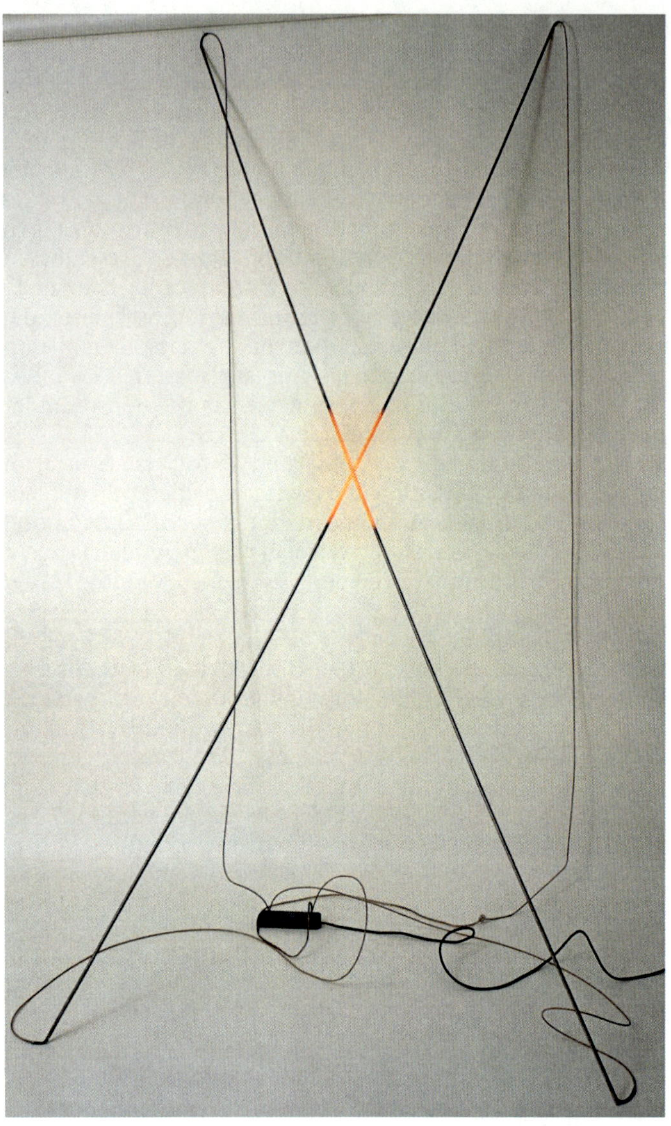

Abb. 66 Jan van Munster: Warm Kruis, 1983

gen? Wer hier nach dem Sinn der Kunst fragt, gibt zu verstehen, dass die Erfahrung an der Bedeutungsdimension scheitert; gleichzeitig verfehlt dieses Fragen die ästhetische Eigenheit der Installationen. Ihre Bedeutung erhalten die Arbeiten dadurch, dass sie als Ausdruck des Indefiniten angesehen werden können. Das sondierende Verhalten des Rezipienten wird auf die Probe gestellt und findet kein Ende. Dass er in diesem Milieu des Nichtselbstverständlichen dennoch Affekte an sich wird feststellen können, gehört in das Register vorsymbolischer Erfahrung. Die leiblich empfangenen Empfindungen von Wärme und Licht gehen vermittelt durch das räumliche und installative Dispositiv über in Gefühlsvaleurs, die wiederum vom Bewusstsein aufgenommen und gedanklich konzeptualisiert werden können. Aus dem Schwanken zwischen den psychischen Registern entsteht das so schwer namhaft zu machende ästhetische Erleben. Diese Sphäre des semantisch Diffusen ist weder Defekt der Kunst noch des Rezipienten, sondern Türöffner zur subjektiven Entgrenzung. Nicht Meinung, Wissen oder Ideologie stehen zu Gebote, vielmehr ist es die Wahrnehmung der eigenen Berührtheit, leiblich und psychisch, aus der das Rätsel der Kunst entsteht.

Wie ein Leuchter steht er da, der ausbrennt, und leuchtet mit dem Rest von Docht und ist ganz warm davon und hat sich nie gerührt.

Re-Archaisierung des Kunstwerks (Gilberto Zorio)

Jan van Munsters ästhetische Bereinigung der Kunst, durch die das sensorische vom symbolischen Moment getrennt und autonomisiert wird, gewinnt ihre individuelle Signatur nicht nur im Vergleich mit den etwa zeitgleich entstandenen frühen Arbeiten Jana Sterbaks. Nachweislich ließ sich van Munster von Installationen des Arte-Povera-Künstlers Gilberto Zorio inspirieren, der erstmals Glühdraht als Kunstmaterial verwendete.[281] Um 1970 entstanden drei Arbeiten Zorios, die ebenfalls dem Energie-Thema gewidmet sind und – anders als bei van Munster – mit wuchernder mystisierender Bedeutsamkeit beladen wurden. Zorio gilt als der Alchemist innerhalb der Arte Povera, weil er mit chemischen, elektrischen, kinetisch-pneumatischen und klanglichen Prozessen arbeitet, weil seine In-

281 Persönliche Mitteilung von Bea Weuthen, Lebenspartnerin von Jan van Munster. Email v. 12.01.2018.

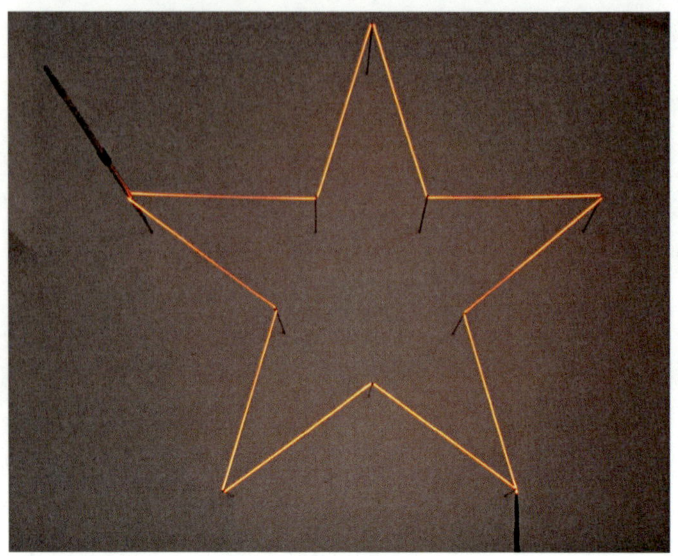

Abb. 67 Gilberto Zorio: Stella incandescente, 1972

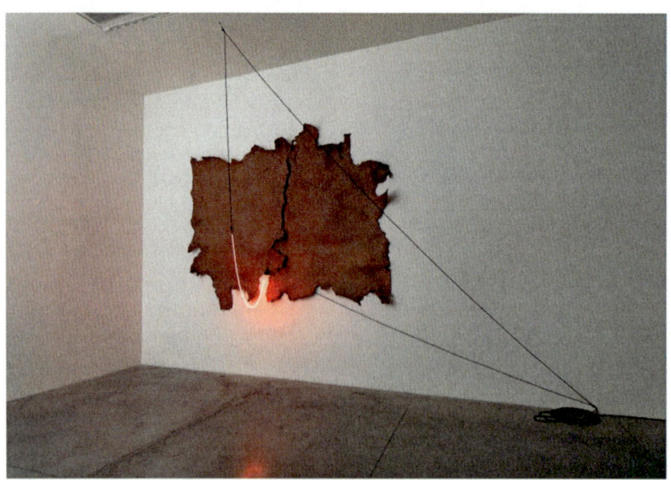

Abb. 68 Gilberto Zorio: Pelli con resistenza, 1968

stallationen teilweise Laboranmutungen vermitteln[282] und weil er Symbole und Sprache benutzt, die weitreichende Ideenverknüpfungen ermöglichen.

Das bekannteste dieser elektrifizierten Werke ist *Stella incandescente* (1972), das in einer Ausstellung mit folgender lapidarer Beschreibung versehen wurde: «Ein rotglühender Fünfzackstern aus elektrisch geladenem Draht, bei Berührung tödlich.»[283] Nicht erwähnt wird in dieser Werkdarstellung der Speer, der in die Wand eingedrungen und Teil der Aufhängung der Drahtformation ist (Abb. 67).

Die Waffe und die elektrische Glut deuten Aggressivität an, wohingegen das Pentagramm eine kulturübergreifende Symbollast mit teilweise äußerst widersprüchlichen Bedeutungen trägt. Die Tatsache, dass Zorio den Stern in verschiedenen Ausführungen künstlerisch in Szene setzte, gibt zu verstehen, dass er seine Kunst mit der Aura des Religiösen, Okkulten, Magischen und Alchemistischen versehen wollte. Mehr noch als bei Sterbak wird der Rezipient in eine gedankliche Dunkelheitszone versetzt, in der Werkerlebnis und Werkinterpretation eine Einheit bilden. In einem bemerkenswerten Künstlerkommentar zu einer anderen Arbeit – *Pelli con resistenza* (1968) (Abb. 68) – wird die konzeptuelle Neigung zu semantischer Über-Ornamentierung anschaulich. Während *Pelli con resistanza* lediglich aus zwei aufgespannten Kuhhäuten besteht, in die ein glühender Nickelchromdraht eindringt, operiert die Stellungnahme mit abundanten Anspielungen, rhetorischen Superlativen und Großkonzepten (Körper, Tier, Leben, Tod, Energie):

> «Ich war an der Animalität des Körpers interessiert. Ich bin ein Tier, jeder von uns hat Eigenschaften eines Tiers und deshalb erhalte ich die Beziehung zum Animalischen aufrecht. Die Kuhhäute erinnern an den Kreislauf des Lebens: das Wiederkäuen der Kuh, aber auch die Weiterverarbeitung der Haut. Mir gefiel die Vorstellung, die Häute in ihrer Reinheit zu nehmen und vor der Wandfläche anzubringen, wie in Häute mit Widerstand, 1969, und direkt daneben dann der Schrecken des Glühens. Zwei metaphorische Zeichen, das eine gegenwärtig und das andere illusorisch. [...] In dieser Hinsicht stellt das Glühen eine schier unglaub-

282 Monika Wagner (Hg.): Lexikon des künstlerischen Materials, München 2010, S. 58.

283 www.stiftungkonkretekunst.de/einzelseiten/1207_arteconcreta.html.

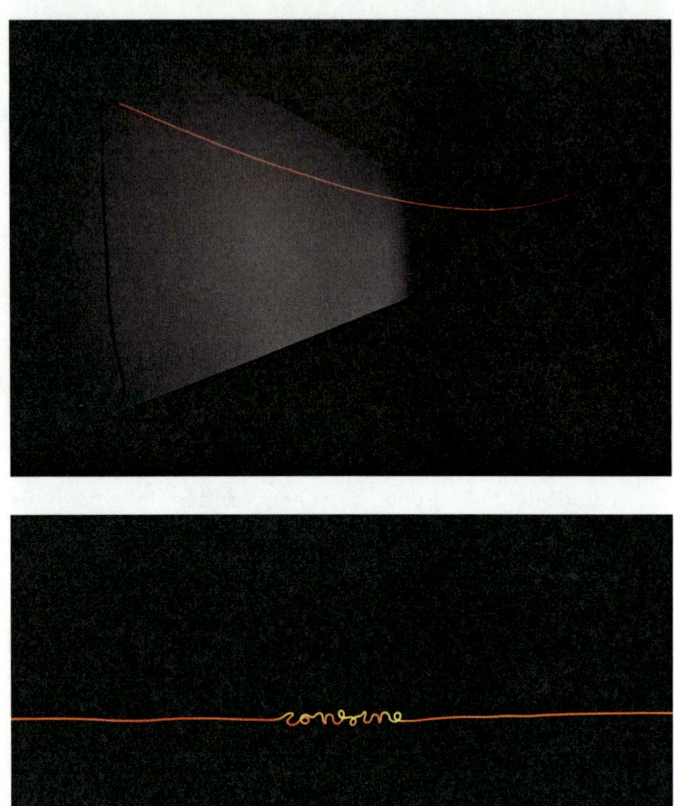

Abb. 69/70 Gilberto Zorio: Confine incandescente, 1970

liche Steigerung und Übertreibung dar. Man kann sich ihm unmöglich entziehen, man spürt förmlich, wie man davon aufgezehrt wird. Eine übermächtige Strahlung, von einer enormen Masse an Energie herrührend, die durch den Draht strömt; mit einem Gleissen, das keine Farbe ist, aber zu chromatischem Licht wird. Mich interessiert daran der Aspekt dieses unglaublichen Energieaufwands, um sich selbst zu zeigen. Es handelt sich um eine andauernde Offenbarung von Energie.»[284]

Der hochgerüstete Diskurs beabsichtigt nicht weniger als die Repräsentation von anthropologischen Totalitätstatsachen, deren Begriff noch aussteht oder die sich der Ergründbarkeit verschließen. Entgegen dem Anschein ist das Verhältnis von Werk und Kommentar nicht dadurch geregelt, dass letzterer das Kunstwerk aufschlüsselt. Die Wörter Animalität, Leben, Schrecken, Energie, Offenbarung täuschen Begrifflichkeit vor, während sie in Wirklichkeit das Fehlen abgeschlossener Vorstellungen anzeigen. Theorie wäre das begriffliche Einvernehmen mit Erfasstem oder Verstandenem. Bei Zorio fungieren die Wörter hingegen als Stellvertreter für weitere mögliche, nicht spezifizierte Ausdeutungsbereiche. Was soll mit *Energie* bezeichnet werden? Das Wort wird nicht allein für die physikalischen Tatsachen der Elektrizität und Wärme reserviert sein. Was offenbart diese Energie: Libido, Kreativität, Arbeit, Metamorphose, Emotion? Ein Text Zorios von 1973 bezeugt die antitheoretische Positionierung und die Kultivierung des Schwärmerischen:

> «Die Energie ist die Möglichkeit, Leeres zu füllen, die Möglichkeit, Volles zu leeren, die Möglichkeit, Vergangenheit-Gegenwart-Zukunft zu planen, die Möglichkeit, die bewußte und unbewußte Funktion der Sprache operativ werden zu lassen.»[285]

Das Kunstwerk wird als Metapher zweiter Ordnung entworfen, die über den Metaphern erster Ordnung in Gestalt von sprachlichen Bedeutungszumutungen liegt. Das Bewusstsein, das auf Sortierung sinnt, wird dabei systematisch überlastet; an das Denken ergeht die implizite Aufforderung, sich in Ver-

284 Gilberto Zorio zit. n. Friedemann Malsch (Hg.): Che fare? Arte povera – die historischen Jahre, Heidelberg 2010, S. 302.

285 Gilberto Zorio: O.T. (1973), in: Nike Bätzner (Hg.): Arte Povera: Manifeste, Statements, Kritiken, Dresden 1995, S. 228.

wirrung zu versetzen. Germano Celante, der den Begriff *Arte Povera* prägte, beschreibt diesen Sachverhalt folgendermaßen: «Die Künstlergeneration von 1968 [tendierte] zu antilogischen Ergebnissen in der Absicht, die strengen Verschlüsselungen in der Kunst abzubauen.»[286] Was nicht weniger bedeutet als eine Kunst, die gar nicht mehr zu entschlüsseln ist.

Zorio ist ein Schüler Johann Wilhelm Ritters, ein moderner Romantiker, der in seinem Bestreben, allumfassend zu sein, und in Gegenstrebung zur kalten Aufklärung mit ihrer Lichtverbundenheit ein Reich der eindringlichen Empfindungen andeutet:

> «My work with lights [...] came out of the idea of giving back to light its original function, which was not that of illuminating a room or a table but being heat, a source of energy.»[287]

Analog zu diesem auf Verdichtung angelegten Ansatz wird das thermische Element zu einer Grenze zwischen Leben und Tod hypostasiert. In einer schlichten Arbeit, die auf *Pelli con resistanza* folgt, wird diese Trennlinie auf sehr explizite Weise zu einem Bild im Raum gezogen. In *Confine incandescente* (1970) scheint Zorio den Minimalismus van Munsters vorwegzunehmen, denn die Arbeit besteht allein aus einem glühenden Draht, der in leichtem Schwung in den Raum gespannt ist (Abb. 69). Da jedoch in den Draht das titelgebende Wort *confine* eingearbeitet ist (Abb. 70), wird der Betrachter mit einer Interpretationsaufgabe konfrontiert. Mag zunächst die Identität von sprachlicher Bezeichnung und Bezeichnetem (Draht) recht plattitüdenhaft wirken, so weiß der Betrachter doch auch, dass die Grenzmarkierung Todesgefahr in sich birgt. Das Pathoswort *Grenze* ist dabei so unbestimmt wie vielwertig, denn es zwingt zu der Frage, welche Zonen hier von einander geschieden werden sollen. Sind politische, existenzielle, psychische Grenzen gemeint oder wird selbstreferentiell auf die Kunst als grenzjenseitige Sphäre verwiesen? Wird implizit zur Grenzwahrung oder zur Grenzüberschreitung aufgefordert? Zorio bietet mit seiner gleichnishaften Arbeit unbestimmten Sinn an, ein Projektionsfeld *ohne* Grenzen.

286 Germano Celant: Die italienische Erfahrung (1978), in: Nike Bätzner (Hg.): Arte Povera: Manifeste, Statements, Kritiken, Dresden 1995, S. 230–243, hier: S. 237–238.

287 Gilberto Zorio, interview with Jole de Sanna (1972) zit. n. Carolyn Christov-Bakargiev: Arte Povera, London 2005, S. 275.

Der Möglichkeitsraum an Denkbarem in den Werken Zorios soll weder abgeschätzt noch abschätzig beurteilt werden. Der Funktionsbereich des Thermischen, um den es geht, zeichnet sich auch ohne projektive Interpretationsübungen ab: Das Kunstwerk will das Pathos des Bedeutsamen maximal ansprechen, wobei die kutane Sensibilität des Betrachters als Verstärkerinstanz in Dienst genommen wird. Im Vergleich tritt die Andersartigkeit der Installationen Jan van Munsters deutlich hervor; diese entfalten sich im Hier und Jetzt der Wahrnehmung ohne metaphysischen Aufschwung.

Ist damit impliziert, dass Zorio und Sterbak in ihren kunstpoetischen Anliegen einander verwandt sind? Beide sind dem Mythos verpflichtet; doch wo Sterbak die antike Dichtung als Quelle funktionalisiert, um daraus eine Form und Dramaturgie zu entwickeln, setzt Zorio alles daran, den Mythos in der Kunst wieder lebendig werden zu lassen. Er re-archaisiert das Kunstwerk, das zwischen Beschwörungsgeste und sinnlich-übersinnlichem Meditationsobjekt situiert wird.

Verständlich wird diese überschwängliche Poetik aus dem epochalen Zusammenhang von 1968, in dem die reale Revolte dem avantgardistischen Anspruch auf transgressive Intensitätssteigerung entgegenkam und den Traum einer imaginären Gegenwirklichkeit nähren konnte. Noch surrealistisch unterfüttert, soll das gesamte Sensorium umprogrammiert und die Aufmerksamkeit auf das Geahnte gerichtet werden. 1969 schreibt Zorio in einem kurzen Text: «Manchmal träume ich, oder vielleicht ist es nicht wahr, daß ich bis in die Mitte der Erde reise und sehe, wie die Vögel, mit Amiant bedeckt, mitten durch die Lava fliegen.»[288] Der Flug durch die Lavaglut ist das Unbestimmtheitsbild für etwas, das erst erfahren werden soll und eine Lebendigkeitsdichte evoziert, deren Erfülltheit noch aussteht.

> «Mein Thema ist die Energie, die mich persönlich involviert und in die ich auch den Betrachter, mit seiner nicht nachlassenden Lebendigkeit, involvieren möchte.»[289]

Ob die ästhetische Wirksamkeit der poetischen Träumerei entsprechen konnte, bleibt als Frage bestehen. Die angedeutete Verbindung von Werk, Metaphorizität, sinnlicher Unmittel-

288 Gilberto Zorio: O.T. (1969), in: Nike Bätzner (Hg.): Arte Povera: Manifeste, Statements, Kritiken, Dresden 1995, S. 230–243, hier: S. 226–227.

289 Gilberto Zorio (1972) zit. n. Friedemann Malsch (Hg.): Che fare? Arte povera – die historischen Jahre, Heidelberg 2010, S. 306.

barkeit und Utopiewunsch spannt einen Bereich auf, der notwendig unkonkret bleiben muss. Die Über-Idealisierung des Kunstwerks in seiner alchimistisch-magischen Ausprägung gehört in den historischen Kontext, in dem die «Eindeutigkeitstendenz»[290] von Theorie oder Wissenschaft nicht als befreiend, vielmehr als Maßnahmen zweckhafter Verengung erlebt wurde. In der historischen Rückschau erscheint das thermoästhetische Therapeutikum jedoch als wenig wirksam, denn der Qualitätssprung vom Körpereindruck auf den psychischen Umschaltprozess, der zu einer Erlebnisvertiefung und Existenzreform führen soll, ist so unbestimmbar wie die Einwirkung der Metaphorik, die lediglich zu ungefährem gedanklichen Meandern verführt.

290 Blumenberg: Phänomenologische Schriften, S. 501.

Anthropomorphe Wärmeausdehnung

Die Kälte drang immer dichter an uns heran, und schließlich sagte Maman, wenn die kleinen, ganz feinen Klöppelspitzen kamen: «Öh, jetzt bekommen wir Eisblumen an den Augen», und so war es auch, denn es war innen sehr warm in uns.

Zwischen Ding und Organismus (Olafur Eliasson, Carsten Nicolai)

Am 11. Dezember 2018 ließ Olafur Eliasson große Eisblöcke, die zwischen 1,5 und 6 Tonnen wogen, vor der Tate Modern und der Bloomberg-Zentrale in London platzieren (Abb. 71). Geerntet worden waren diese kalten Riesen in einem grönländischen Fjord. Das Anliegen dieser Ausstellung bestand nicht darin, eine zeitgenössische Naturästhetik mit ihren Erhabenheitsallusionen zu installieren, *Ice Watch*, so der Titel, war als politische Aktion gedacht, die vor der Welterwärmung und den desaströsen Folgen warnen wollte. Das langsame Schmelzen des Eises und damit verbunden die Erfahrung des Verschwindens sollten den komplexen und sich der Vorstellung entziehenden Prozess der globalen thermischen Beziehung zwischen Mensch und Natur erfahrbar machen. Eliasson schreibt:

> «The blocks of glacial ice await your arrival. Put your hand on the ice, listen to it, smell it, look at it – and witness the ecological changes our world is undergoing. Feelings of distance and disconnect hold us back, make us grow numb and passive. I hope that Ice Watch arouses feelings of proximity, presence, and relevance, of narratives that you can identify with and that make us all engage.»[291]

Eliasson entwirft mit diesem Vorhaben eine Gegenästhetik zum Erhabenheitsmodus: Anstatt gedankliche Überwältigung bilden Unmittelbarkeit, körperlicher Kontakt und Synästhesie die zentralen Rezeptionsaspekte. Der Mensch, ein Wärmewesen, kann die Wirkung der Kälte auf den warmen Organismus spüren – vor allem aber soll er seinen Einfluss auf den

291 http://icewatchlondon.com/.

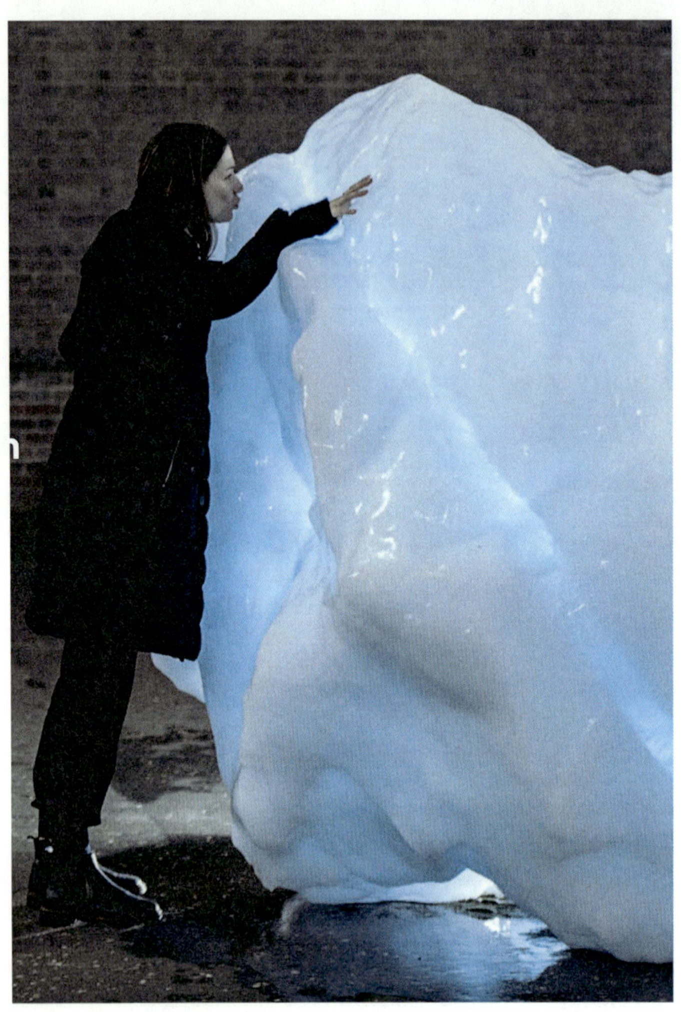

Abb. 71 Olafur Eliasson: Ice Watch, 2018

Eiskörper registrieren. Jede Berührung verursacht ein kleines Schmelzen, ein Drama im Kleinen.

Da Eliasson ein Künstler ist, der sich zwischen freier und angewandter Kunst bewegt, dessen Arbeiten oft die Grenze zum Produkt- und Interior Design überschreiten, verfügt er über ein Sensorium für die körperlichen Möglichkeiten der Teilnahme. Das Wechselverhältnis zwischen Rezipient und Objekt, das sich jenseits des visuellen Dispositivs abspielt, setzt ein Gespür für die feinstofflichen Interrelationen voraus, aus denen die Weltverhältnisse bestehen.

Die Aufmerksamkeit für molekulare Bewegungen als Aspekt im ästhetischen Erleben beginnt schon sehr früh in der Eliasson'schen Werkentwicklung, in der unter anderem der Kalt-Warm-Gegensatz formästhetisch thematisiert wird. *Your foresight endured* (1996) liefert ein Beispiel für die Orientierung auf die Sichtbarmachung des Unsichtbaren und einhergehend auf die Spürbarmachung nicht-visueller Gegebenheiten. Die Arbeit entsteht durch das starke Licht eines Scheinwerfers, der auf eine Wand gerichtet ist, wobei der Strahl zum Teil einen blauen Filter durchquert sowie von zwei glühenden Hitzestäben unterbrochen wird (Abb. 72). Aus dieser Einrichtung entsteht auf der Wand ein zweigeteiltes Bild, das an die Farbflächenmalerei Mark Rothkos erinnern mag: Der Schattenwurf des oberen Heizelements zieht die Trennlinie zwischen dem weißen und blauen Segment, der Schatten des unteren Heizelements zeichnet sich am Boden ab. Die fotografische Dokumentation vermag nicht darzustellen, dass die Hitzequellen die Luft erwärmen und aufsteigen lässt. Auf diese Weise entsteht ein feines transparentes Bildflattern auf der Wand. Der formale Gegensatz von kalter (Blau, Weiß) und warmer Farbe (rotglühende Hitzestäbe) und die sichtbar gemachte Luftbewegung sowie das Zusammenwirken der drei Lichtelemente versetzen den Besucher zwar in ein visuelles Milieu, er wird aber einhergehend damit auf die thermische Belebtheit verwiesen, die er durch den Spaziergang im Raum sensuell erkunden kann. Was zunächst wie eine kunsthistorische Anspielung auf eine Bildformel der Moderne erscheint und gleichzeitig als umweltkritische Artikulation deutbar ist – das starre eisige Blauweiß, das durch Feuer und Atmosphärenerwärmung zur Auflösung gebracht wird –, kann sich zu einer spatialen synästhetischen Platzierungserfahrung ausweiten. Subtile Temperaturdifferenzen und die hochsensible Reaktivität des Mediums Luft, die auf der Bildfläche ablesbar ist, liefern das reduzierte Abbild ökologischer Verhältnisse. Der doppeldeutige

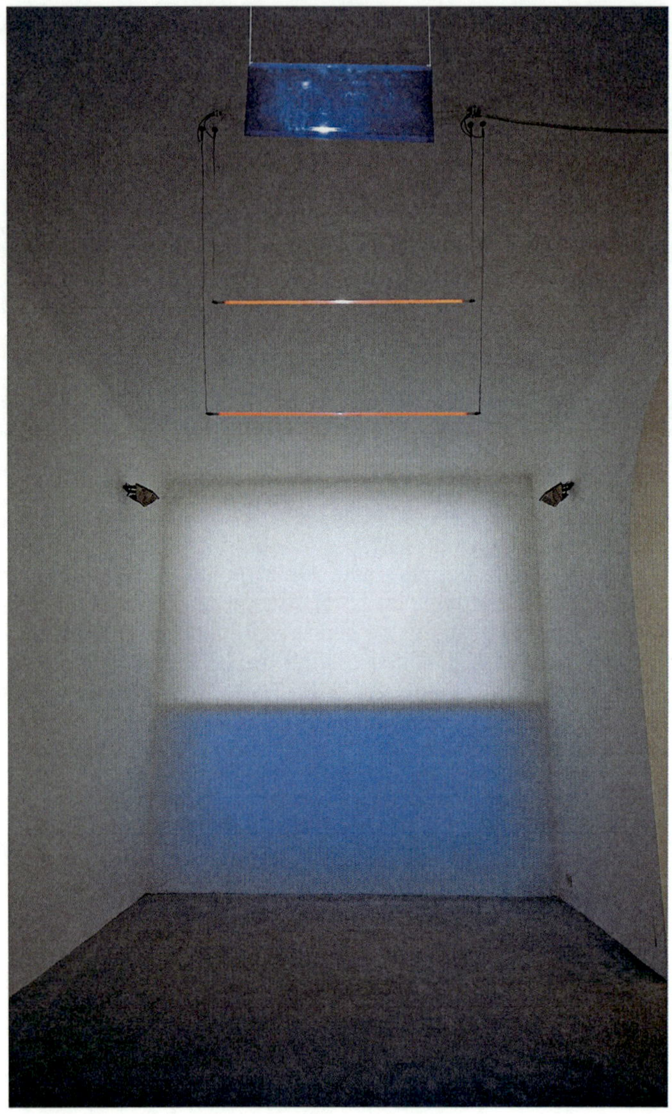

Abb. 72 Olafur Eliasson: Your foresight endured, 1996

Werktitel, der sowohl den Blick in die Zukunft als auch das Durchleiden aufruft, muss als Referenz auf diese Tatbestände gelesen werden.

Die gleiche Strategie der Visualisierung und Verräumlichung des Wärmeelements verfolgte Carsten Nicolai in seiner Arbeit *Thermic* (2011), die 15 Jahre später entstand. Wie bei Eliasson wird mittels eines Scheinwerfers eine rechteckige Lichtfläche auf einer Wand erzeugt. Da der Strahl über eine am Boden liegende Heizquelle verläuft, bilden sich im Lichtfeld die bewegenden Schlieren der aufsteigenden heißen Luft ab (Abb. 73). Der Werktext auf der Website des Künstlers klärt den Leser über einen trivialen Erkenntnisgewinn auf: «[...] like in a fata morgana we can see fluctuations of air thus realizing that we are not surrounded by empty space but by a physically flexible matter.»[292] Das vermeintliche Heureka-Erlebnis dürfte kaum der Rede Wert sein. Der Gewinn liegt ganz im Ästhetischen, denn der Besucher befindet sich in einer Feedback-Schleife, wo er seine Bewegungen im Raum, die thermischen Verhältnisse und die dadurch verursachten feinen atmosphärischen Reaktionen in der Luft gleichzeitig spüren und beobachten kann. Mit Blick auf die Bewegungen der Luft kann er einen langsamen Tanz mit der fluiden Materie beginnen. Das Lichtspiel mag wenig aufregend sein; da es aber in seiner Empfindlichkeit den Schwingungen der Flamme ähnelt, die ja ebenfalls nichts als aufsteigende Luft anzeigt, bietet sich dieses unaufdringliche und minimalistische Ereignis für die Reverie an, die Bachelard zufolge eine archaische Reaktion auf das bewegte Licht darstellt.

In einem Merksatz hat Olafur Eliasson notiert, was für ihn bei seinen Experimenten auf dem Spiel steht: «It is necessary to unlearn knowledge of our body in three dimensions in order to recover the real dimensionality of our body.»[293] Die wahre Dimensionalität liegt in dem gegenseitigen Beeinflussungscharakter von Körper und Umwelt. Wer den Körper lediglich als geometrisches oder vektorielles Element im Raum auffasst, versteht nicht die tatsächlichen Relationen. Der involvierte Körper verfügt über eine weit größere Ausdehnung als die Körpergrenze angibt. Wärmeemanation und Bewegungswirkungen strahlen aus.

292 http://www.carstennicolai.de/?c=works&w=thermic.

293 Olafur Eliasson: Interdisciplinary Approaches and their Interplay with his Art. In dialogue with Else Marie Bukdahl, in: The Journal of Somaesthetics No. 1, 2015, S. 8–18, hier: S. 8.

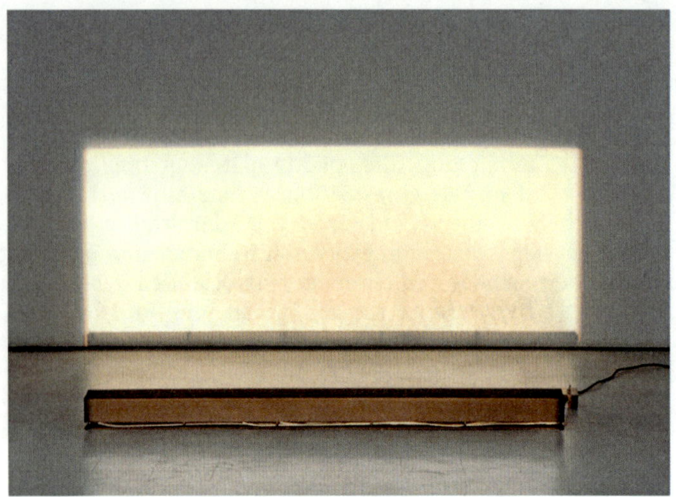

Abb. 73 Carsten Nicolai: Thermic, 2011

> «The body learns from different layers of experience, both constituting and being constituted, as we know from phenomenology. [...] It is very interesting that if we lose some of our senses, it has an impact on our whole orientation system. But actually what very often happens is that we recalibrate; we reorient ourselves and discover new sensory principles. If an artwork is successful, it celebrates these new senses.»[294]

Kunst wird zum *gymnásion*, ein Ort, wo man die Sinne trainiert und wieder empfänglich macht, um einen sinnlichen Leib auszubilden. Man mag solchen Wirkungsintentionen Skepsis entgegenbringen, sofern man eine Gewährleistungsgarantie für Sinnlichkeitszuwachs erwartet. Entscheidend ist, dass Kunst sich aus der Repräsentationsklammer gelöst hat und zu einem Lernort anderer Art geworden ist. Ob man die Lehre annimmt, bleibt dahingestellt.

Weniger unmittelbar auf die Wärmeempfindung Einfluss nehmend, gleichwohl auf dem gleichen Parameter feinstimmiger Luftturbulenzen basierend, ist die Arbeit *Two hot air columns* (2005). In die zartgliedrigen Türme, 174 cm und 192 cm hoch und damit ungefähr der Größe von ausgewachsenen Menschen entsprechend, sind am Boden Wärmelampen integriert (Abb. 74). Die aufsteigende Luft treibt zwei Propeller an der Spitze an. Diese Arbeit lässt Assoziationen zur Kunstgeschichte zu, etwa zu einigen Zeichnungen und Lithografien Paul Klees, zum Konstruktivismus oder zu den fiktiven Maschinen psychisch kranker Art-Brut-Künstler.[295] Für die Rezeption ist dagegen der spielerische Zug hervorzuheben, aus der die Möglichkeit erwächst, darin einen humanen Anschluss zu finden. Die Skelettandeutung und das Wärmeperformativ machen aus den Türmen ein Paar, das den Betrachter glutentbrannt empfängt. Dingwelt und Menschenwelt nähern sich einander an. Die Strahlung von unten, die das geistige Zentrum oben in Gang hält, kann der Betrachter als humorvolle Umsetzung menschlicher Eigenschaften ansehen: Wo man brennt, dort kommt Bewegung ins Leben. Die implizite Romantik, der rot erleuchtete Umraum und das modernistisch anmutende Design bilden die ästhetischen Rahmensetzungen für die Selbstwahrnehmung. Die Installation, die auf einem sehr einfachen physikalischen Prinzip basiert, kann als Reak-

294 Ebd., S. 13, 15.
295 Siehe die Maschinen von Heinrich Anton Müller.

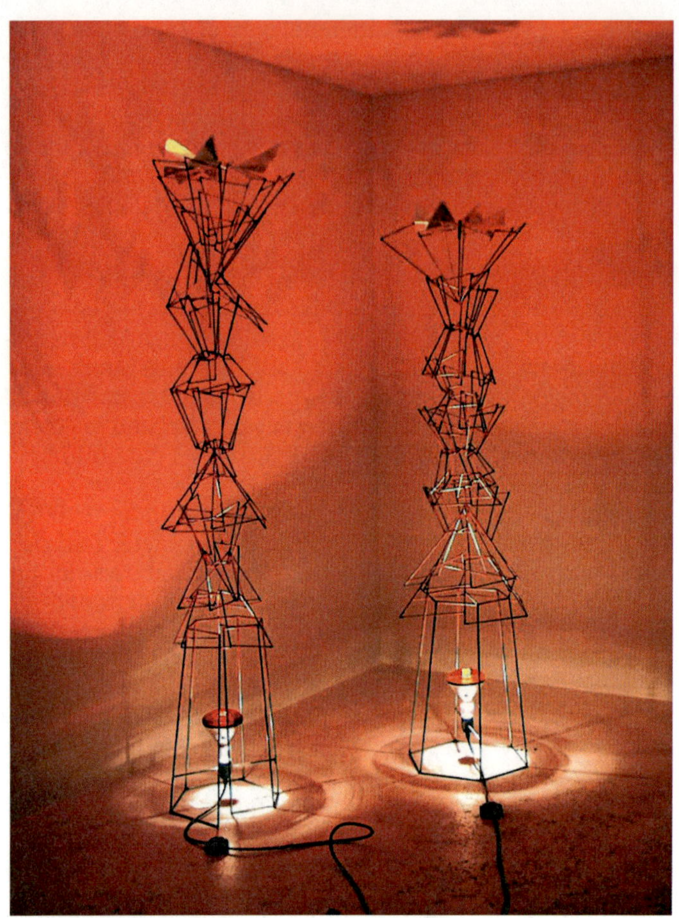

Abb. 74 Olafur Eliasson: Two hot air columns, 2005

tionsmodul fungieren, das Auskunft über thermische Veränderungen im Umraum gibt. Beide Einheiten, Werk und Mensch, existieren in Turbulenzen, in denen sich, wie unspektakulär diese im Einzelfall sein mögen, Vermischungen von zwei Ausdehnungsinstanzen anzeigen. In der Begegnung von Skulptur und Rezipient zählen nicht die jeweiligen Körpergrenzen, sondern der Zwischenraum, wo ein thermisches Rauschen stattfindet, wo die Unterscheidung schwerfällt. «Gerade im Kleinsten und Lokalsten vibriert die Grenze in einer besonderen Fluktuation.»[296] Bekanntlich hat sich Eliasson wiederkehrend mit dem Motiv der Sonne beschäftigt, am aufsehenerregendsten wohl mit seinem *The Weather Project* (2003). Eliasson geht in der Begegnung von Sonne und Mensch nicht nur auf die mythische und naturwissenschaftliche Tatsache zurück, dass mit dem brennenden Stern alles Leben beginnt, er insinuiert, dass mit dem Menschen – im romantischen wie industriellen Sinne – eine zweite Sonne entstanden ist. Zwei Sonnen müssen zum Ausgleich, zur Einigung finden, um gemeinsam Existenzsicherung zu betreiben. Dass die Ausgewogenheit in Gefahr geraten ist, gehört mittlerweile zum allgemeinen Wissensbestand. In der ästhetischen Praxis des Eliasson'schen Werks wird wiederkehrend auf das Zusammenspiel verwiesen, vor allem in den vielfältigen Lampen- und Lichtinstallationsprojekten, die formal und titelgebend den kosmischen Horizont aufrufen. Im Kontext der wärmekünstlerischen Arbeiten ist abschließend *Wall meteorite* (2010) anzuführen, die ein typisches Beispiel für die Verfahrensweise Eliassons darstellt (Abb. 75/76). Die Arbeit besteht lediglich aus einer Infrarotleuchte, deren Licht durch Spiegelung, Brechung und Filterung einen blauen Leuchtkranz auf der Wand bildet. Wie schon in *Your foresight endured*, ebenfalls eine Installation mit kosmischen Konnotationen, wird durch die überdimensionale Metaphorisierung eines trivialen Leuchtmittels der Gedanke einer Botschaft aus dem Ewigkeitsraum angedeutet. Die Begegnung zwischen Mensch und extraterrestrischem Objekt wird über die Wärmeberührung und durch die Wahrnehmung eines gebrochenen Spiegelbilds geregelt. Zwei Glühkörper treten in das Spiegelstadium ein. Das Spiegelstadium ist Jacques Lacan zufolge «ein Spezialfall der Funktion der Imago, die darin besteht, daß sie eine Beziehung herstellt zwischen dem Organismus und seiner Realität – oder, wie man zu sagen pflegt,

296 Michel Serres: Hermes V. Die Nord-West-Passage, Berlin 1994, S. 61.

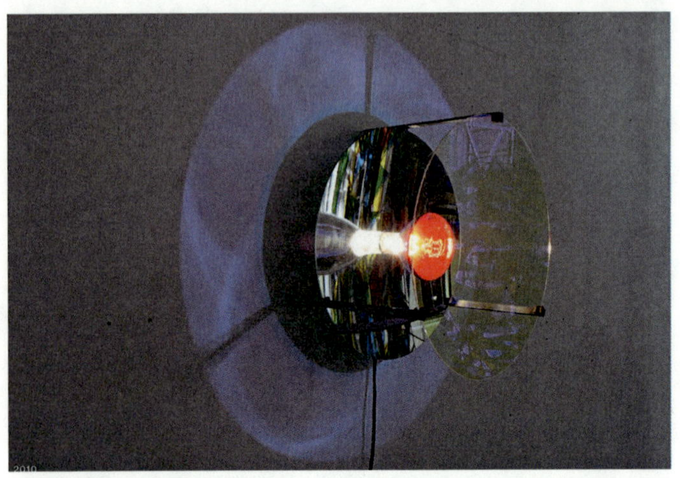

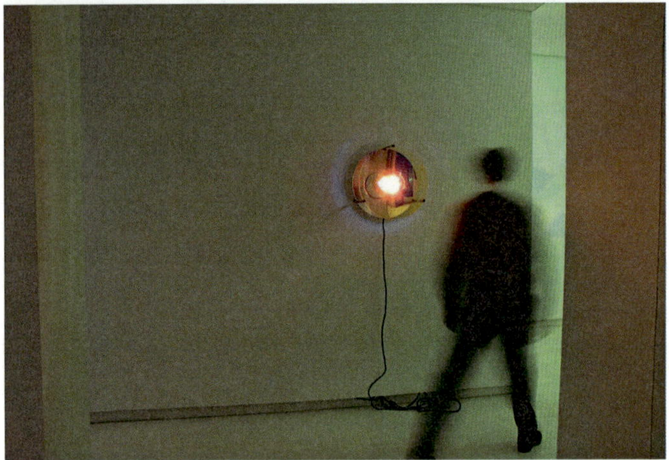

Abb. 75/76 Olafur Eliasson: Wall meteorite, 2010

zwischen der Innenwelt und der Umwelt.»[297] Nichts anderes intendiert Eliasson, wenn er schreibt:

> «It is necessary to unlearn space in order to embody space. It is necessary to unlearn how we see in order to see with our bodies.»[298]

Das, was innen und was außen ist, kann nicht in jedem Fall als so klar und deutlich angenommen werden, wie es der Augenschein vermuten lässt. Eliassons attraktive Kunst verbindet auf fast unscheinbare Weise anthropologische Tatbestände: Dem Wärmewesen Mensch, das beständig auf Wärmezufuhr angewiesen ist und gleichzeitig in seiner modernen Fassung aufgrund von Organausdehnungsmaschinen, die auf Verbrennung basieren, ein Übermaß an Wärme produziert, wird in der Konfrontation mit dem Kunstwerk eine Bescheidenheitsrolle zugewiesen. Es wird ihm die Chance gegeben, sich selbst als fühlender Motor nahezukommen.

Die Kunst Eliassons ist nicht psychologisch, eher eine Mischung aus Spielplatz und Labor, wo Funktionsweisen in Szene gesetzt werden. In der wiederkehrenden Rundform im gesamten Œuvre verdichten sich die Bilder des Globus, der Sonne und des Auges, das den Rezipienten anschaut.[299] Mittels des Wärmedispositivs wird er zudem angefasst, berührt. Die designerische Kultiviertheit der Eliasson'schen Kunst täuscht nur wenig darüber hinweg, dass sie auf einer zutiefst romantisch-ästhetizistischen Haltung fußt. Einen kurzen Essay über die Wettervorhersage beschließt Eliasson mit dem pessimistischen Hinweis auf die amputierende Wirkung von Medien[300]; diese würden eine Übergeistigung bei gleichzeitiger Entkörperlichung bewirken:

> «Our sense of cold is activated by the temperature displayed on the thermostat, not by feeling a chill on the skin. Such mediations can be infinite; they only form a threat

297 Jacques Lacan: Das Spiegelstadium als Bildner der Ichfunktion, in: ders.: Schriften 1, Frankfurt am Main 1975, S. 61–70, hier: S. 66.

298 Eliasson: Interdisciplinary Approaches, S. 8.

299 Gunnar Schmidt: Globus oculi. Augen und Blicke in der Medienkunst, in: Joseph Imorde, Andreas Zeising (Hg.): Runde Formationen. Mediale Aspekte des Zirkulären, Siegen 2019, S. 99–114.

300 Das Theorem von den amputierenden Wirkungen der Medien geht auf Marshall McLuhan zurück: Die magischen Kanäle, Dresden, Basel 1995, S. 73–83.

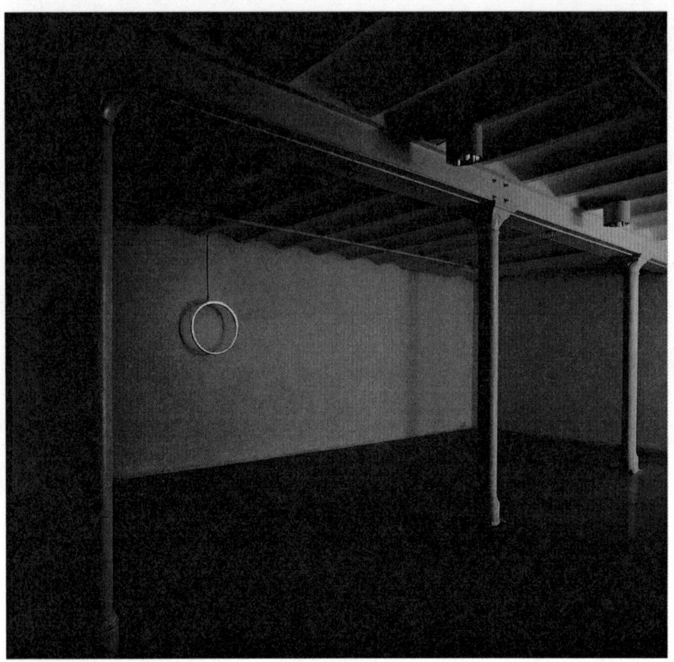

Abb. 77 Olafur Eliasson: No nights in summer, no days in winter, 1994

> when you mistakenly believe that time and space are objective.»[301]

Gesehen- und Berührtwerden, Körper und Klima – diese Großthemen hat Eliasson in einer frühen Arbeit zusammengeführt. *No nights in summer, no days in winter* (1994) besteht aus einem Ring, dem brennendes Propangas entweicht (Abb. 76). Das kalte Blau der Flämmchen steht im Kontrast zur Wärme, die sich im Raum verbreitet. Der Ring – eine kalte Sonne, eine Iris? «Continuously consuming fuel, the artwork not only illuminates, but also heats the space and fills the soundscape with a constant hiss.»[302] *No nights in summer, no days in winter* nähert sich als belebt-belebendes materielles Symbol dem Betrachter, umfängt ihn, noch bevor er nah genug herangetreten ist, um die Natur des Objekts zu erkennen.

301 Olafur Eliasson: The Weather Forecast and Now, in: Olafur Eliasson, London, New York, 2002, S. 140–141, hier: S. 141.

302 https://olafureliasson.net/.

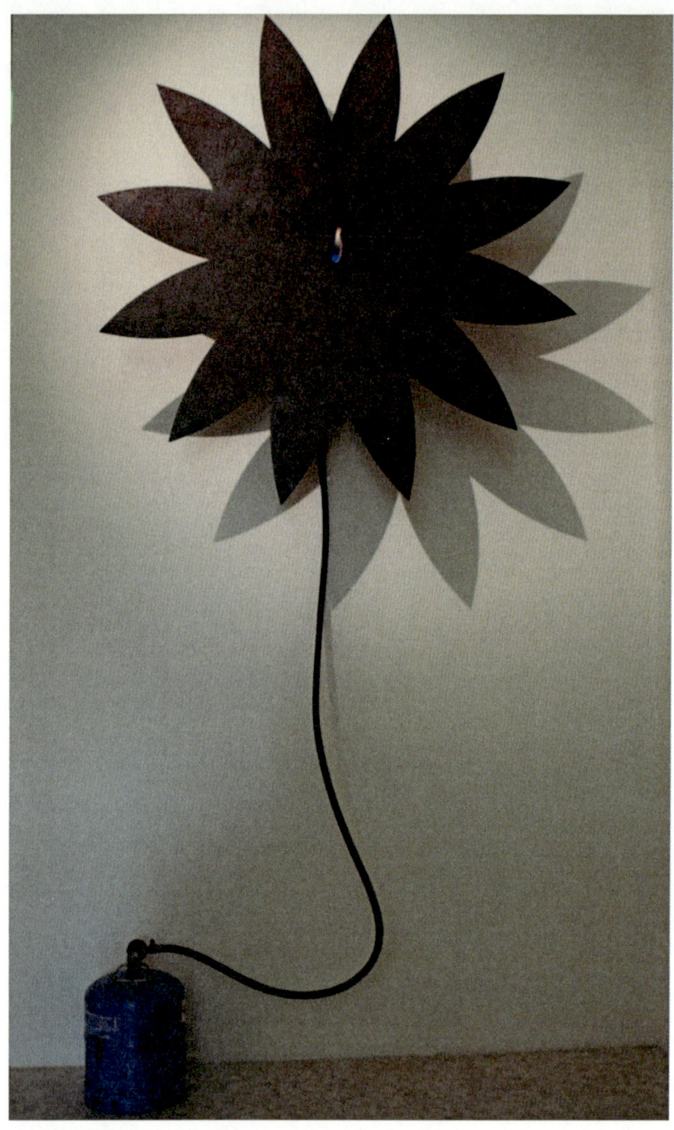

Abb. 78 Jannis Kounellis: Margherita di fuoco, 1967

Pathos der Flamme

Der junge Mann aber war nachdenklich und verwirrt in seinem Sessel sitzen geblieben, bis es ihm einfiel, neue Scheiter in das Kaminfeuer zu legen, das zu dichter zuckender Glut zusammengesunken war.

Revolution oder Rückschau (Jannis Kounellis)

Die Kunst von Jannis Kounellis verbindet man mit Bildern wuchernder Vielfältigkeit, mit einer, nach seinem eigenen Bekunden, Stilabwesenheit.[303] Am Beginn seiner Künstlerkarriere noch der Malerei zugetan, wechselte Kounellis bald von der Zweidimensionalität in die Dreidimensionalität, weil die Räumlichkeit eine direktere Zugangsweise als die simulierte atmosphärische Räumlichkeit der Malerei erlaubte. Materialreichtum und Rauminszenierung verleihen dem Werk eine theatrale Qualität – zwar ohne Schauspieler aber dafür mit integrierten Betrachtern. Kunst als Medium der Raumbestimmung bedeutete für Kounellis nicht ausschließlich architektonisch erstarrte Figuration, beabsichtigt war auch dies: «creating an image that would stand for change.»[304] Das Paradigma der Wandelbarkeit wird umgesetzt mit Materialien, die altern oder Spuren von einmal Gelebtem aufweisen, mit Tieren oder Pflanzen sowie Stoffen, die Prozessualität symbolisieren. Zu diesen Stoffen gehört das signaturgebende Material Kohle, die einerseits gepresste Zeit darstellt und als zivilisationsprägendes Brennmaterial dazu bestimmt ist, vom festen in den gasförmigen Zustand zu wechseln. Mit dem Feuer ist der Wandlungsprozesss nicht beendet, denn es schlägt sich als Rauschspur nieder, die Kounellis wiederkehrend benutzte. Neben dem schwarzen Gold zählen Stahl, Baumwolle, Kaffee, Holz, Steine, Sackware und Gaslampen sowie allerlei Alltagsgegenstände zu den favorisierten Kunstmedien.

Wenngleich nicht durchgängig präsent, so gehört Feuer ebenfalls zum Materialvokabular des Künstlers. Schon recht

303 Jannis Kounellis: Non-Verbal Communication (2012), in: http://artpulsemagazine.com/jannis-kounellis-non-verbal-communication.

304 Ebd.

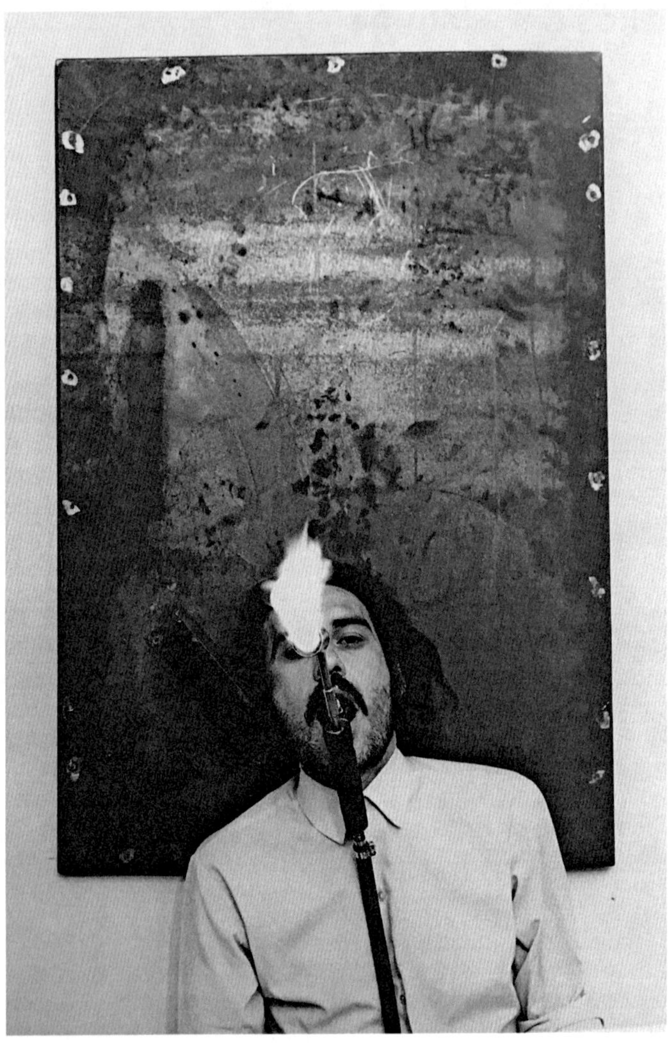

Abb. 79 Claudio Abate: Portrait of Jannis Kounellis, 1973

früh entstand die erste Arbeit mit einer kleinen Flamme, die in diesem Fall im Zentrum einer stählernen Blüte Beweglichkeit und Zentralität signalisierte (Abb. 78). Der zum Werk gehörende Gasbehälter lässt sich unschwer als triviales Zeichen der Versorgungsendlichkeit, als Reservoir für Anfang und Ende erkennen. Das Festgefügte und Ephemere, das Kalte und das Heiße, das Geformte und die Antiform, die Dinglichkeit und die Sinnanmutung – Kounellis operiert stets mit Gegensätzen, die ästhetische Spannung hervorbringen.

Die innige Verbindung von Feuer und Kounelli'schem Werk findet ihr eindrückliches Statement in zwei Porträtfotografien. Kounellis inszeniert sich mit einer Kerze[305] und einer Gasbrennerdüse; in beiden Szenen hält der Mund die Flamme, die sich mit der Stirn zu verbinden scheint (Abb. 79). Das Feuer nimmt die Stelle des dritten Auges ein, ein Bild, das Jahrzehnte später Jeppe Hein wiederholen wird. Diese Selbstthematisierung als Feuerhaucher übersetzt ins Ikonische, was Kounellis auch sprachlich zu artikulieren wusste: Es war seine Absicht, vom Akt des Sehens, der zentral für die Malerei und für den zeitgleich entstehenden Minimalismus ist, zur Vision zu kommen, zu einem inneren Erblicken von Bildern.[306] Es wird noch zu problematisieren sein, was den Künstler als Visionär auszeichnet, denn oft bleibt unklar, was der seherisch Begabte zu erblicken in der Lage ist und was er davon weiterzugeben vermag. Dass Kounellis in der Frühphase der Werkentwicklung ein inneres Feuer verspürt haben musste, verdeutlicht eine kleine Arbeit aus dem Jahr 1971: Kounellis schreibt seinen Namen mit brennendem Propangas in Form einer Bodenskulptur (Abb. 80).

Diese performativen Selbststilisierungen eröffnen das Feld der größeren Feuer-Arbeiten. In der Frühphase um 1970 entstehen Ensembles, für die ausschließlich Gasbrenner (Abb. 81/82) verwendet wurden. Bald jedoch kombinierte Kounellis diese Brenner mit unterschiedlichen Alltagsgegenständen, zum Beispiel mit hängenden dunklen Mänteln, mit Musikinstrumenten, Schuhen oder mit Bettgestellen (Abb. 83). Aber auch den Körper verbindet er mit der Flamme (Abb. 84).[307] Die techno-

305 Diese bekannte Fotoporträt von Caludio Abate findet sich u.a. unter: http://olnickspanu.com/news/memory-claudio-alabo-1943-2017/claudio-abate-jannis-kounellis-candela/

306 Video-Statement (2012), https://www.blainsouthern.com/media/discusses-solo-exhibition.

307 Abbildungen in: Jannis Kounellis: Works, Writings 1958–2000, Barcelona 2001.

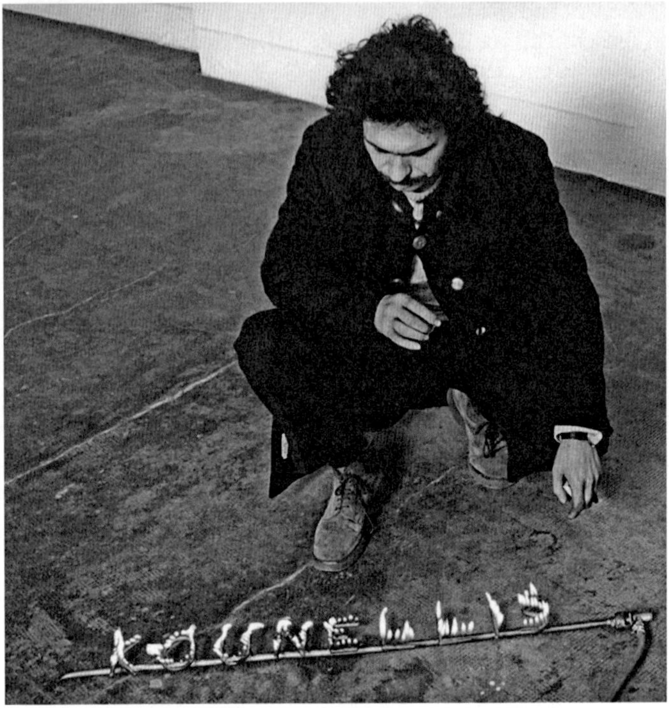

Abb. 80 Claudio Abate: Jannis Kounellis with his *Untitled 1971*

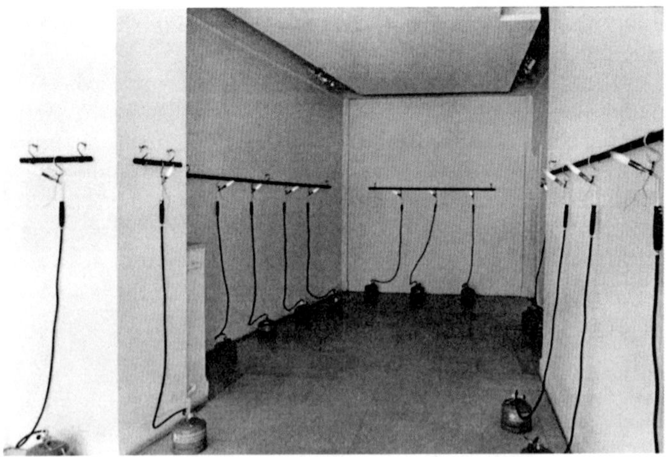

Abb. 81 Jannis Kounellis: Untitled, 1969

ide Anmutung der Propangasvorrichtungen wird zurückgedrängt, wenn anstatt des zischenden Gases Festbrennstoff Verwendung findet. Die weitaus weniger aggressiv auftretende Flamme ähnelt dem Kerzenlicht mit ihren sakralen Konnotationen (Abb. 85/86).

Kounellis steht in einer Reihe neben Gilberto Zorio und Joseph Beuys, den Kampfgefährten im Feld der Kunst. Für die drei Künstler sind ähnliche Erfahrungen bedeutsam, die auf die jeweiligen Werksignaturen eingewirkt haben: Als Nachkriegskünstler, die noch Erinnerungen an die Verwüstungen in sich trugen und gleichzeitig in der 1968er-Erfahrung verwurzelt waren, erschufen sie Werke, die Verdichtungen von Vergangenheitsschrecken und Zukunftshoffnungen enthalten. Entgegen den Tendenzen in der Pop- und Minimal-Art, die einer Oberflächenfaszination Ausdruck verliehen, wurde eine Kunst der Sinntiefe und Seinsbetroffenheit gestellt.[308] An der Ausdehnung des semantischen Horizonts war nicht nur die Werkfiguration beteiligt, untrennbar sind damit Künstleraussagen und nachfolgende Interpretationen verbunden. Die Ästhetik des Kounelli'schen Ansatzes hat zwei zwei Deutungsrichtungen hervorgebracht, die auf sehr unterschiedliche Weise dem Feuer besondere Aufmerksamkeit geschenkt haben.

Das vorherrschende Paradigma folgt dem Verfahren der mythischen Überfrachtung. Innerhalb dieses Deutungsansatzes werden einzelne Werkelemente gesondert beurteilt und das Assoziationskapital abgerufen; der ästhetische Gesamteindruck steht nicht zur Debatte. In diesem Vorgehen kommt vor allem das angesprochene seherische Moment zum Tragen. Kounellis gab initiierend die Stichworte für die Bildausdehnung, als er in einem Interview auf das Höllenfeuer verwies, das doppelwertig mit den Vorstellungen von Bestrafung und Reinigung versehen sei: «Mich interessiert an diesem Element nicht nur das Feuer an sich, sondern vor allem sein Zusammenhang mit den mittelalterlichen Legenden. Dort hat Feuer etwas mit Bestrafung und Läuterung zu tun.» Auf die anschließende Frage, ob der Brenner am Fuß der Frau (Abb. 84) als Bestrafung zu verstehen sei, antwortet Kounellis:

> «Nein, überhaupt nicht. In der Arbeit geht es um Gleichgewicht und Verlust von Gleichgewicht. Wie ein Akrobat,

308 Siehe Germano Celant: Introduction to Arte Povera (1969), in: Kristine Stiles, Peter Seltz (Hg.): Theories and Documents of Contemporary Art, Berkeley, Los Angeles, London 1996, S. 662–666.

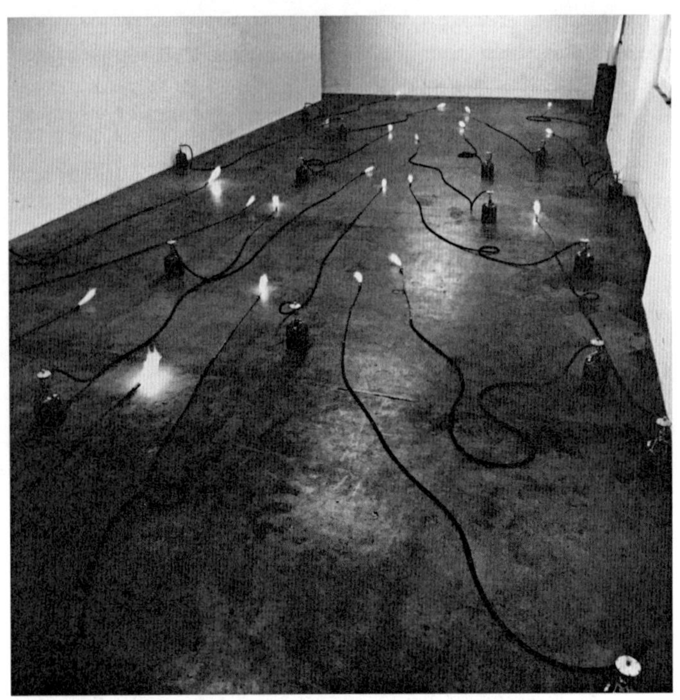

Abb. 82 Jannis Kounellis: Untitled, 1971

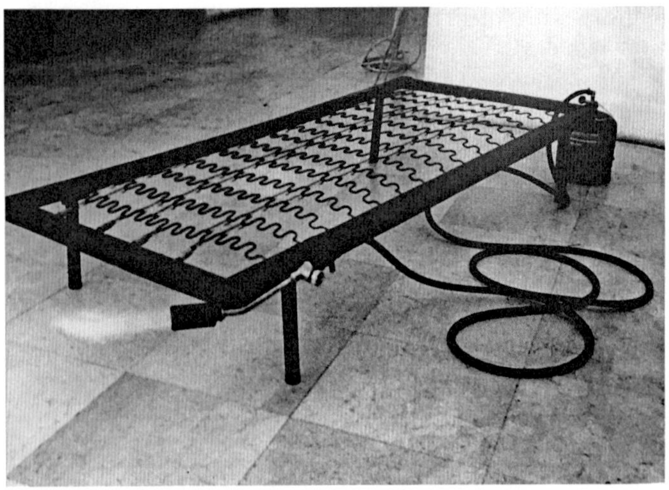

Abb. 83 Jannis Kounellis: Untitled, 1969

der balanciert (...). In einer mittelalterlichen Kirche gibt es ein Wandbild, auf dem auf der einen Seite die Erde und auf der anderen das Paradies dargestellt sind – und beide sind durch eine ganz schmale Brücke miteinander verbunden. Unter der Brücke lodert das Höllenfeuer. Und die Menschen müssen von der einen zur anderen Seite gelangen. Das ist die Art von Gefahr, der ich die Frau mit dem Feuer ausgesetzt habe.»[309]

Die Auffassung im Jahr 1979 legt das Problem offen: Schwankt Kounellis in der Aussage am Beginn noch zwischen formaler Analogie und Sinnbildlichkeit (Gleichgewicht), wird in den folgenden Ausführungen mehr verrätselt als aufgeklärt. Zum einen ist dem Werk keinerlei Hinweis weder auf die kunsthistorische Referenz noch auf die biblische Mythologie zu entnehmen. Zum anderen ist der Brückengang zwischen Welt und Paradies, zwischen Realität und Utopie, der mit der Gefahr der Verbrennung verbunden wird, selbst ein interpretationsbedürftiges Bild. Wird eine gesellschaftliche, physische oder psychische, vielleicht eine historische Dimension thematisiert?

Nicht wenige professionelle Interpreten folgen diesem imaginären Übermut[310] und belegen die bloße Tatsache der Feuererscheinung mit vielfältigen Hinweisen: Feuer wird als «Sinnbild des Lebens» gesehen, in dem Zerstörung, Liebe und Leidenschaft, Wut und Angriffslust oder Veränderungskraft vergegenständlicht sind. Die Flamme verweise auf die «Transformation von Körper in Geist, auf die Spiritualisierung». Durch das Kunstwerk würde der Betrachter «aufgefordert, sich aus seiner Erstarrung und Anpassung zu befreien.»[311] Unüberhörbar hallt in der Beschreibung noch die 68er-Euphorie nach. Es ist ein Konsens unter Kommentatoren, dass die Flammen ohne diesen epochalen Hintergrund nicht zu verstehen seien:

309 Jannis Kounellis: Gespräch mit Robin White (1979), in: ders.: Ein Magnet im Freien, Bern, Berlin 1992, S. 54–79, hier: S. 60–61.

310 Jean Christoph Ammann hat eine Anekdote überliefert, die die Tendenz zur Phantasterei illustriert: «Als ich mit dem griechischen Künstler Jannis Kounellis in den Siebzigerjahren mal über den Flaschentrockner von Marcel Duchamp sprach, sagte er, es handele sich um ein mittelalterliches Fegefeuer, denn er sah die Zacken, über die Flaschenhälse gestülpt werden, als zischende Flämmchen.» Jean Christoph Ammann: Bei näherer Betrachtung. Zeitgenössische Kunst verstehen und deuten, Frankfurt am Main 2009, S. 62.

311 Kira van Lil: Feuer, Rauch und Ruß im Werk von Jannis Kounellis. Bilder für die verändernde Kraft des Schöpferischen, in: Wallraf-Richartz-Jahrbuch, 56 (1995), S. 255–272, hier: S. 259–261.

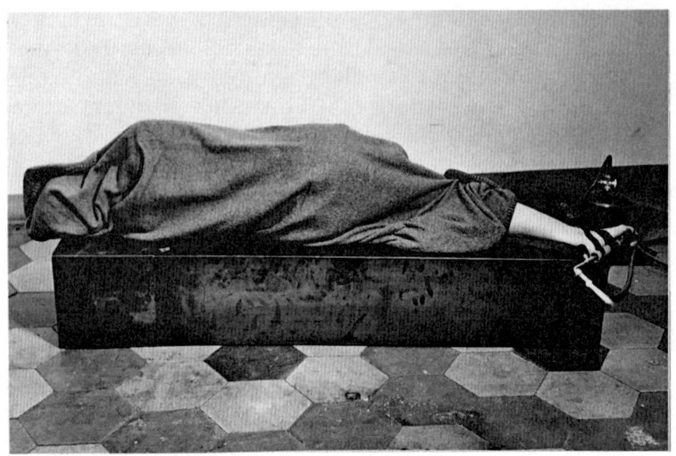

Abb. 84 Jannis Kounellis: Untitled, 1969

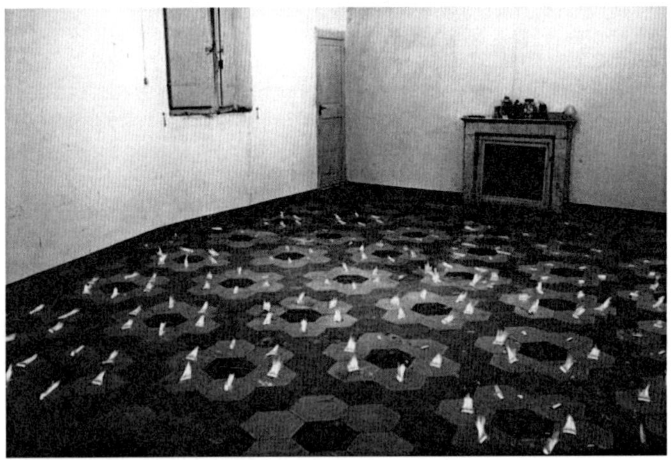

Abb. 85 Jannis Kounellis: Untitled, 1969

«The function of the fires was timely and called to mind the passion and heat of the energetic trauma of '68 as well as suggesting a need to revivify art. [...] Kounellis' fires [...] indicated the suspension of egoistic thoughts and an awareness of a communal obligation to sustain a public totality.»[312]

Das heiße Licht der Revolution wird als Symbol aufgefasst, mit dem die Zukunft vorausgesagt und das uranfängliche Prinzip der Transformation aufgerufen wird. Gleichzeitig wird die historische Belastung des Feuers mit dem Hinweis auf den Allbrand verknüpft; Germano Celant, Begleiter und Förderer der *Arte Povera*, schreibt weiter:

«Kounellis' use of a creative weapon demonstrates his responsibility to that time and bears witness to a potential for change that can be unleashed only through the collective consciousness, as seen in the tragic fires.»[313]

Man kann in den zitierten Fällen nicht mehr von einer ikonologischen Interpretationsarbeit sprechen; es fehlt die genaue Durcharbeitung ikonografischer Befunde an den Werken, die zu einer Ausdeutung zwingende Hinweise liefern müssen. Allerdings liegt nicht nur ein methodisches Versagen vor. Die meisten modernen Kunstwerke verweigern sich der Methode, da sie dem Traditionskontext nicht mehr verpflichtet sind. Die vom Künstler nachgetragenen Gedankenfragmente mögen unter produktionsästhetischen Gesichtspunkten belangreich sein, für das Verständnis eines Werks spielen sie keine entscheidende Rolle.

Dennoch wird ein Effekt produziert, denn die Ausdehnung des semantischen Horizonts zwischen antiker und christlicher Mythologie, Kriegserfahrung und Holocaust, gesellschaftlicher Neuorientierung, anthropologischen Konstanten und religiöser Überhöhung kommuniziert Bedeutsamkeit. Sinn hingegen verflüchtigt sich in dem Allerlei und drängt die ästhetische Wirkung geradezu ins Abseits. In einer Ausstellungsbesprechung aus dem Jahr 1983 wird dieser Sachstand angesprochen:

«Nimmt man indes die wiederkehrenden Werkbestandteile – Feuer, Rauchspuren, lebende Tiere, Musikzitate,

312 Germano Celant: The Collision and the Cry, in: Artforum, October 1983, Vol. 22, No. 2, S. 61–67, hier: S. 62–63.

313 Ebd., S. 63.

Gipsfragmente antiker Skulpturen – in ihrer offenkundigen Zeichenhaftigkeit wahr, sitzt man auch rasch an Übertragungsgrenzen fest. Denn die Symbole, für die sich Kounellis entschieden hat, sind zu reich gefüllt, um sie geradewegs zu dechiffrieren. ‹Feuer› zum Beispiel hat im Realienlexikon der Kunstgeschichte ein besonders pralles Stichwort, und im mythologischen Wörterbuch braucht es noch mal soviel Platz.»[314]

Was man sehen und fühlen kann, wird umfassend übersetzt und bedeutet immer etwas. Warum jedoch das Bedeutete sinnhaft sein soll, erschließt sich dabei nicht unbedingt. Diesem Dilemma versucht der zweite Deutungsansatz auszuweichen, indem er sich ausschließlich der Werkpräsenz widmet. Dieses phänomenologische Vorgehen wirft den Ballast der kulturellen Überformung ab und nimmt das materielle Element in seiner lebensweltlichen Eigentlichkeit wahr. «The sonority and heat of the flames [...] stir the viewer's senses by recalling this familiarity.»[315] Das Rauschen, die Wärme und der Geruch der Gasflamme des heimischen Herdes kommen nach dieser Sichtweise ins Bewusstseinsfeld, wohingegen diese im Alltag aufgrund ihrer praktischen Funktion und der Gewöhnlichkeit unregistriert bleiben. Constantinos Proimakis bemüht sogar die Phänomenologie Heideggers, um diesen Sachverhalt als Seinsvergessenheit zu charakterisieren. Die Kounell'ische Kunst bilde die Opposition gegen diese Vergessenheit:

> «Kounellis' thematization of intimate, ordinary entities, like Heidegger's fundamental ontology, represents an impulse to go back to the phenomenal world. The thematization of the nearest aims to stir the memory of its depreciated value and reverse the hierarchies of the humanist mind [womit die entfremdende Instanz der Abstraktionsbildungen gemeint sind, die vor allem aus der wissenschaftlich-technischen Sphäre stammen]. Here sensation and memory precede perception [...].»[316]

Mag dieser Ansatz des Zurück-zu-den-Dingen als Besinnung auf das sinnliche Element erscheinen, er teilt mit dem mythologischen Vorgehen die Neigung, die formale Werkgegeben-

314 Hans-Joachim Müller: Verbrannte Feuer, in: Die Zeit, Nr. 36/1982, online: https://www.zeit.de/1982/36/verbrannte-feuer/komplettansicht.

315 Constantinos Proimakis: Fire onto the Square, in: Tracing Cultures, hg. v. Whitney Museum of American Art, New York 1994, S. 117–138, hier: S. 122.

316 Edd., S. 125.

heit zugunsten einer Erkenntnis zu verdrängen. Ob man vor dem Brenner bei Kounellis oder vor dem eigenen Gasherd verweilt, macht nach der phänomenologischen Schulung kaum mehr einen Unterschied.

Entgegen dieser Zugänge sind wiederum Aussagen des Künstlers ins Spiel zu bringen, die Hindeutungen auf die ästhetische Direkterfahrung enthalten. Bereits in der Frühzeit wird der Begriff der Sensibilität, der im *Neuen Realismus* als Zentralkategorie vorgeprägt war, etabliert.[317] Allerdings ist demgegenüber auffällig, dass kaum einmal die Hitzequalität der Arbeiten erwähnt wird, weder vom Künstler noch von den Betrachtern, was als Symptom des distanzsetzenden Schauens oder der als unästhetisch empfundenen Qualität des Thermischen gedeutet werden kann.[318] Kounellis muss die Abkehr von der Unmittelbarkeit des Werkeindrucks bemerkt haben, denn in der späteren Phase betont er in Kommentaren vor allem formale Aspekte und die damit verbundenen sensorisch-affektiven Qualitäten.

> «We continue with this experience of touching the surface, of living by touching the surface. In a tactile way, touching it.»[319]

> «In the '60s I did a work with 100 kg of coal resting against the wall of a public building, it could have been a gallery, a church, a factory, I am interested in the weight of the materials, not in a phantasmagoric image, weight excludes the virtuality and the effect and leads you – with the complicity of smell – to have a real relationship with the world.»[320]

> «Fire is not only heat, but also a source of light. [...] The first time that I used a gas flame was in 1957 [sic, 1967], to indicate the centre of a sculpture, a metal daisy, so as to emphasize it. Then in Paris in 1969, in the lolas gallery, I put some fires along the wall, on a horizontal line, at the height of a man, to indicate the perimeter of the gallery. Fire for me

317 Jannis Kounellis: Structure and Sensibility. Interview with Willoughby Sharp (1972), in: Stiles: Theories, S. 666–671.

318 Hierzu ist die Vermutung anzuführen, dass viele Interpreten die Arbeiten gar nicht erleben konnten, sondern, wie oft üblich in der Kunstgeschichtsschreibung, über Abbildungen zu ihren Aussagen gelangt sind.

319 Jannis Kounellis: Gray is the Color of Our Time (2015), in: https://www.youtube.com/watch?v=OfSqgpzXbdw&t=495s.

320 Jannis Kounellis in Conversation (2014), in: https://ocula.com/magazine/conversations/jannis-kounellis/.

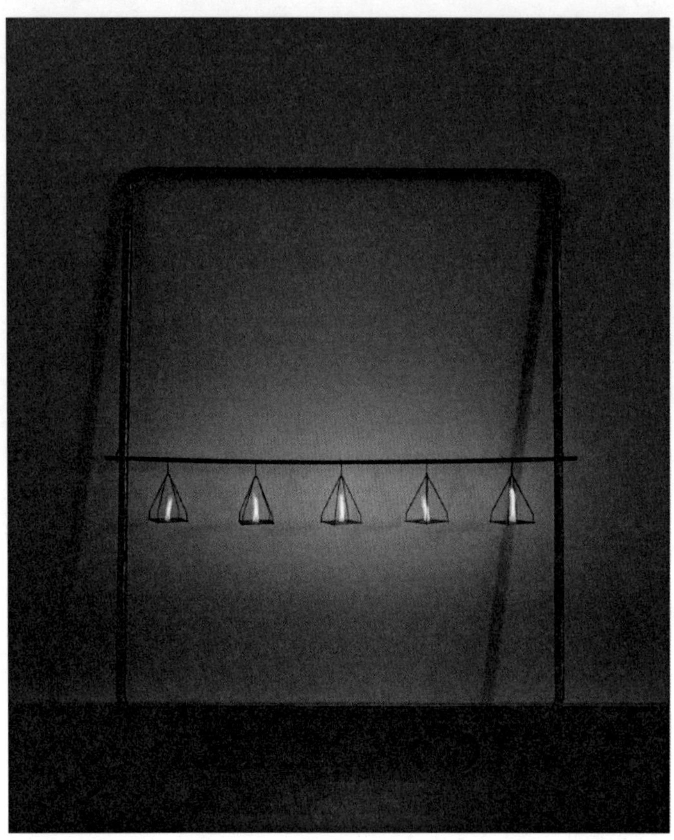

Abb. 86 Jannis Kounellis: Untitled, 1969

> is equivalent to the parrot (a 1967 work presented in the Attico gallery in Rome): it is something alive, that turns toward the exterior with aggression. But neither of the two, neither the fire nor the parrot, would make sense without its iron support. They are alive, they are real, but above all they are signs of an image constructed on the relationships; and, in the last analysis, for me it is painting. I am asked if I am a realistic painter, the answer is no. Realism represents and I present.»[321]

Anders als die späteren Arbeiten zeichnet sich das Frühwerk noch nicht in gleichem Maße durch Massivität und Monumentalität aus. Charakteristisch ist die Abwesenheit von Farbigkeit, von heiterer Atmosphäre oder leichtsinniger Experimentierfreude. Die feuernden Schläuche im humanen Maß, hängend aufgereiht an der Galeriewand (Abb. 81), sind traurige und gleichzeitig feindselige Apparaturen oder Restlebewesen. Das Bild der Normiertheit ist so erschreckend wie ihm etwas Verzweifeltes oder Rührendes eignet. Das feurige Material als Bodeninstallation (Abb. 82) mag zunächst an den *Flame Orchard* (Abb. 49) von György Kepes erinnern, der zur gleichen Zeit in den USA entstanden ist. Doch ist es unmöglich, sich dieser Grube, die voller Schlangen zu sein scheint, zu nähern:

> «Eine Anzahl von Camping-Gasflaschen mit Brenner-Endstücken an langen Schläuchen, die sich auf dem Boden des Raumes hinstrecken. Die Flammen fauchen alle in eine Raumrichtung. [...] Feuer [...] macht, brausend aus lauter Düsen, einen Raum unbetretbar.»[322]

In diesem Raum herrscht «ein harter und kalter Klang [...], der eher dem Störgeräusch im Radio vergleichbar ist als dem urtümlichen Knistern eines Kaminfeuers.»[323] Idyllische Ruhe und Versenkung anstatt aggressive Abwehr findet man hingegen bei den stillen Opferflämmchen, die aus Festbrennstofftabletten aufspringen (Abb. 85/86). Aber auch bei diesen eher auf Andächtigkeit zielenden Arbeiten muten die belebenden Elemente wie das Nachschwingen einer verlorenen Präsenz an. Der Trockenspiritus verbrennt gleichsam ins Nichts, Licht und Wärme sind bald verbraucht. Auf die Frage, ob die Arbei-

321 Jannis Kounellis: Fire (1993), in: ders.: Works, Writings 1958–2000, Barcelona 2001, S. 278.

322 Müller: Verbrannte Feuer.

323 Helmut Draxler: Das Brennende Bild. Eine Kunstgeschichte des Feuers in der neueren Zeit, in: Kunstforum International, 87 (1987), S. 70–228; hier: S. 111.

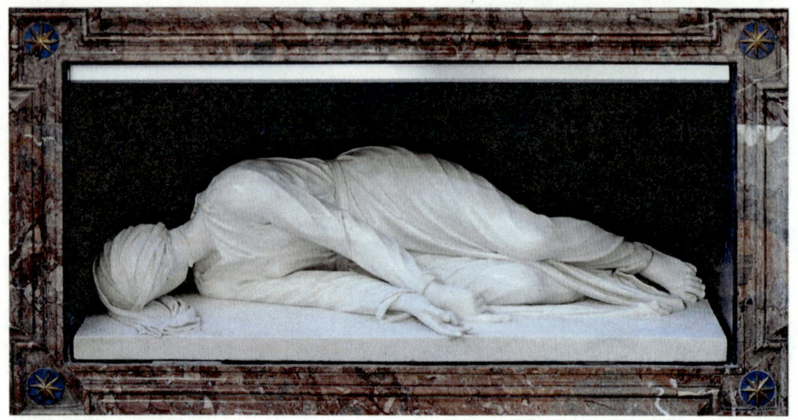

Abb. 87 Stefano Maderno: La Santa Cecilia, 1600

ten eine emotionale Reaktion hervorrufen sollen, antwortete Kounellis:

> «Yes, because these things were born in darkness. All these images are of experience. If you subtract the emotion from these things you will not even find them anymore. Also this aspect seems out of date today, but I think it is still too early to consider this dimension superfluous.»[324]

«Hervorbringung in der Dunkelheit» – der Künstler bleibt vage, wie das zu verstehen ist. Das Wort zeigt in jedem Fall an, dass etwas Tiefernstes oder gar Abgründiges vorliegt. Die Verbindung von Bildhaftigkeit und Affektivität wird hin und wieder als melancholisch erlebt, eine Gefühlslage, die Kounellis auf eigenwillige Weise kommentiert:

> «JK: Melancholy ... What's the name, I can't remember, of this romantic poet buried in Rome, close to the Piramide neighborhood?
> AB: John Keats is buried in the Protestant cemetery ...
> JK: Yes, him. His tombstone says: ‹Here lies one whose name was written in water.› In other words, if, early in the morning, you are able to create a credible image, melancholy fades momentarily»[325]

Die Antwort zeigt Ansätze des Orakelhaften und deutet einen Subtext an: Der Tag beginnt für den Künstler melancholisch. Warum? Weil die Kunst fehlt – oder etwas anderes? Gelingt es, Kunst in die Welt zu bringen, setzt sie sich an die Stelle des Fehlens, fungiert als Antidoton? Ist sie damit aber selbst frei von melancholischen Zügen?

Die Melancholie, moderner gesprochen, die Depression ist im klinischen Sinne ein Gefühlsgemisch aus Traurigkeit aufgrund von Verlust und einer Lust an Bestrafung. Die Analogie zu den Symbolen in den Installationen drängt sich geradezu auf, denn diese sind bestückt mit den Zeichen der Abwesenheit. Bett, Kleidung, Musikinstrumente wirken wie beraubt von Körpern, die einmal für Belebung, Bewegung und Klang sorgten. Die dunkle Atmosphäre des Kargen, Verlorenen sowie die Eintönigkeit des ausströmenden Gases hat die Schwere des Todes. Im selben Maße wirkt die herausschießende Flamme als aggressives Element, das zunächst der Zurückgezogenheit in

324 Andrea Bellini: Jannis Kounellis. Man and myth (2007), in: https://www.flashartonline.com/article/jannis-kounellis/.

325 Ebd.

die melancholische Einsamkeit zu widersprechen scheint. Zurückkommend auf die Klinik der Depression, kommt man zu einer anderen Einschätzung. In der Depression wird der Betroffene mit einem Verlust nicht fertig und muss einen imaginären Anderen bestrafen.[326] Diese Bestrafung richtet sich zuallererst gegen das Subjekt, das den Verlust erlitten hat und nicht verarbeiten kann, jedoch ebenso auf die mitlebende Umwelt. Die Deutung der Flamme als revolutionäres oder erotisches Zeichen will nicht recht zu den Werkbestandteilen bei Kounellis passen. Selbst die frühe Installation mit der verhüllten Frau liefert weder Hinweise auf Aufruhr noch auf libidinöse Begehrlichkeit. In diesem Fall liegt die Referenz auf ein kunstgeschichtliches Vorbild nahe, das Kounellis gewiss kannte – Stefano Madernos Skulptur der *Heiligen Cäcilie* (Abb. 87), ein Hauptwerk des Frühbarock. In beiden Fällen sehen wir Tote, die eine mit einem verhüllenden Tuch um den Kopf, die andere in ein Totentuch gekleidet, beide dem Sarg geweiht. Nur der Fuß zeigt sich noch, fetischistisches Überbleibsel des ehedem warmen Körpers, Organ des Fühlens und des Erdkontakts. Die daran befestigte Flamme ist nicht verführerisch, sie stößt ab, droht mit Tod durch Verbrennung. Die Hitze, die sie ausströmt, ist beängstigend.

Georges Didi-Huberman hat im Anschluss an das Warburg'sche Diktum von der Nympha, den jungen stürmischen Frauen mit ihren «bewegten Beiwerken»[327], von der «Ninfa moderna» gesprochen. Didi-Huberman verfolgt das Motiv der Nympha von der Renaissance bis zur Moderne, übergeht dabei auch nicht Madernos Cäcilie, und entdeckt den Sturz sowie das Verschwinden dieser Figur, von der im 20. Jahrhundert statt flatternde Kleidung und fliegende Haare nur noch herumliegende Stofffetzen übrig bleiben.[328] Madernos Skulptur liefert die Blaupause für diesen Prozess und damit für die Kounell'sche Installation[329], in der der Körper zwar anwesend aber längst dem Sarg zugewiesen ist. Die Metamor-

326 Siehe Sigmund Freud: Trauer und Melancholie. In: Studienausgabe III. Psychologie des Unbewußten, Frankfurt am Main 1981, S. 194–212.

327 Aby M. Warburg: Sandro Botticellis ‹Geburt der Venus› und ›Frühling‹. Eine Untersuchung über die Vorstellungen von der Antike in der italienischen Frührenaissance, Hamburg, Leipzig 1893, in: ders., Ausgewählte Schriften und Würdigungen, hg. von Dieter Wuttke, Baden-Baden 1979, S. 11–64, hier: S. 19.

328 Georges Didi-Huberman: Ninfa moderna. Über den Fall des Faltenwurfs, Berlin 2006.

329 Stephan Bann verweist in seiner Monografie über Kounellis auf das Buch von Didi-Huberman und auf Maderno, jedoch ohne Untitled 1969 zu erwähnen.

phose der Draperie vom Leidenschaftszeichen zum Leichentuch entspricht der Metamorphose des Feuers, das einmal einen Körper belebte und zur technischen Gasflamme verkommen ist. Diese fügt sich als Vanitas-Symbol für die Seele und ihr Verlöschen in das Todesmotiv. Hierzu passt Kounellis' Bemerkung über das Grab, in dem der Romantiker John Keats liegt, über das Verfließen des Namens und der Zeit, alles Hinweise auf die Endlichkeit. Die Hitzemilieus, mit denen Kounellis seine Arbeiten umgibt, sind paradox, denn die thermische Konstellation verbindet sich mit dem Gefühl der brennenden Trauer und mit dem verinnerlichten Hass auf das Abgestorbene, der zur Depression gehört. Es ist nicht zu ergründen, welcher Tod thematisiert wird - der Tod der vielen Opfer des 20. Jahrhunderts, der alten Kunst, die keine Wirksamkeit mehr zu entfalten vermag, der utopischen Träume? Wärmeverlust? Die Einsortierung der Kounelli'schen Kunst in den Avantgardekosmos hat übersehen lassen, dass darin eine «unbewußte Genealogie»[330] wirkt, die dem Abgestorbenen gewidmet ist.[331] Diese Kunst ist weniger eine der Vorausschau, sie fügt sich der Rückschau.

Sein Augenmerk gilt der Verwendung von Textilien bei Kounellis und in der Arte Povera. Stephan Bann: Jannis Kounellis, London 2003, S. 58.

330 Didi-Huberman: Ninfa, S. 61.

331 Helmut Draxler gehört zu den Interpreten, die «den unermeßlichen Raum der Vergangenheit» und die «Resignation» in Kounellis' Werk ausgemacht haben: Draxler: Das brennende Bild, S. 113.

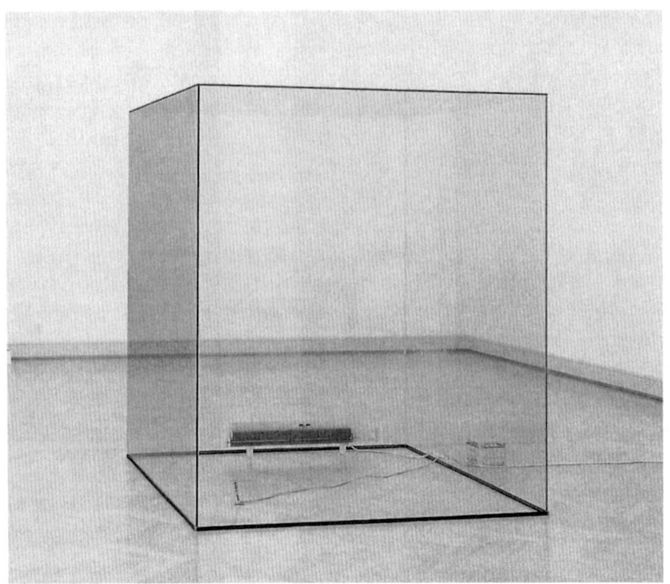

Abb. 88 Erwin Wurm: 22° C Raumtemperatur, 1994

An der Grenze der Wahrnehmung

Ende des imaginären Museums

Der Gang durch das Museum der beheizten Kunstwerke hat gezeigt, dass die Operationen mit thermischen Sachverhalten äußerst divergierende Resultate zeitigen: metaphorische, indexikalische, mythische Aufladungen, Vertiefung von Erlebnissituationen, Sinnlichkeitsschulung, Kritik am Visualitätsparadigma in der Kunst, Utopieversprechen, Gefährdungszumutungen, Mobilisierung von Raumerfahrungen, anthropologische Befragung etc.

Zum Abschluss wird der letzte Saal des imaginären Museums geöffnet, in dem sich fünf Arbeiten befinden, die sich ebenfalls des thermischen Materials bedienen. Diese Kunstwerke thematisieren die Grenze, wo die Empfindlichkeit für die Registrierung von Wärme auf die Probe gestellt wird oder sogar bedeutungslos ist. Insofern lässt sich vorwegnehmend feststellen, dass die thermische Präsentation nur ein Vehikel ist, um ein Gedankenspiel zu initiieren, in dem allerdings die Empfindungsqualität des Fühlbaren verhandelt wird.

Stand am Anfang der Ausstellung die unerträgliche, nicht intendierte Hitze in dem Südstaaten-Environment von Edward Kienholz, steht am Ende die Abkühlung zur kaum wahrnehmbaren Temperatur, die aber dafür auf die Höhe konzeptueller Zentralität gebracht wird.

> *Dieses Feuer brannte träge, ohne eigentliche Lust; es legte sich beständig auf dem Holze hin und erhob sich, wie von innerer Unruhe gezwungen, und versuchte wieder sich auszustrecken und warf sich, halbwach, hin und her.*

Raumtemperatur (Erwin Wurm)

22°C Raumtemperatur (1994) besteht aus einem Glaskubus in den Maßen 1,80 × 1,80 × 2 m, einem Thermostat und einer kleinen Heizung (Abb. 88). Die elektronische Steuerung sorgt dafür, dass die Temperatur innerhalb des Kubus stets bei 22° Celsius Richttemperatur gehalten wird. Der Betrachter wird über ein Informationsschildchen über den Vorgang unterrichtet, wie auch die Temperaturskala auf dem Steuerungsgerät einsehbar ist.

Erwin Wurm weist in einem Interview darauf hin, dass diese doppelte Informierung aus zwei Gründen für den Rezipienten nicht verifizierbar ist: Zum einen gelange man durch das Abtasten der Glasoberfläche zu keiner verlässlichen Erkenntnis über den Temperaturstand im Inneren. Zudem sei «22°C eine Idealtemperatur, die so gut wie nicht wahrnehmbar ist. Sie ist nicht warm und nicht kalt und entspricht in etwa der Temperatur, die ohnehin in den Museumsräumen herrscht.»[332]

Die letzte Bemerkung könnte zu der Schlussfolgerung führen, dass die Arbeit zum Genre der institutionsreflektierenden Kunst gehört. Die inzwischen konventionell gewordene konservatorisch motivierte Raumtemperatur hat den positiven Nebeneffekt, dass sie vom Besucher als nicht unangenehm empfunden wird. Im Idealfall spielt das Raumklima für die Seherfahrung keine Rolle. Entgegen dieser Annahme geht der Kommentar Wurms in eine andere Richtung, nämlich in die mediale Sphäre außerhalb des Systems Kunst. Für den Künstler ist der Umstand erwähnenswert, dass der Glaube in Kraft tritt, wo Überprüfbarkeit von Tatbeständen nicht mehr gegeben ist. In der Medienwelt, die existiert, weil der Zugang zu den unmittelbaren Weltverhältnissen in den meisten Fällen versperrt ist, gehört die «Nichtverifizierbarkeit» zur strukturellen Grundgegebenheit. Diese Aussage gehört zu dem im Kunstdiskurs weit verbreiteten Kommentartypus, der Kunst als eine mimetische Veranstaltung ausweist. Gemäß dieser Betrachtungsweise liefert Kunst Repräsentationen von Wirklichkeitsverhältnissen, um eine Reflexion auf diese Verhältnisse in Gang zu setzen. Die Referenz auf etwas außerhalb der Kunst gehört zur Legitimationsstrategie, mit ihr wird die Nutzbarkeit für Erkenntnisprozesse begründet. Allerdings verwundert es, dass sich Erwin Wurm dieser Diskursform bedient. Nicht nur wird kaum mehr als eine Trivialität mitgeteilt, vor allem passt der Aussagetypus nicht zur Werksignatur Wurms. Das gesamte Œuvre dieses Künstlers zeichnet sich dadurch aus, dass aus dem Inneren der Funktionsweise von Kunst Neufigurationen und Umwertungen entwickelt werden. Seine skulpturalen Arbeiten negieren zuweilen die klassischen Parameter von Masse, Volumen und Gravitation, organisieren die Verhält-

332 Erwin Wurm: 22°C Raumtemperatur. Ein Gespräch von Alexander Braun, in: Kunstforum International, Band 131, 1995, S. 392.

nisse von Sockel und Werk, von Betrachter und Skulptur auf unkonventionelle Weise um, stellen Übereinkünfte zu Material und der Dauer in Frage. Nimmt man aus dieser Perspektive *22°C Raumtemperatur* in den Blick, entwickelt sich ein ganz anderer Wahrnehmungsimpuls.

1996 hat Roland Wäspe, Direktor des Kunstmuseums St. Gallen, eine Andeutung gemacht, die es aufzunehmen gilt, er schreibt: «Jedenfalls, und das ist das Erstaunlichste, hat der Betrachter plötzlich eine skulpturale Vorstellung für etwas Abstraktes wie Wärme. Nicht etwa Hitze oder Kälte, sondern eben für so etwas Unentschiedenes wie 22 Grad Celsius.»[333] Dem Kommentator ist entschieden zu widersprechen, wenn er Wärme als etwas Abstraktes auffasst; im Gegenteil, solange nicht Messdaten gemeint sind, stellen Temperaturtatsachen etwas sehr Konkretes, Sinnliches dar. Wertvoll ist die Anmerkung dennoch, denn sie weist auf die imaginäre Kapazität des Betrachters hin. Wenn man das Eigentliche der Arbeit nicht in den materiellen Rahmensetzungen (Glas, Heizung, Thermostat) ausmacht, dann wird die warme Luft aufgrund ihrer nicht sensorischen Zugänglichkeit zu einem inneren Bild. Dieses Bild ist schlichtweg fantastisch zu nennen, denn ein circa 8 Kubikmeter großes kubisches Stück Luft, das real eine Unmöglichkeit darstellt, entsteht vor den inneren Augen des Betrachters. Die Vorstellung einer Formgebung durch Temperaturdifferenz ist nicht weniger als ein Akt konzeptueller Kunstwerdung. Hier wird ein Betrachtersubjekt angenommen, das als kreativer Partner des Künstlers fungiert. Mit der Idee einer Skulptur ohne Gewicht und fassbare Stofflichkeit, an der Grenze zur Wärmeempfindung verlässt Wurm fast vollständig das Feld der konventionellen Bildnerei. Der Humor, ein Grundzug der Kunst Wurms, zielt in diesem Fall auf den ganzen Komplex der Kunstmythologie, die den Künstler als Erfindergenie und Formvirtuose, die Kunst als Geheimnisträger, Wissenscontainer oder Erregungsanlass ausweist. *22°C Raumtemperatur* besteht eigentlich aus nichts, wären da nicht die Maßnahmen, die dieses Nichts begrenzen.

333 Roland Wäspe: Der Flipperspieler. Anmerkungen zu Erwin Wurms Skulpturbegriff, in: Parkett, 46 (1996), S. 6–11, hier: S. 11.

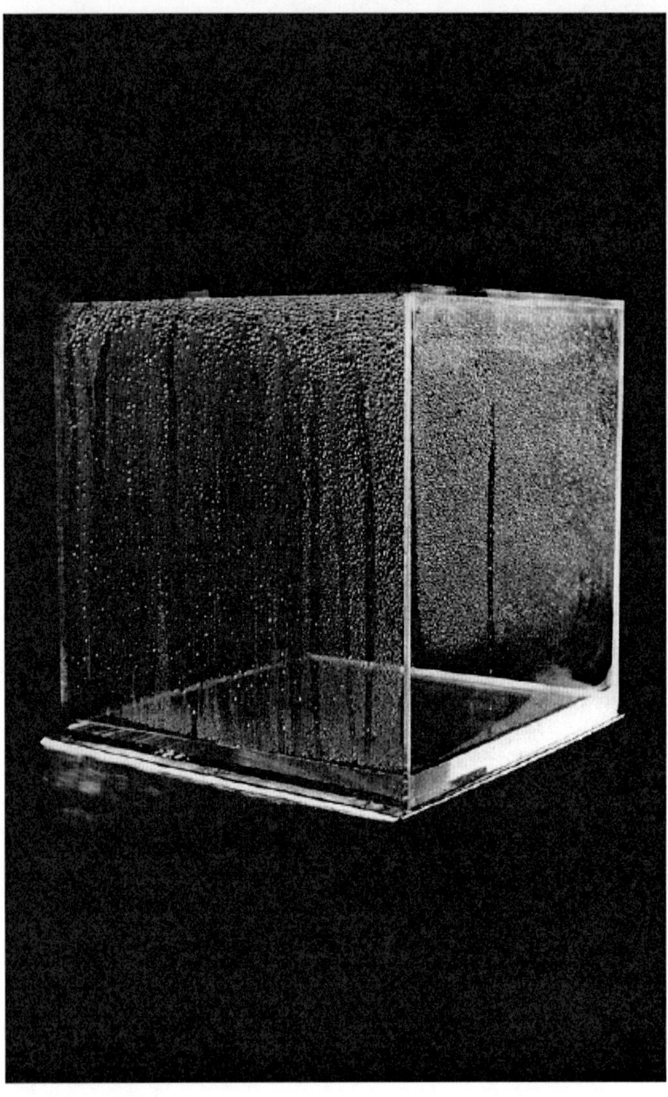

Abb. 89 Hans Haacke: Condensation Cube, 1963–1965 (Ausstellungsduplikat 2006)

Es sind arg warme Hände, die sich immerfort kühlen möchten und sich unwillkürlich auf Kaltes legen, gespreizt, mit Luft zwischen allen Fingern.

Kreisläufe (Hans Haacke)

Einen formal ähnlichen Ansatz hat bereits 30 Jahre vor *22°C Raumtemperatur* der Konzeptkünstler Hans Haacke mit seinem *Condensation Cube* (1963–1965) verfolgt. Der transparente Kubus besteht aus Plexiglas und misst in der Originalversion lediglich 30,3 cm^3, eine spätere Version 76 cm^3 (Abb. 89).[334] Im Inneren befindet sich etwas Wasser, das als eine Art Sensor in Szene gesetzt wird. Die Wände des Kubus fungieren nicht – im Gegensatz zum Aufbau bei Wurm – als kategoriale Trennung zwischen innen und außen, sie gehören zum Austauschsystem und dienen einer Sichtbarmachung. Je nach Temperierung des Ausstellungsraums durch Heizungsanlage, Lichteinstrahlung oder durch die Körperwärme der Besucher verdampft das Wasser mal mehr oder weniger und zeigt sich entsprechend wandelbar als Tropfen- und Schlierenniederschlag auf der Oberfläche, in seltenen Fällen sogar als feiner Nebel. Für den Betrachter eröffnet sich ein beobachtbarer Kreislauf aus Verdampfen und Kondensieren, stellt sich das Kunstwerk als Container eines eigensinnigen Geschehens dar, das vom Künstler nicht gelenkt wird.

Auch in diesem Fall wird Temperatur nicht durch den Wärmesinn aufgefasst, sondern in ein visuelles Geschehen übersetzt. Die Arbeit hat eine gewisse Prominenz im Bereich der Konzeptkunst erlangt, denn sie repräsentiert eine Epoche, in der die Rolle des gestaltenden Künstlers durch Zufallsoperationen, Zen-Philosophie, Umweltbewusstsein und wissenschaftliche Ideen über Kreisläufe relativiert wurde. Inspiriert durch Hinweise von Jack Burnham befasste sich Haacke in den 1960er-Jahren mit Systemtheorie sowie mit kinetischer Kunst, die er durch Otto Piene kennengelernt hatte.[335] Erkennbar wird zudem das Konzept der Anti-Form, mit dem Robert Morris 1968 alle durch das Material verursachte Selbstgestaltungen zu fassen suchte. Aber ebenso wurde in *Condensation Cube*

334 *Condensation Wall* und *Condensation Floor* aus der gleichen Periode zeigen den gleichen Prozess in veränderten Formgebungen.

335 Hans Haacke: In conversation with Terri Cohn (2016), in: http://sfaq.us/2016/06/hans-haacke-in-conversation-with-terri-cohn/.

eine frühe Version ökologischer Kunst[336] und eine «kritische Meteorologie» gesehen.[337] Andere Interpreten wiederum betonten das formale Moment und schlugen das Objekt der Minimal Art zu, wodurch die Box zum Inbild der Auflösung von Rahmen, Sockel und expressiver Form erhoben wurde.[338] Der *Cube* wurde sogar als ironische Reaktion auf die in den späten 1950er-Jahren beginnende Diskussion über Atmosphärenkontrolle in Museum gedeutet, die zur Installation von Luftentfeuchtern und Luftbefeuchtern führte.[339] In einem Selbstkommentar deutet Haacke einen Zusammenhang zwischen Institutionsdispositiv und Weltbildorientierung an:

> «Whether one looks at the *Condensation Cub*e as an artwork – there is no definition for art other than one based on a social agreement – or one doesn't, in either case, the object's physical interaction with its environment is an integral part of it. In other words: it is not an autonomous object. Its surroundings belong to this ‹system› of interdependent relations. Very differently, when paintings and sculptures react to their environment it is usually a cause for panic. A conservator is called to repair the damage, and provisions for the control of temperature, humidity, lighting, and pressure have to be installed or beefed up.»[340]

An diesem Punkt wird die Differenz zu Wurms Kubus offenkundig: Während sich das Kunstwerk des österreichischen Künstlers in einem Zustand vor dem Verschwinden befindet und zu einem vorgestellten Sehen und Fühlen verleiten soll, beabsichtig der deutsche Künstler eine Beobachtung in der konkreten Situation. Ob hier, wie er andeutet, überhaupt noch Kunst stattfindet, ist nur konventionell durch den Hinweis auf den institutionellen Kontext zu beantworten. Was sich abzeichnet, ist die typisch moderne Spannung zwischen einer «Idee als sinnliche, sich selbst genügende Form»[341] be-

336 Linda Weintraub: To Life!. Eco Art in Pursuit of a Sustainable Planet, Berkeley, Los Angeles, London 2012, S. 70.
337 John A. Tyson: The Artist as Weatherman: Hans Haacke's Critical Meteorology (2015), in: https://www.nga.gov/audio-video/audio/haacke-tyson.html.
338 Benjamin H.D. Buchloh: Conceptual Art 1962–1969, in: Alexander Alberro, Blake Stimson (Hg.): Conceptual Art. A Critical Anthology, Cambridge/Mass., London 1999, S. 514–537, hier: S. 525.
339 Mark Jarzombek: Haacke's Condensation Cube. The Machine in the Box and the Travails of Architecture, in: Threshholds, 30 (2005), S. 99–103.
340 Haacke: In conversation.
341 Rancière: Politik der Bilder, S. 27.

ziehungsweise als Präsenz und einer von Einschreibungen gezeichneten Skulptur, die auf alles Mögliche referenziert. Ohne diesen Stress des Werks auflösen zu wollen, ist die thermische Relationierbarkeit als Ausdruck eines historisch neuen Kunstempfindens aufzufassen. Weiterhin können zentrale Kategorien wie Schönheit, Erhabenheit, Aussage, Selbstreflexivität an das Werk herangetragen werden, die allerdings kunstpoetisch nicht vorgesehen sind.[342] Was als unhintergehbarer Sachverhalt bleibt, ist ein besonderer Witz, den zu erkennen allerdings nur dem erlaubt ist, der sich nicht von der konzeptuellen Schwergewichtigkeit beeindrucken lässt: In der Zusammenkunft von Kunstobjekt und Rezipientensubjekt finden zwei schwitzende Körper zueinander.

Glaubt man Haacke, stehen sich diese als Fremde gegenüber: «The system's programme [...] is absolutely independent of the viewer's mental participation. It remains autonomous – aloof from the viewer. [...] The viewer becomes a witness rather than a resounding instrument striving for empathy.»[343] Weitergehend ist sogar festzustellen, dass Haacke die unmittelbare Körperlichkeit, vermittelt über thermische Adressierung, vermeidet und das Verhältnis zum Objekt weiterhin über das distanzierende Visualitätsdispositiv regelt. Bleibt also doch alles beim Alten? Wenn sich der Betrachter nicht auf die Rolle des sachlichen Beobachters reduzieren lässt, der einem einfachen physikalischen Prozess beiwohnt, sondern sich als ästhetisch reizbar empfindet, dann muss er sich mimetisch verhalten. Damit ist gemeint, dass er sein Sensorium nicht nur auf das Objekt richtet, sondern in gleichem Maße auf die momentanen Umgebungsverhältnisse, die am Prozess mitwirken. Mimesis ist nicht Empathie, die zur Sentimentalität tendiert, oder Anwendung von physikalischem Sachverstand, eher Verzauberung unter trivialen Bedingungen, Befremdung. Geistig vermittelt rücken die thermischen Bewegungen und Transformationen – Wärmestau, Verdampfung, Kondensation, Verflüssigung – nah an den Betrachter heran. In einem Manifest

342 Ein Beispiel liefert Jack Burnham, der in der Arbeit eine neoromantische Haltung ausmacht, die von Thoreau inspiriert ist. Nachdem er Haacke mit dieser Sichtweise konfrontiert hatte, reagierte dieser mit brüsker Ablehnung der Romantik und Naturschwärmerei und bekannt sich zur Stadt, Technik und zu urbaner Mentalität. Jack Burnham: Hans Haacke. wind and water sculpture, in: Tri-Quarterly Supplement, No. 1, Spring 1967, S. 12–13.

343 Hans Haacke: Untitled Statement (1967), in: http://www.etantdonnes.com/SystemsArt/Haacke_Statement1967.html.

aus dem Jahr 1965 formuliert Haacke einige Prinzipien seiner Kunst, darunter auch diese:

> «... make something which experienced, reacts to its environment, changes, is nonstable ... [...]
> ... make something sensitive to light and temperature changes, that is subject to air currents and depends, in its functioning, on the forces of gravity ... [...]
> ... make something the spectator handles, an object to be played with and thus animated ...»[344]

Alles, was Haacke dem Objekt zuschreibt – experience, reaction, sensitivity, animation –, sind gleichzeitig Aspekte des Lebens. Das, was das Objekt erfährt, kann auch das Betrachtersubjekt erfahren. Damit kommt zweifelsohne ein irrationaler, ästhetizistischer Zug zum so sachhaft auftretenden Objekt. Doch um diese Konfliktzone geht es: Das Kunstwerk funktioniert nach einem beobachbaren Gesetz, dient damit aber keiner Sache, ist zu nichts nutze. Theodor W. Adorno fasst diesen Gegensatz als Kern moderner Kunst auf:

> «Die Aporie der Kunst, zwischen der Regression auf buchstäbliche Magie, oder der Zession des mimetischen Impulses an dinghafte Rationalität, schreibt ihr Bewegungsgesetz vor; nicht ist sie wegzuräumen. Die Tiefe des Prozesses, der ein jegliches Kunstwerk ist, wird gegraben von der Unversöhnlichkeit jener Momente [...].»[345]

Die Formulierung Adornos in ihrer dogmatischen Unerbittlichkeit weist den Weg, den Haacke im Sinn gehabt haben musste, denn er sagt 1967 in einem Gespräch mit Jack Burnham: «I believe that a rational, almost positivistic approach, sort of matter of fact, can be pushed to a point where it blossoms into something very poetic, weightless, and irrational. [...] I am still fascinated by the nearly magic, self-contained quality of objects.»[346] Dass es diesen Umschlag geben kann – von der Banalität ins Faszinierende, vom Sachlichen ins Bildhafte –, das treibt vor allem moderne Ästhetik an und vermag in Fällen des Gelingens, ein Mehr-Wahrnehmen sowie Unvorhersehbarkeit hervorzubringen. Allerdings braucht es dazu des ästhetischen Subjekts, dass sich dieser anderen Vernunft oder Unvernunft überlässt.

344 Zit. n. Burnham: Hans Haacke, S. 8.
345 Adorno: Ästhetische Theorie, S. 87.
346 Burnham: Hans Haacke, S. 22, 14.

Ist nicht die Erde noch warm von dir, und die Vögel lassen noch Raum für deine Stimme. Der Tau ist ein anderer, …

Körperwärme (Pierre Huyghe)

Als Pierre Huyghe 2012 und 2014 zwei Skulpturen entwarf, folgten diese dem Entrationalisierungbegehren auf besonders einschneidende Weise. Der Kälte der Weltbeherrschung, durch die Landschaften, Menschen und Tiere zweckhaft eingesperrt werden, setzte er Gesten der Wärme entgegen. In beiden Fällen wurden Betonabgüsse von bestehenden Skulpturen angefertigt. Für die *Documenta 13* adaptierte Huyghe einen liegenden Akt, ästhetisch in der Tradition Aristide Maillols, des wenig bekannten Schweizer Künstlers Max Reinhold Weber. Dieser Abguss war Teil eines Biotops am Ende der Karlsaue. Gleichsam im Schatten der barocken Landschaftsarchitektur wurde ein Komposthaufen angelegt, in dessen direkter Nachbarschaft sich nicht verlegte Bodenplatten stapelten und Haufen von Holzabfällen das nachbarliche Kunstlandschaftsidyll störten. Zwischen all dem Unfertigen liefen Hunde herum.

Der liegende Akt wirkte in diesem Ambiente beinahe verloren, und doch passte er sich darin ein. Denn das Besondere der Skulptur war der Kopf, der nicht dem Original entsprach, sondern aus einem Bienenstock bestand. Um ein den Tieren vorteilhaftes Lebensmilieu zu verschaffen, wurde im Inneren der Skulptur ein Heizsystem installiert, die den Beton auf Körpertemperatur brachte. Nicht nur wurden damit die Bienen lebendig gehalten, ebenso wurde dem toten Leib eine unsichtbare Lebensaura verliehen. Ähnlich wie bei Hans Haacke entwickelte sich an der Skulptur ein autopoetischer Prozess, in diesem Fall ein biologisches Wachstum und Gedeihen, denn das Bienenvolk vermehrte sich und mit ihm breitete sich die Wabenarchitektur aus, angefüllt mit Honig (Abb. 90/91).

Damit spielte Huyghe auch auf Joseph Beuys an, der vor ihm bereits mit Honig und Wachs künstlerisch gearbeitet hatte.[347] Zudem integrierte Huyghe eine entwurzelte und vertrocknete Eiche in das Landschaftsbild; dieser Rest war ursprünglich Teil der Beuys'schen Pflanzaktion *7000 Eichen* während der 1982er-Documenta gewesen. Neben diesem abgestorbenen Le-

347 Es waren noch weitere Allusionen an frühere Kunstwerke und Künstler aufzufinden, die hier nicht kommentiert werden sollen. Siehe Dorothea von Hantelmann: Thinking the Arrival. Pierre Huyghe's Untilled and the Ontology of the Exhibition, in: OnCurating, Issue 33, June 2017, S. 89–96.

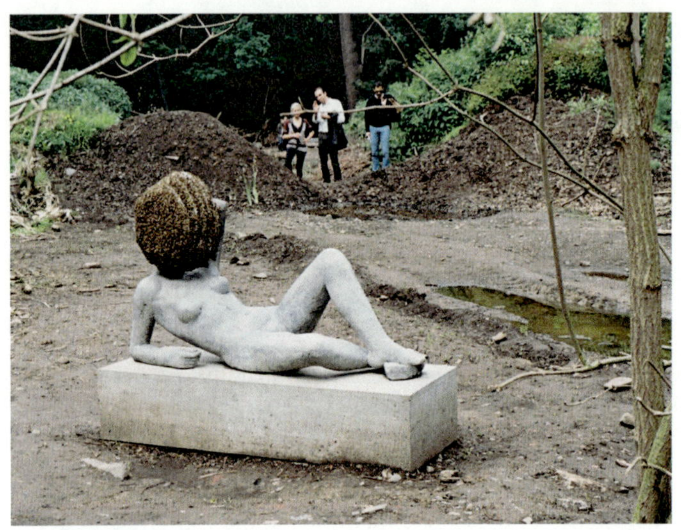

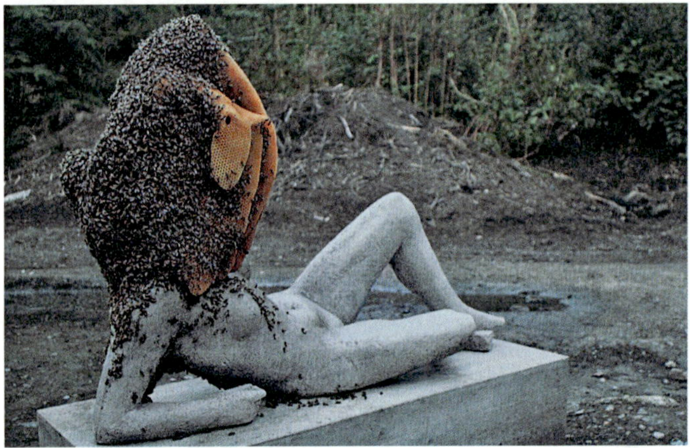

Abb. 90/91 Pierre Huyghe: Untilled, 2012

ben wuchsen auf dem Kompost eine Reihe von Pflanzen – Fingerhut, Tollkirsche, Stechapfel, Cannabis und Roggen –, die allesamt den Rohstoff für Rauschgifte liefern. Solcher Anspielungsreichtum, der nicht ausgedeutet werden soll, steht in sonderbarem Kontrast zu einem Kommentar durch den Künstler, der eher dem Konzeptualismus Haacke'scher Prägung folgt:

> «The compost is the place where you throw things that you don't need or that are dead. I used the same methodology for Untilled, using personally important markers and dropping them within that place. You don't display things. You don't make a mise-en-scène, you don't design things, you just drop them. And when someone enters that site, things are in themselves, they don't have a dependence on the person. They are indifferent to the public. You are in a place of indifference. Each thing, a bee, an ant, a plant, a rock, keeps growing or changing.»[348]

Der Werktitel, der leicht zu einem Verlesen verführt, lautet nicht *Untitled*, sondern *Untilled*, was *unkultiviert* bedeutet und angemessen die Situation des Ortes beschreibt. Wo Beuys in politisch motivierter Aktion eine natur- und stadtpflegerische Initiative ergriffen hatte, dort lässt Huyghe es wuchern. Dass der Künstler selbst und eine Reihe von Kommentatoren die Erwärmung der Skulptur nicht erwähnen, liegt, so ist zu vermuten, daran, dass wohl niemand es unternommen hat, sie zu berühren. Dabei bilden der Bienenstock, von Tausenden Kleintieren aufgeheizt, und die warme Frau das sinnlich-ungefühlige Konkretbild einer heilvollen Symbiose, Gegenbild zu den dominierenden funktionalistischen Maßnahmen in der Realwelt. Vielleicht hätte ein Besucher des Biotops an einem Sommertag die unnatürliche Aufheizung des Steins auch gar nicht bemerken können, was jedoch der Idee keinen Abbruch tut. Die Natur in Umarmung mit der Menschengestalt projiziert die Möglichkeit einer wechselseitigen Durchdringung, aus der der Lebensraum für beide erwächst.

Nach dem gleichen Verfahren ist *La Déraison* (2014) entstanden – *Die Unvernunft*. Ausgangsmaterial war das Fragment einer großen allegorischen Gruppe von Jean-Baptiste Belloc aus dem Jahr 1931. Aufgestellt anlässlich der *Exposition Coloniale Internationale* sollte dieses Monument die kolonialistische Expansion Frankreichs glorifizieren. Die Personifikation, die

348 Zit. n. Christopher Mooney: Pierre Huyghe (2013), in: https://artreview.com/features/october_2013_feature_pierre_huyghe/.

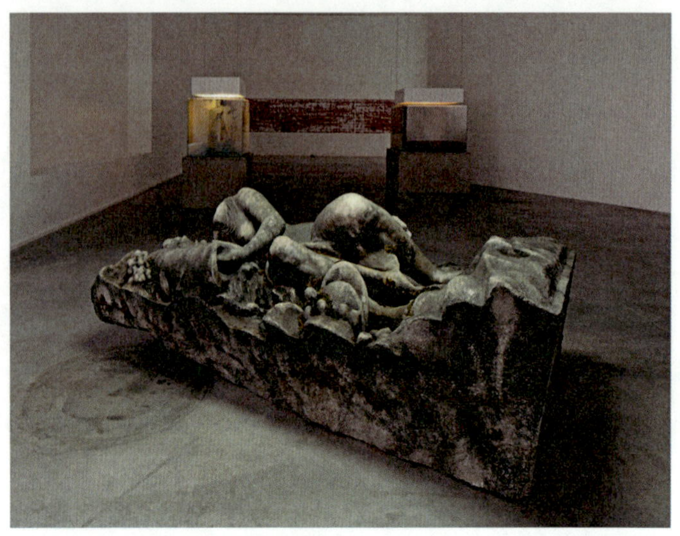

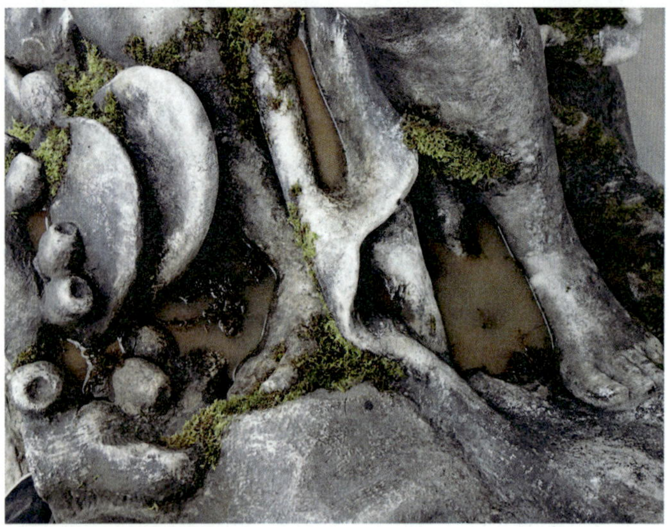

Abb. 92/93 Pierre Huyghe: La Déraison, 2014

Huyghe auswählte, repräsentierte Afrika. Die liegende, kopflose weibliche Gestalt, ein Füllhorn in den Armen haltend, wirkt wie eine steingewordene Landschaft. Auch dieser Figur wurde ein Heizsystem einmontiert, das sie auf Körpertemperatur hielt. Zudem wurde der Kunststeinguss bemoost und bewässert, sodass sich stehende Wasserpfützen in den Höhlungen bildeten (Abb. 92/93). Die Infektion mit Lebendigkeit ist im Vergleich mit *Untilled* weniger auffällig, die Figur lädt dafür eher zur Berührung ein, da der Betrachter keinen Bienenstich befürchten muss. «When I felt her arm she was actually warm due to the heating system. A very cool concept that incorporates living moss and though she may look old and deteriorated, she is still warm with life.»[349]

Die Unscheinbarkeit des Wärmeformativs und die offensichtliche Überwucherung in beiden Arbeiten ist bei allen anderen möglichen Sichtweisen vor allem eine Intervention. Die abgestorbene Kunst der Vergangenheit, zu der Huyghe vielleicht auch Joseph Beuys zählen wollte, wird mit pflanzlichen und tierischen Existenzen, mit Energiezufuhr ausgestattet. Diese Kunst wird aber nicht wieder zum Leben erweckt, sondern mit einem neuen überzogen. Sie verliert ihren Sinn, weil sie sinnlich wird, unvernünftig und unkultiviert.

Man hatte ein Feuer gemacht und wusch den Körper mit warmem Wasser und Wein.

Unterirdische Wärmewirkung (Joseph Beuys)

Der implizite Hinweis auf Beuys bei Huyghe soll zum Schluss aufgenommen werden und eine Installation in den Blick rücken, die allein schon aufgrund ihres Titels eine Aufnahme in das imaginäre Thermo-Museum rechtfertigt: *Plastisch/thermisches Urmeter* (1984) (Abb. 94). Diese Arbeit von Joseph Beuys unterscheidet sich von vielen anderen materialorientierten Werken dieses Künstlers durch einen Zug ins Immaterielle aus, was auch erklären mag, dass sie eher selten deutendes Interesse gefunden hat.

Da es sich bei dieser Arbeit um eine ortsspezifische Installation handelt, die anlässlich der Ausstellung *Skulptur im 20. Jahrhundert* in Brüglingen bei Basel entwickelt wurde, ist sie seither nie mehr gezeigt worden; ausgestellt werden lediglich

349 http://shoshanita.com/art/2017/4/3/the-nasher.

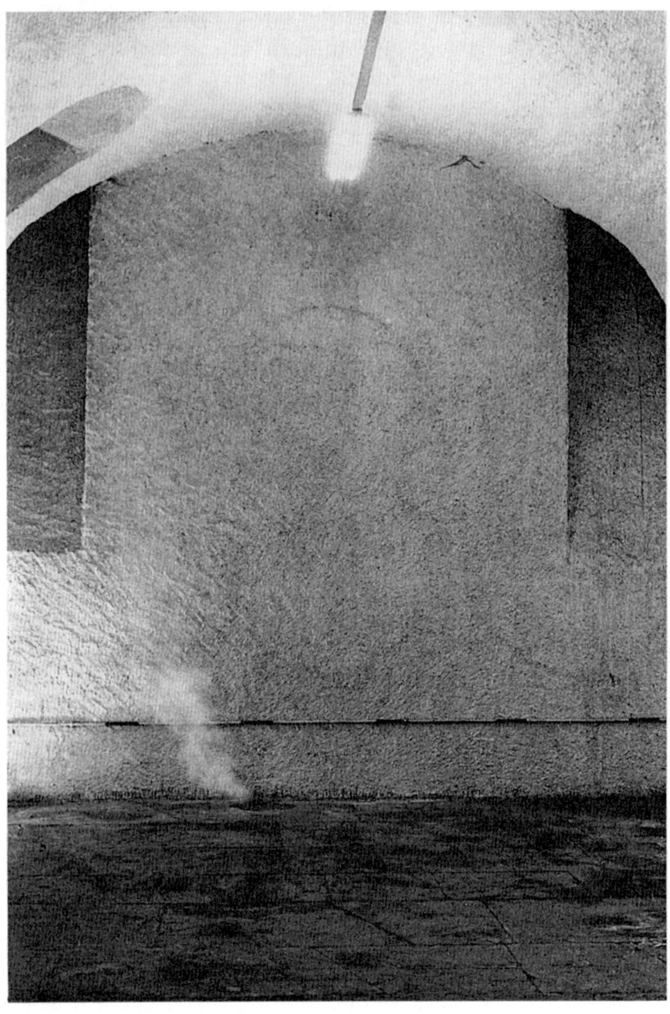

Abb. 94 Joseph Beuys: Plastisch/thermisches Urmeter, 1984

einige Teile aus der Konstruktion sowie eine Videodokumentation. Kennmerkmal der Installation ist das disproportionale Verhältnis zwischen baulichen Aufwänden und ästhetischem Output. Was man sah, war nicht mehr als eine kleine weiße und äußert zarte, fast lautlose Dampfemission, die aus einem dünnen Rohr im Boden eines Kellerraums entwich. Um den ephemeren Kondensierungsvorgang in Gang setzen zu können, musste entlang der Außenmauer des Gebäudes, zu dem der Keller gehörte, ein circa sechs Meter tiefer Schacht gegraben werden. In diesem Schacht wurde ein Kupferbehälter auf einem einfachen Gaskocher platziert, der das Wasser erhitzte; der Dampf wurde durch ein dünnes Eisenrohr in den Keller geleitet.[350] Nicht allein die baulichen Maßnahmen, auch die Wartungsarbeiten an der Installation erforderten erheblichen Aufwand, denn das Wasser musste nachgefüllt, die Gasflaschen ausgetauscht und die Flamme kontrolliert werden.

Die Arbeit einschließlich des programmatischen Titels liefert ein typisches Beispiel für den erweiterten Plastik-Begriff, an dem Beuys nicht nur materialiter, sondern vor allem gedanklich arbeitete. Seine ungewöhnlich umfängliche Kommentierung der eigenen Kunst war nicht immer rational nachvollziehbar, durchaus gekonnt operierte Beuys mit intendierter Unvernunft. Das Sprechen war mehr als ein Begleitprogramm, es muss als Teil des Gesamtwerks angesehen werden. Beuys lag es daran, mit einer Mischung aus seriösem Anliegen und Irrwitz die metaphysische Tiefe zu befeuern. Zu seiner ideologischen Bewaffnung gehörte eine Mythologie des Warmen, die weniger die tatsächliche thermische Wärmeerfahrung umschreibt, vielmehr den unscharfen konnotativen Bereich ausdehnt. Nur stichwortartig soll der Umriss des Gedankengebäudes angedeutet werden.

Es muss als kunstpoetischer Zentralgedanke erachtet werden, dass das *Plastisch/thermische Urmeter* eine Realisierungsform der antiken und alchemistischen Vier-Elemente-Lehre darstellt. Wasser, Erde, Luft und Feuer bilden die materiellen Zutaten in dem Gesamtensemble. Mit der Rückbesinnung auf die vormoderne Ideenwelt, die noch weit entfernt von wissenschaftlichem, abstraktem Weltverständnis war, wird der Aspekt der Dingunmittelbarkeit gestärkt. So nachvollziehbar

350 Eine Beschreibung mit Bilddokumentation in: Theodora Vischer: Joseph Beuys: «thermisch-plastisches Urmeter» – ein Spätwerk, in: Volker Harlan, Dieter Kaepplin, Rudalf Velhagen (Hg.): Joseph Beuys-Tagung Basel 1.–4. Mai 1991, Basel 1991, S. 214–219.

diese Referenz im Kunstkontext ist, so sehr erscheint die Anrufung des Archaismus problematisch, weil nicht deutlich wird, ob damit auch eine weltanschauliche Haltung vermittelt werden soll. Diese Undeutlichkeit setzt sich fort im Begriff des Thermischen. Theodora Vischer weist darauf hin, dass Beuys damit die Relationierbarkeit zur modernen Physik anbietet, damit aber vor allem Austauschprozesse geistiger Natur umschrieben werden. Anders als bei Haacke, der einen poetisch-ästhetischen Überschuss aus den technischen Gebilden generieren will, wird bei Beuys alle Formgebung zum Anlass für Übersetzungen, Signifizierungen, gedankliche Überhöhungen. Diese Strategie, nicht frei von clownesk-provokatorischer Attitüde, wird erkennbar an drei Herz-Jesu-Bildchen, die er 1971 in Neapel kaufte. «Beuys hat sie [...] mit folgenden Worten beschriftet: ‹Der Erfinder der Dampfmaschine›, ›Der Erfinder des 3. thermodynamischen Hauptsatzes‹ und ›Der Erfinder der Elektrizität‹.»[351] Man versteht diese Spielerei, die auch als versteckte Selbsterhöhung zur Jesusähnlichkeit verstanden werden darf, wenn man den Kerngedanken der Transformation akzeptiert, der dem gesamten Werk zugrunde liegt. Alles ist Medium für eine Passage hin zu etwas anderem, mit anderen Worten, ist Gestaltung. Mit dieser Betrachtung ist es nur konsequent, die Idee des Thermischen, das sich eigentlich der Gestaltbarkeit entzieht, mit der des Plastischen zu verbinden. Da das *Plastisch/thermische Urmeter* autopoetisch funktioniert, vermittelt die Dampfproduktion Größeres, Umfassenderes als das Tun des Künstlers. Den Horizont, den Beuys im Sinn führt, ist bekanntlich das Soziale. Der Begriff *Soziale Plastik* ist die Umschreibung für eine Wärmemaschinerie. Der Beuys-Schüler Johannes Stüttgen hat einen Ausruf übermittelt, den Beuys während einer quasi-alchemistischen Performance mit Goldeinschmelzung auf der *Documenta 7* tätigte: «Es kommt alles auf den Wärmecharakter im Denken an. Das ist die neue Qualität des Willens.»[352]

Die Materialobsession mit Filz und Fett sowie mit diversen Metallen, mit denen Wärmeerhalt, -transport und -erzeugung möglich sind, brachten Beuys dazu, den Begriff der Wärmeskulptur zu prägen. Immer steht dabei, dies ist zu wiederholen, der Übertragungssinn zur Debatte. Wenn er in einer Reihe von Schlüsselformulierungen vom Menschen als einem «sak-

351 Ebd., S. 217.

352 Zit. n. Johannes Stüttgen: Die Einschmelzung der Zarenkrone, in: https://www.7000eichen.de/index.php?id=28.

ramentalen Wärmewesen», vom «Willen zur Wärme» und von der «Wärme als Lebenssubstanz» spricht, wenn er die soziale Plastik als «Wärmefähre» oder «Wärmezeitmaschine» bezeichnet, dann offenbart sich in überschwänglicher Manier eine optimistische Anthropologie in der Tradition Johann Wilhelm Ritters.[353] Die Beuys'sche Kunst erscheint als Schaltstelle, über die der Mensch zur Sozialität, mehr noch, zur Liebe kommt: «Da, wo gegenwärtig die Entfremdung zwischen den Menschen sitzt – man könnte fast sagen als eine Art Kälteplastik –, da muß eben die Wärmeplastik hinein. Das ist die Liebe.»[354]

Inspirationen bezog der Künstler aus anthroposophischen Quellen, worin esoterisch-monistische Konzepte über eine Einheit von Materie und Geist eine Rolle spielen.[355] Als Einschwingdiskurs sind zudem die diversen neulinken und alternativen Bewegungen der 1960er- und 1970er-Jahre zwischen Hippietum und Kritischer Theorie als Erklärung zu benennen, die stark an einer humanen Neuorientierung mitwirkten. Ein Schlüsselwort in dieser Zeit war *Entfremdung*, woraus in Subkulturen und poltischen Gruppierungen die Sehnsucht nach Wärmemilieus entstand. Beuys bedient – bewusst oder unbewusst – diese Strebung hinaus aus der kalten Luft des Kapitalismus. Es bleibt aber das Bild eines wirren Gemischs aus unterschiedlichen Ideen. Auch wenn man kulturanalytisch die fantasievoll-wärmenden Maßnahme in einer Welt der Zweckrationalität einschließlich ihrer verkümmerten Vernunft nachvollziehen kann, so dürfen die unheilvollen Effekte dennoch nicht verschwiegen werden. Beuys gibt die Stichworte für einen Deutungswahn, der auch vor der akademischen Nachbearbeitung nicht Halt macht. Exemplarisch sollen nur wenige Stimmen zur Veranschaulichung zitiert werden.

> «Der Dampf tritt durch eine Rohrleitung in der Wand dann in einem kargen und sakral anmutenden Kellergewölbe dort am Bodenrand aus. Man sieht es kaum, hört noch weniger das Entweichen der Dampfwölkchen. Um Strömen, um Energieströmen in Kraftfeldern, um Wärmeübertragung geht es in diesem Aktionsvehikel banaler, aber ur-

353 Diverse Quellen aufgeführt in: Monika Angerbauer-Rau: Beuys Kompass. Ein Lexikon zu den Gesprächen von Joseph Beuys, Köln 1998, S. 211, 269, 129, 231, 193.

354 Volker Harlan, Rainer Rappmann, Peter Schata: Soziale Plastik – Materialien zu Joseph Beuys, Achberg 1976, S. 21.

355 Siehe David Adams: On Joseph Beuys and Anthroposophy (1998), in: https://sites.google.com/site/socialsculptureusa/introductiontobees.

tümlicher Materialien und Vorgänge. Man muß auch an das Waschen als Reinigungsprozedere, als symbolisches Reinigen denken, etwa an das biblische Bild der Fußwaschung als Gleichnis des sozialen Beistandes für den Anderen. Die Wärmeentwicklung aus dem Urmeter führt das Assoziieren von der Lebenswärme zum Lebenssinn sowie von der materiellen Ebene in den immateriellen Bereich, wo Natur und Geist, Intellekt und Kosmos Dimensionen eines höheren Gefüges sind. Daß Beuys das tatsächlich unter einen, seinen Hut bringen kann, macht die suggestive Ausstrahlung seiner einfachen Gesten und Dingverweise aus. Ein bißchen erinnert die ausstrahlende Wasserdampfwolke auch an die Wasserstoffbombe samt Folgen, aber auch an die Waschküche der unbesorgten Kindheit.»[356]

«Copper is allocated to the female sex and aligned with the planet Venus – the goddess Venus guards beauty. In contrast, iron is male, as is the god Mars and the planet of the same name. If one looks at the forms Beuys chose, erotic components persist: the heated copper vessel corresponds to a womb, the iron pipe to a phallus, steam to the warmth of love.»[357]

«Ist es zu viel gesagt, darin ein Bild des Geistes zu sehen? Der menschliche Atem nimmt nur in kalter Luft Gestalt an, seine Wärme äußert sich dann in einer kleinen Wolke von Wasserdampf. Das griechische pneuma heißt nicht nur Atem, sondern im Neuen Testament auch Geist, das lateinische Wort spiritus bedeutet Hauch, Wind, Atem, aber auch der Geist.»[358]

«Daher erinnert das thermisch-plastische Urmeter auch an die evolutionäre Urkraft des Lebens.»[359]

«Das Urmeter verwandelt sich so von einem hermetisch wirkenden Werk zu einem Werk, das von einer Eigenschaft

356 Siegmar Gassert: Zwischen Kunsttourismus und Standortsuche, in: Kunstforum International, 73/74 (1984), S. 69.

357 Antje von Graevenitz: Breaking the Silence, in: Claudia Mesch, Viola Mihely (Hg.): Joseph Beuys. The Reader, Mass. 2007, S. 29–49, hier: S. 36.

358 Helmut R. Leppin: Joseph Beuys in der Hamburger Kunsthalle, Hamburg 1991, S. 48.

359 Stephanie Eckhardt: Joseph Beuys. Geordnetes Chaos oder chaotische Ordnung?, Gelnhausen 2001, S. 80.

durchdrungen ist, die man in Alterswerken finden kann: Vergeistigung, die in Transparenz mündet.»[360]

Diese Diskursproduktion lässt sich zweifach lesen: Das Kunstwerk kann als Zündung für frei flottierende Gedankenvielfalt aufgefasst werden, was es in den Bereich des Surrealismus und des Spiels stellt. Sollen hingegen derartige Bemerkungen als Gewissheiten verstanden werden, dann wird die unbeantwortbare Frage provoziert, ob diese dem Werk eingegeben sind oder – was wahrscheinlicher ist – ob das Kunstwerk nicht vielmehr Sinn verweigert, was zu einer «imaginären Überflutung» führt.[361]

Das *Plastisch/thermische Urmeter* steht am Ende des Thermo-Museums, weil sich darin in eine prekäre Kluft auftut, die nicht nur für das Beuys'sche Kunstverständnis charakteristisch ist. Symptomatisch erscheint die ideologisierte Überkommentierung (durch den Künstler und die Interpreten), die auf Sinnabschluss drängt. Die Prozess- und Materialkunst, die Beuys als eine zentrale Künstlerpersönlichkeit entscheidend mitprägte, wird ans Repräsentationsparadigma zurückverwiesen. Zu dieser Kunstlogik gehört auch die Tatsache, dass trotz aller Wertschätzung für das Thermische das *Plastisch/thermische Urmeter* die einzige Arbeit im gesamten Werk blieb, die mit realer Wärme ausgestattet war. Hatte aber je ein Besucher im Keller die Hand in den Dampf gehalten? Oder war er sofort von heiliger, spiritueller Andacht vor dem «Bild eines Kraftpotentials» ergriffen?[362]

Andererseits betont Beuys die sinnliche Schulung durch die Kunst, über die der Mensch zur «Einfühlung»[363] gelange. Die generalisierende Wärmemetapher deutet demgegenüber an, dass diese Kunst nicht eingerichtet wurde, um sensorische Differenzkompetenz zu vermitteln. Das plakathafte Sprechen über Wärme geht das Risiko ein, einer Gefühligkeitsästhetik das Wort zu reden. Wer von Einfühlung spricht, nimmt an,

360 Vischer: Joseph Beuys, S. 219.

361 Siehe die Bemerkungen zum «psychotischen Realismus» im Kapitel über Sam Lewitt in diesem Band. Der Begriff «imaginäre Überflutung» bei Jacques Lacan: Die Psychosen, Weinheim, Berlin 1997, S. 117. Auch ist die Theorie Julia Kristevas zu erwähnen, die als Kernmerkmal der Avantgardekunst die Unterbrechung der symbolischen Funktion erkennt. Was einerseits die Möglichkeiten von Entideologisierung und neuen Genussfähigkeiten eröffnet, führt gleichzeitig die Gefahr psychotisierender Effekte mit sich. Siehe Julia Kristeva: Die Revolution der poetischen Sprache, Frankfurt am Main 1974.

362 Vischer: Joseph Beuys, S. 216.

363 Angerbauer-Rau: Beuys Kompass, S. 269.

dass zu wissen sei, in was man sich einfühlt. Der pädagogisierende und therapeutische Grundton bei Beuys ist der Nachhall einer epochenspezifischen Diskursrealität; dieser Sound wirkt in der Rückschau unangemessen sowohl in Hinsicht auf die Rezipienten wie auf die Belange der Kunst. Bei Beuys drängt noch ungebrochen das avantgardistische Hoffnungspotenzial auf eine ästhetische Revolution, deren Scheitern längst besiegelt war.

Die Eingangsthese dieses Buches, wonach mit dem Thermo-Dispositiv eine ästhetizistische Traditionslinie aufgenommen wird, findet bei Beuys keine Bestätigung. In seiner Kunstphilosophie reicht eine schwächliche Dampfemission aus, um das große Denken und Fühlen anzutriggern. Beuys hat in einem Kommentar zu seiner Installation verdeutlicht, dass Kunst ein Interface darstellt, über das Bereiche erreicht werden sollen, die jenseits der Kunst liegen. Seine Ambivalenz zwischen grandioser Selbstthematisierung und salopper Selbstironisierung bezeugt, wie brüchig das Konzept einer künstlerischen Großkonzeption ist:

> «Sie wissen ja, dass ich, als Sie mich gefragt haben, ob ich an dieser Ausstellung teilnehmen könnte, erst einmal sagte: nein. Weil mich eigentlich solche Ausstellungen nicht mehr so sehr interessieren. Weil ich an einem Plastikbegriff arbeite, der mehr die ganzen Lebenszusammenhänge, auch seelische Zusammenhänge bearbeitet oder versucht, zu bearbeiten. Und um das vielleicht sichtbar zu machen, habe ich mich dann doch im letzten Moment hier entschlossen, ein bisschen Dampf zu machen.»[364]

364 Zit. n. Vischer: Joseph Beuys, S. 214.

Bildnachweise

1 Die Zeit, 27 (1972), 07.07.1972
2–7 Documenta Archiv
8/9 König Galerie, Berlin, http://www.koeniggalerie.com
10/11 http://sailstorfer.de
12/13 Fotos: Marc Wathieu, https://www.flickr.com
14 Kunstforum International, Bd. 102, S. 310
15 https://commons.wikimedia.org/wiki/File:Ecstasy_of_St._Teresa_HDR.jpg
16 Johann Wilhelm Ritter: Physik als Kunst, München 1806, online: https://reader.digitale-sammlungen.de/de/fs1/object/display/bsb10723372_00005.html
17, 19–21 Foto: Philipp Hänger/Kunsthalle Basel, https://www.kunsthallebasel.ch/
18 Foto: Johnna Arnold, https://wattis.org
22 https://perpetualbeta.vcfa.edu/wp-content/uploads/2017/ 03/9913.jpg
23 Cesare Cesariano: Di Lucio Vitruuio Pollione de architectura libri dece, 1521, S. XXXI (verso)
24 https://de.wikipedia.org/wiki/Datei:The_Apparition,_Gustave_Moreau_1876.jpg
25–28 Fotos: Roland Aellig, https://kunsthalle-bern.ch/ausstellungen/1992/asher
29 Yvan Butler (Reg.): Monochrome und Feuer, online: http://www.yvesklein.com
30 http://www.diptyqueparis-memento.com/en/the-inferno-of-colours-by-yves-klein
31 https://commons.wikimedia.org/wiki/File:The_Shadow_-_Hiroshima.jpg
32 http://www.yvesklein.com
33 Foto: Bernward Wember, http://www.yvesklein.com
34–38 http://www.jmayerh.de
39–42, 45 http://act.mit.edu/cavs/search?q=john%20goodyear
43/44 Software. Information technology: its new meaning for art, Ausstellungskat., The Jewish Museum 1970, S. 25
46 Constance Lewallen: A Rose Has No Teeth. Bruce Nauman in the 1960s, Berkeley, Los Angeles, London, S. 92
47 Foto: Gunnar Schmidt
48 https://webmuseum.mit.edu
49 Filmstill aus Dokumentationsfilm, Archiv: Manuscripts Division, Stanford University
50 Earth, Air, Fire, Water: Elements of Art, Katalog, Bd. 2, Museum of Fine Arts, Boston 1970, S. 109.
51 https://www.olafureliasson.net
52–56 http://www.jeppehein.net
56 https://www.visitcopenhagen.com/press/copenhagen/cisterns-presents-only-way-out-jeppe-hein
58–60 Jana Sterbak. The Conceptual Object, Ausstellungskatalog, Haus der Kunst München 2002, S. 28, 41, 38.
61 Olivia C. Pipe: On Dresses and Diadems. Female Discourse and the Politicized Body in Jana Sterbak's Thread Drawings and Artworks, Master Thesis, 2011, S. 67
62–65 http://janvanmunster.nl

66 Jan van Munster: Die Energie des Bildhauers, hg. v. Lisette Pelsers, München 2001, S. 139
67 https://www.castellodirivoli.org
68 http://espresso.repubblica.it/foto/2017/10/12/galleria/zorio-piombo-fuso-e-cavi- elettrici-1.312057#1
69/70 http://www.akiraikedagallery.com
71 http://icewatchlondon.com/
72, 74–77 https://www.olafureliasson.net
73 http://ibidgallery.com/2013/02/12/carsten-nicolai
78 http://www.lagelateriadellarte.it/2017/02/18/omaggio-a-jannis-kounellis
79 Parkett, 6 (1985), S. 18
80, 82–85 Jannis Kounellis: Works, Writings 1958–2000, Barcelona 2001, S. 44, 170, 38, 39
81 https://trendland.com/the-work-of-jannis-kounellis
86 Walter Smerling (Hg.):Hommage an Jannis Kounellis, Ausstellungskatalog, Museum Küppersmühle für Moderne Kunst Duisburg, 2018, S. 44
87 https://de.wikipedia.org/wiki/Santa_Cecilia_(Skulptur)
88 Parkett, 46 (1996), S. 10
89 http://web.mit.edu/mmj4/www/downloads/papers.pdf
90, 92/93 https://www.kunstgiesserei.ch
91 http://artandseek.org/2016/09/26/the-2017-nasher-prize-winner-is-french-artist-pierre-huyghe/
94 Helmut R. Leppien: Joseph Beuys in der Hamburger Kunsthalle, Hamburg 1991, S. 49

Gunnar Schmidt: Thermo-Ästhetik.
Wärme und Hitze in der installativen Kunst
edition imorde.instants, Band 4
Edition Imorde, Emsdetten/Berlin 2019

Gesamtgestaltung, Satz und Litho
Troppo Design, Berlin
Herstellung
Druck: Klartext Direct Communications GmbH, Hannover
Papier: Fly extra weiß 90 g/m²
Schriften: National und Malaga
Titelbild Sam Lewitt. More Heat Than Light, Kunsthalle Basel
1. April – 29. Mai 2016. Thermografie © Kunsthalle Basel
Printed in Germany
ISBN 978-3-942810-48-7